CORRIENTES NEO-TEOLOGICAS

Guido Féliz

CORRIENTES NEO-TEOLOGICAS

(Revisión y crítica de cuatro obras religiosas modernas)

Editorial CLIE
Moragas y Barret, 113
TARRASA (Barcelona)

CORRIENTES NEO-TEOLOGICAS

© 1978 por CLIE Prohibida la reproducción
total o parcial sin el permiso escrito de los
editores, con la excepción de breves citas.

ISBN 84 - 7228 - 351 - 8
Depósito Legal: B. 3.337 - 1978

Impreso en los talleres gráficos de CLIE.
Dr. Moragas y Barret, 113-115. - TARRASA

Printed in Spain

Indice

Prólogo . . . 7

Nota introductoria . . . 11

1. «Teología del progreso humano»
      por Juan Alfaro . . . 23

2. «Teología de la liberación»
      por Rafael Arriba . . . 87

3. «Evangelio, masas y minorías»
      por J. L. Segundo . . . 151

4. «Mujer y liberación»
      por J. L. Idígoras . . . 229

A la memoria de la profesora Mary Lockward de Reynoso, cuyo estímulo inició el
autor en el campo literario.

Prólogo

Es el nuestro un mundo en convulsión. A más de estar plagado de enfermedades físicas y morales, atemorizado por guerras y afectado por la peor de las maldiciones —el pecado— se ve envuelto actualmente en una espesa nube de confusión en lo que concierne a lo religioso-espiritual. No deteniéndonos ante el fuerte realismo del pecado y sus estragos sobre el hombre moderno, quedamos estupefactos ante el surtidísimo mercado de «religiones» de que dispone la gente hoy. La lista es enorme e infinita y cada vez más compleja a medida que «saltan al mercado» nuevos vendedores de «vientos de doctrinas».

«Vientos de doctrinas» es la expresión correcta. La advertencia de Cristo es categórica: «Y muchos falsos profetas se levantarán, y engañarán a muchos» (S. Mateo 24:11). Saltan de inmediato a la memoria nombres tales como Elena de White, Carlos T. Russell, Mary Baker Eddy, José Smith, el «apóstol mayor» —Allan Kardec—, en cierto sentido padre del espiritismo moderno, entre otros. Cada uno de estos profetas dijo, en su tiempo y a su modo, «yo soy». Anclados en su *propia concepción de la realidad miden el mundo con una vara infalible, reclaman ser los únicos y verdaderos «reveladores» de la Verdad, y condenan o al menos miran de soslayo o son totalmente indiferentes a cuantos no comulgan con sus propias ideas de las cosas.*

Este, sin embargo, no es un libro acerca de religiones y sectas antiguas o modernas. Guido Félix reflexiona, en esta ocasión, sobre las corrientes no-teológicas emanadas, de manera sorprendente, del seno mismo de la Iglesia Católica Romana. Se trata de la exposición del pensamiento de cuatro autores católicos cuyas desorbitadas «teologías» son rebatidas con nobleza por el autor de esta obra .Adviértase en ésta una nota in crescendo, de menor a mayor, a la que Félix se explaya afectivamente a medida que expone las impresiones teológicas que debate u objeta.

«Mirad —advertía el apóstol de la Gentilidad— que nadie os engañe por medio de filosofías y huecas sutilezas, según las tradiciones de los hombres, conforme a los rudimentos del mundo, y no según Cristo» (Col. 2:8). Y es, precisamente, a la luz de esta palabra apostólica que Corrientes Neo-teológicas, *de Guido Féliz, cobra importancia y queda ampliamente justificado.*

Un rápido vistazo al mundo religioso contemporáneo nos permitirá comprender mejor lo que decimos. En efecto, posterior a la muerte de Pío XII, el colegio cardenalicio convocó una reunión para elegir al sustituto del fenecido pontífice romano. Se pensó en un «Papa de transición» y salió electo el cardenal Angelo Guiseppe Roncalli, a la sazón Patriarca de Venecia. Desde la Gran Logia de la Basílica de San Pedro no se hizo esperar el tradicional anuncio: «Habemus Papa cujus nomen est Joannes.» Efectivamente, el cardenal Roncalli había adoptado el nombre pontificio de Juan XXIII.

Ocupado ya el «trono de San Pedro», Juan XXIII se dispuso a «desengañar» a sus electores, que ingenua-

mente pensaban de él como un «Papa de transición». Publicó su conocida encíclica Mater et Magistra y no bien habían terminado de leerla los cardenales, cuando sorprendió al mundo con la convocación del Concilio Ecuménico Vaticano II. Hombre audaz y modificador, de fuertes inclinaciones liberales pese a su avanzada edad, Juan XXIII quiso inyectar a la vetusta iglesia un poco de «aire fresco». Su mayor afán era el de «conciliar opuestos», no sólo en el campo propiamente religioso, sino en el étnico, político, social e ideológico. El ecumenismo —término que se puso en boga en las décadas de los años 2G y 30, recobró nueva vida, pues el Papa estaba grandemente interesado en terminar con el centenario escándalo de la división en el seno de la cristiandad.

Esta «novedad religiosa» golpeó estridentemente la conciencia conservadora y tradicional del romanismo. Se habían sembrado las semillas de futuras complicaciones que oscurecerían aún más la imagen de la antiquísima y más influyente organización religiosa del mundo. Consecuentemente, los hilos dramáticos del catolicismo se han enmarrañado hasta tal punto que el sentido del vocablo «católico» es hoy ambiguo, equívoco e indefinido. En un ángulo están los pensadores, escritores y teólogos conservadores, que abogan por el afianzamiento de la tradicional doctrina y disciplina; y, por otro, los liberales. Estos difieren de aquéllos cada vez más profundamente. El influjo de filosofía y neo-teología va y viene, y nuevos temas se debaten en la palestra religiosa. Lo patético del caso, sin embargo, es que millones de «devotos católicos» viven y mueren sin haber experimentado ellos mismos la realidad vivificante del Evangelio. Su confusión aumenta por minutos y el resultado es el desencanto, la desesperación o la defección. Según las estadísticas, es sorprendente el número de religiosos —sacerdotes y monjas— que entonan la Palinodia cada año. Todo esto se ha cosechado en el romanismo moderno.

Ciertamente: el catolicismo está en peligrosa convulsión. Pero detrás del mecanismo sutil y eficaz del mercado religioso que mencionáramos al principio, y detrás de la deformidad espiritual de la Iglesia Romana, se asoma la siniestra figura de Satán. Su más fina táctica es ahora «entretener» —no tanto sorprender— al mayor número de la humanidad. Consciente, como dice la Escritura, de que le queda «poco tiempo» (Apoc. 12:12), ha comenzado a desatar todos sus «trucos» y artimañas para salirse con la suya. Y lástima grande que sean legión los que aún hoy se dejan seducir y engañar por las maquinaciones y estratagemas del enemigo de Dios y de las almas.

Es por ello —y por mucho más— que Corrientes Neo-teológicas, de Guido Féliz, es un libro prudente y pertinaz. Leerlo y asimilar su contenido es una actitud sabia de todo aquel que, siendo cristiano, desea también ser como el «avisado» que según el rey sabio «ve el mal y se esconde» (Prov. 22:3); o como el contendiente por la fe que según Judas, el bíblico escritor, lucha eficazmente por la defensa de la sana doctrina (Jud. 3). Con esta esperanza —de lectura y asimilación— recomendamos esta obra a los lectores de habla castellana.

Aníbal Rosario

4 de abril de 1976. — Nueva York

Nota introductoria

1

El marco original de este trabajo ha sufrido varias alteraciones. Al principio quisimos presentar al lector cristiano la obra varia, desigual, de una veintena de autores católicos modernos. Esta tarea —esencialmente informativa, periodística— no rebasaría la extensión y profundidad de una mera «revista de libros». El propósito básico sería poner al corriente del pensamiento neocatólico a aquellos creyentes —principalmente evangélicos— cuya noticia en tal sentido fuera escasa o casi nula.

Sin embargo, dos razones nos obligaron a modificar mentalmente el cuadro inicial: 1) la abundancia y hondura de las obras de referencia, y 2) nuestro propio temperamento, que nos impide leer una obra —por pequeña o superficial que parezca— sin ponerle la debida atención. Ello no significa que el propósito esencial haya experimentado una transformación radical, de fondo. Ese objetivo sigue siendo el mismo: difundir aspectos varios de la reflexión teológica neo-católico-romana.

¿Vale la pena este esfuerzo? Creemos que sí. Primero, porque como cristianos estamos urgidos y obligados a «examinarlo todo y retener lo bueno»;[1] y segundo, porque es tal la revolución que se está operando en los círculos religiosos del mundo contemporáneo, que querer ignorarlos es ya una insensatez o, cuando menos, una actitud irreflexiva e inconsecuente con la mentalidad libre, abierta —no hermética ni estrecha— que debe caracterizar a todo seguidos de Jesucristo. Asumir la «política del avestruz» no es ciertamente una sana actitud desde el punto de vista cristiano, bíblico.

Ahora bien: dadas las razones más arriba expuestas, nos vimos precisados a limitar a sólo *cuatro* el número de obras comentadas, en la esperanza de que tal vez esta labor sea la primera parte de un proyecto múltiple de dos o tres fases. No prometemos nada en este sentido. La preparación y publicación de una obra —por más breve que ésta sea— es tarea sujeta a contingencias y eventualidades que, como tales, escapan a toda previsión y buen deseo. La sola voluntad o el solo querer no bastan pana ello. Se trata, pues, de una legítima aspiración, de una esperanza.

2

Hemos aludido a la posible escasa o casi nula información del lector cristiano sobre el pensamiento neo-católico, como la razón básica y esencial de este libro. Sin embargo, debemos aclarar que no creemos que tal ignorancia sea o pudiera ser absoluta. Porque no hay espíritu —por más indiferente que sea— que no haya advertido o intuido el cambio que se ha experimentado en el ámbito religioso en estos últimos cinco lustros.

Aun aquellos que no están al tanto de la corriente reflexiva en la esfera teológica, según va apareciendo

---

1. 1.ª Tes. 5:21.

en libros y revistas especializados, se enteran —quiéranlo o no— de por lo menos algunos aspectos y detalles de esa reflexión por intermedio de los vehículos de comunicación masiva (periódicos, televisión, radio, etc.), en los que se informa al público de congresos, conferencias, acuerdos, cónclaves, proyectos y otras actividades en el campo religioso en todo el mundo.

Limitándonos al marco católicorromano, y no obstante las reservas y cautelas con que se ha visto a veces el curso de los acontecimientos a partir del Concilio Vaticano II, y la tensión generada por un conflicto latente pero reción aflorado en el seno mismo del catolicismo, puede decirse que los cambios e innovaciones que han tenido efecto y los que atcualmente se están operando allí es un hecho innegable que como cristianos no debemos ni podríamos desconocer.[2]

3

Esos cambios en la tradicionalmente hermética esfera católica, son varios y significativos. Pero, sin duda, uno de los más importantes y trascendentales es el ope-

---

2. Autores hay, como el ex sacerdote José M. Rico, que niegan la sinceridad y realidad de los cambios operados en Roma a partir del Vaticano II. Para él las declaraciones, acuerdos y aun aspiraciones de ese cónclave son sólo «simulaciones» y estratagemas del catolicismo, y por eso —dice— «los verdaderos hijos de la luz nunca hemos creído ni hemos tenido confianza» en ellos (*El cristianismo evangélico y el Concilio Vaticano II*, pp. 22-23). Sin embargo, escritores liberales» como Lamberto Schuurman, por ejemplo, creen que el catolicismo «vive un proceso de cambio» (*Etica política*, p. 13). Lo mismo dice un autor «conservador», F. A. Schaeffer, para quien «tal vez la mayor revolución de nuestra generación sea el cambio acontecido en el catolicismo». Schaeffer reconoce que «algunos pueden decir que en realidad no ha cambiado, y que todo eso es sólo una estrategia; pero [que] sería difícil estar completamente seguro de si efectivamente es ese el caso» (*La fe de los humanistas*, p. 11).

rado en el aspecto bíblico. Maurice Villain, en un trabajo titulado *La renovación en la iglesia y en el ecumenismo,*[3] coloca la renovación escritural entre las cuatro más relevantes del catolicismo moderno.

Cierto que debió transcurrir algún tiempo para que cristalizara el anhelo del entonces Pío XII, de que el católico empleara su «mejor celo para que la Biblia se encuentre en cada hogar (y que esté) a disposición del mayor número de personas, a fin de que pueda ser leída y meditada asiduamente e influir profundamente en la vida de cada uno».[4] Pero puede afirmarse que lo que entonces parecía (o realmente era) un «milagro» o algo en extremo difícil, es hoy una realidad patente y positiva.[5]

Otro signo de la renovación católica es el cambio introducido en la pastoral. Villain, que lo coloca entre las cuatro grandes renovaciones del catolicismo actual, dice que éste «debe mencionarse junto a los precedentes (el bíblico, el litúrgico y el patrístico) cuando se hable del despertar eclesial de nuestros días».[6]

Verdad es que esa renovación pastoral, no obstante la declaración del conocido autor católico Enrique Miret Magdalena, de que «lo "uevo", en religión, no está la mayor parte de las veces sino en volver a lo "esencial" que vivían muchos de los "antiguos", de esos pri-

---

3. *Cristo y las iglesias*, p. 13. Ed. Fomento de Cultura, Valencia, España, 1962.

4. Citado por George Lockward, en *Movimiento bíblico católico* (art.), El Caribe, Santo Domingo (R.D.), 1969.

5. Con ello, desde luego, no queremos desconocer o justificar los usos —o más bien los abusos— que de ordinario dan a la Biblia ciertos teólogos «liberales» empeñados en producir esos «prodigios de exégesis» totalmente ajenos a la intención y aun a la esencia del pensamiento cristiano, y que tanta confusión ha traído al seno de la cristiandad contemporánea.

6. M. Villain, *op. cit.*

meros cristianos que deben ser nuestro modelo»;[7] pese a ello, no coincide, como hubiéramos de desear, con ciertos aspectos básicos, vitales, del *karigma* bíblico. Empero aun así la renovación pastoral católica es también otro hecho innegable.

Un asunto íntimamente ligado con la renovación pastoral observable en el ámbito del catolicismo, es el énfasis que se está dando allí al *cristocentrismo* de corte chardiniano. Juan Alfaro, en una obra suya que comentamos en este libro, dice expresamente que, bajo el influjo de diversos factores que señala, «el cristocentrismo del universo y de su historia ha penetrado plenamente en la conciencia viva de la Iglesia y en la teología católica moderna», y que hasta el Vaticano II «se ha apropiado los rasgos fundamentales de esta visión cristocéntrica, y ha explicado sus implicaciones sobre la existencia del hombre en el mundo».[8]

Este teólogo no vacila en reconocer que «la intuición fundamental de Teilhard de Chardin, a pesar de sus imprecisiones y lagunas, ha abierto un horizonte nuevo a la comprensión del cristocentrismo de la creación»,[9] si bien —dice— «no debe olvidarse que la dimensión reflejamente cristocéntrica de la teología católica actual proviene en parte de la cristología de Karl Barth [y es ésta] una deuda de gratitud hacia el gran teólogo protestante».[10]

4

Otra corriente que no obstante su carácter desfasado, anacrónico, ha influido notablemente la reflexión católica conetmporánea, lo es sin duda el marxismo.

---

7. E. Miret Magdalena, *Los nuevos católicos*, p. 11, Editorial Nova Terra, Barcelona, 1966.

8. J. Alfaro, *Hacia una teología del progreso humano*, cap. I, p. 27.

9. Id., pp. 26-27.

10. Id., p. 26, nota 52.

Alfaro mismo dice que «la instancia marxista en el campo teórico y en el social ha estimulado el pensamiento teológico y la acción pastoral a reflexionar a fondo sobre el sentido cristiano de la historia, de las realidades terrenas y del trabajo».[11] Desde luego, este autor es «benigno» cuando describe la terrible influencia marxiana en el catolicismo como mero «estímulo» al pensamiento y a la acción.

Otro autor cuya obra comentamos, Rafael Avila, en cierto modo se felicita y congratula, no ya del influjo que ha ejercido y sigue ejerciendo el marxismo sobre la reflexión católica moderna,[12] sino de que hoy pueda constatarse que «grupos cada vez más crecientes de cristianos... empiezan a vislumbrar en el marxismo —sobre todo en el materialismo histórico— preciosos e indispensables instrumentos para el análisis de la realidad y la praxis social»;[13] y de que «más allá de los diálogos académicos entre marxistas y cristianos... en América Latina se está realizando una integración de ambos a nivel de la praxis y la lucha política, al mismo tiempo que se unifican también para trabajar por la justicia cristianos de diferentes denominaciones, con lo cual aparece un nuevo tipo de ecumenismo».[14]

En este sentido la «teología pura» ha cedido su lu-

---

11. Id., p. 26.

12. Aquí cabe recordar la aguda observación de Reinhold Niebuhr, de que el hecho de que una tal desesperanza como el marxismo sea hoy la esperanza de millones de almas, es el más claro signo del desvarío universal.

13. Es importante destacar que esta «tardía» acogida del marxismo no se observa sólo en la esfera neo-católico, sino en el marco neo-protestante. El profesor Lamberto Schuurman, en su ya citada obra, llega a confesar que está «cada vez más convencido de que la interpretación marxista de nuestra realidad es la más adecuada». Según él, «esta interpretación es un análisis científico de lo que está ocurriendo en nuestro mundo, una explicación de los fenómenos, y lo hace sistemática y coherentemente» (p. 19).

14. R. Avila, *Teología, evangelización y liberación,* p. 19.

gar a las ciencias políticas y sociales, o se ha reducido a mero instrumento de éstas. Methol Ferré, en su trabajo *El pueblo en América Latina,* dice en efecto, que «estamos en pleno "boom" sociológico. Las viejas "humanidades" son desplazadas en todas las universidades de América Latina por una avalancha de aspirantes a la "ciencia social". Literatura y filosofía sufren un claro eclipse. La historia se conserva discretamente. Sólo compite la sicología, en diversas gamas de "profundidad" o variantes sicoanalíticas, pero ella es de más en más invadida por lo "social", por las "estructuras". ¿Quién no habla de éstas? Ni los obispos. Todo lo macro-social despierta furor».[15]

Se hace notar que «después de la Segunda Conferencia General del Episcopado Latinoamericano...,[16] se ha ido ahondando más la conciencia social y política de la Iglesia [Católica, y ello] coincide con una toma mayor de conciencia de nuestros pueblos».[17] Se nos dice, además, que a partir de ese cónclave la «conciencia de que el cristiano camino solidariamente como pueblo hacia la salvación total, se ha hecho más profunda, más operante» y que «por esto la Iglesia [Católica], en América Latina, día a día, se caracteriza, se personifica, se hace más responsable de sí misma y tiende con mayor claridad hacia su realización plena en el tiempo con las circunstancias propias de éste, y hacia su realización total en la escatología cuando el Señor aparezca».[18]

También se asegura que «los misioneros de hoy, conscientes de su responsabilidad para con el momento

---

15. *Pueblo e iglesia en América Latina,* p. 13. Ed. Paulinas, Bogotá, 1973.

16. Esta conferencia se llevó a cabo en Bogotá y Medellín, Colombia, del 24 de agosto al 26 de septiembre de 1968.

17. *Iglesia y política* (equipo de reflexión teológico-pastoral del CELAM), Bogotá, 1973.

18. Mons. Eduardo Pironio, *Iglesia y pueblo de Dios,* p. 9, Indo-american Press Service, Chapinero, Bogotá, 1970.

actual de la Iglesia y del mundo..., desean una revisión de posturas y una renovación de su acción pastoral... Los grandes cambios sociales que se están operando profunda y aceleradamente en el Continente Latinoamericano —se aduce— y el impulso renovador dado por el Concilio Vaticano II a la Iglesia, sitúa a los misioneros ante una triple urgencia: reconocer los signos de los tiempos, pensar de una manera nueva y buscar una renovación pastoral».[19]

En lo que atañe al campo de la educación y la comunicación social, se urgen a la búsqueda de «criterios *auténticamente cristianos* que permitan comprender el problema en sus dimensiones totales, y que lleven a acciones verdaderas de sentido integral cristiano para el hombre... Es necesario —se dice— planificar un trabajo pastoral según lo demanda la naturaleza específica de la Comunicación Social y las exigencias del hombre contemporáneo».[20]

5

Ahora bien: aunque se diga que la Iglesia Católica iberoamericana «vive actualmente una intensa experiencia renovadora», y por ello es necesario que se conozca el esfuerzo que realiza «para desprenderse de todo compromiso con un orden que, en cualquier medida, pueda impedir su actitud plena y auténticamente evangélica en el mundo»;[21] aunque eso se arguya, repetimos, lo cierto es que el pensamiento neo-católico no parece advertir que su desligamiento de tales compromisos político-estructurales implica una idéntica li-

---

19. *La pastoral de las misiones de América Latina*, pp. 13-14 (Documentos del CELAM, México, 1971).

20. *Comunicación social y educación*, p. 9, Indo-american Press Service, Chapinero, Bogotá, 1971.

21. *Signos de renovación*, p. 5 (Comisión episcopal de accial), Ed. Universitaria, Lima (Perú), 1969.

18

gazón —no necesariamente cristiana— con otros sectores de la comunidad alegadamente afectados por la opresión política de ricos y poderosos.

Cierto que los promotores de un rompimiento del tradicional compromiso del catolicismo con los sectores opulentos y oligárquicos de la sociedad —especialmente en Iberoamérica— hablan ahora y con cierta relativa frecuencia de «una nueva evangelización de amplios sectores de pueblos».[22] Pero esa tarea, lejos de abogar por la reasunción del antiguo *kerigma* apostólico, representa más bien un tesonero y casi quijotesco esfuerzo por lograr «una comunidad cristiana más comprometida con las esperanzas de liberación de los hombres de Latinoamérica, y, a la vez, más solidaria de toda la familia humana».[23] En ese empeño y contexto no se considera la evangelización —la predicación de la palabra de Dios— como la primaria, más propia y más urgente tarea eclesiástica. La sociología viene a reemplazar la teología y con ésta la misión básica, esencial, de toda iglesia digna de llamarse cristiana: *el testimonio evangélico.*

Y aun cuando haya autores que no vacilen en declarar que «el acento que se coloca sobre [la] información [de la miseria moral, social y económica de la mayoría de los iberoamericanos] demuestra ciertas ansias de sensacionalismos»,[24] se continúa insistiendo en que el cristianismo ha de asumir su compromiso con los pobres y enarbolar la bandera de los explotados, si es que quiere sobrevivir a la avalancha revolucionaria de nuestro tiempo.

Sin embargo, el problema no radica tanto en que la sociología y la política hayan ocupado o estén en vías

---

22. J. M. Piñol, *Iglesia y liberación en América Latina,* p. 9, Eds. Morava-Fontanella, Madrid-Barcelona, 1972.
23. Id.
24. I. Rosier, *El pueblo no cree en promesas,* p. 10. Ed. Lohlé, Bs.As., 1971.

de ocupar el lugar que legítimamente corresponde a la teología en un ámbito que presume de ser eminentemente religioso. Históricamente la Iglesia Romana —aun en sus épocas de mayor espiritualidad y pureza bíblica— ha sido una entidad más política que religiosa, o ha utilizado la religión como instrumento de la política o a la inversa. Así pues, la importancia que se reconoce hoy a los factores socio-políticos en el neo-catolicismo no es nada sorprendente o que deba extrañar a nadie.

Lo que sí resulta insólito es la pretensión de que ese énfasis en lo socio-político sea —como alega la neo-teología, y en particular la llamada «teología de la revolución»— la más viva y realista expresión del auténtico cristianismo. El creyente que conoce su Biblia no puede aceptar semejante criterio pretensamente teológico; ni sufrir impasible sus metas y propósitos. Las razones de su actitud serían esencialmente las mismas por las cuales se opuso tenazmente en el pasado a la conducta romanista de dar preeminencia a la política y vincular estrechamente la religión a los sectores opresores de la sociedad humana.

6

Resulta paradógico y extraño, por demás, que los pensadores y religiosos que haciendo profesión de fe en el neo-liberalismo han acusado con extrema dureza y reprobación la conducta del catolicismo, por su alegado inveterado compromiso y vinculamiento a los estratos opresivos y autocráticos de la colectividad, estén abogando ellos mismos por un mayor riesgo del cristianismo «puro» con los pobres y oprimidos, pretendiendo ingenuamente que la actitud de los «viejos católicos» es la antítesis del Evangelio, pero la de ellos —los «nuevos católicos?— el Evangelio íntegro.

Ello explica también el que estén abogando por una «nueva teología» en la que, siendo «otro evangelio», tienen cabida las más extrañas, insólitas e inauditas ideas, y en la que se gestan esos «prodigios de exégesis» a que hemos aludido. Es este propósito —que será muy noble, pero que está completamente desorientado de la verdad— han lanzado al mercado una verdadera avalancha de libros y revistas con los cuales esperan —y ya lo están logrando en gran medida— persuadir a sabios e ignorantes de lo «cristianos» que son sus criterios e ideales.

Reinhold Niebuhr ha sido que «aun los escépticos que tratan de reducir el concepto de deseabilidad al de "lo deseado" han de admitir que los seres humanos muestran una notoria tendencia a encubrir lo que desean con la idea de lo deseable».[25] Es que, como ha advertido Carrel, sólo creemos aquello que *queremos* creer.

Ysin embargo, como también ha observado este prominente hombre de ciencia, «al fin y al cabo, los sabios no son más que hombres... saturados de los prejuicios de su ambiente y de su época».[26]

Ahora, en los círculos liberales, el pretexto o el parapeto es la «renovación eclesial» y la urgencia de una más plena y solidaria ideatificación con los desheredados del mundo. Pero la «ideología», como diría Marx, que inspira y promueve y justifica estas «instancias teológicas» no puede ocultarse a la vista escrutadora del cristianismo avisado que escudriña su Biblia, a la manera de los antiguos habitantes de Berea, «para ver si estas cosas [son] así».[27]

Cierto que no puede ubicarse con justicia toda reflexión neo-teológica en el marco de la mera *ideología*.

---

25. *Niebuhr: ideas políticas*, cap. 4, p. 60. Editorial Hispano-Europea, Barcelona, 1965.
26. Alexis Carrel, *La incógnita del hombre*, cap. II, p. 58, Joaquín Gil-Editor, Bs.As., MCMLXII.
27. Hech. 17:11.

De otro modo estaríamos asumiendo como cristianos lo que sólo es «deber y misión» del marxista convencido y militante. Hemos, pues, de convenir en que hay teólogos, escritores y pensadores modernos sinceramente empeñados en un cristianismo más auténtico, más real, más vital, más de Cristo; y que, como tales, están desligados de todo compromiso político-ideológico de izquierda, centro o derecha.

No obstante, su reflexión, como propone Niebuhr de las disciplinas filosóficas, «serán consideradas y juzgadas sobre la base de su firmeza para entorpecer la tentación del observador que pretenda conquistar un conocimiento más absoluto que el que una criatura finita tiene derecho a reclamar».[28] Pero, sobre todo, en base a la norma de apóstoles y profestas: «La ley y el testimonio.»[29]

El lector, pues, tiene en sus manos un libro más polémico que crítico y, como tal, más sincero que imparcial.

Nueva York, primavera de 1976

El autor

---

28. Niebuhr, *op. cit.*, p. 61.
29. Isaías 8:20.

1
Teología del progreso humano

Juan Alfaro

I

En su obra *Hacia una teología del progreso humano*,[1] el teólogo católico Juan Alfaro se propone, según expresa, «analizar el sentido y el valor del progreso humano en la existencia cristiana». Se trata de un bien ponderado análisis del tema, aunque su alcance va más allá de la «existencia cristiana» propiamente dicha.

La interpretación que Alfaro formula de un dato bíblico que juzgamos fundamental —el hombre es imagen de Dios»— constituye el pensamiento central y esencial de la obra. De este criterio teo-antropológico fluye espontánea toda la corriente reflexiva que da a ésta forma y sustancia.

---

1. J. Alfaro, *Hacia una teología del progreso humano*, Editorial Herder, Barcelona, 1974.

He aquí, pues, en apretada síntesis, lo que podría ser descrito como la «tesis» del libro objeto de estos apuntes: el hombre ha sido creado a imagen de Dios. Ello concretamente significa que en su dimensión espiritual el individuo humano es una proyección esencial del Creador, que «es Espíritu».[2] Pero quiere decir además, que el hombre es el agente de la continua e inmanente creatividad divina. Esta última función da sentido y valor al progreso humano y a la teología que se ocupa de su reflexión. De ahí también surge el vínculo tripartito Dios-hombre-mundo, que imprime significado a la existencia misma del hombre y de la humanidad.

Alfaro cree, en efecto, que «el destino intramundano e histórico del hombre no puede ser puesto en discusión. La inclinación a transformar el mundo y a expresarse en él —dice— se presenta como una de las vivencias constitutivas del hombre, clave de su existencia y de la historia de la humanidad».[3] En base a ello, entiende él que «la misión de dominar el mundo no es algo sobreañadido a la existencia del hombre, sino que constituye su dimensión fundamental como "imagen" y "aliado" de Dios... El vínculo del hombre con Dios por la alianza se realiza en la acción dominadora del hombre sobre el mundo y en la unión de los hombres».[4]

El autor no sólo sostiene que el progreso humano es parte esencial de los designios de Dios con respecto al hombre y al mundo en que éste desenvuelve su existencia, sino que «la encarnación del Hijo de Dios ha dado un nuevo y definitivo sentido» a esa dimensión intramundanal del individuo y de la comunida humana.[5] Por ello acoge el criterio conciliar católico de que «la fe cristiana proporciona relevantes estímulos y ayudas para cumplir con más empeño la tarea de colabo-

---

2. S. Juan 4:24.
3. J. Alfaro, o.c. p. 12.
4. Id., p. 18.
5. Id., p. 113.

24

rar a la edificación de un mundo más humano y principalmente para conocer plenamente el sentido de esta tarea».[6]

Siendo así, Alfaro no vacila en denunciar «el temor y el prejuicio ante el progreso humano [como] radicalmente anticristiano; [porque] suponen lógicamente el dualismo maniqueo».[7] Niega, en consecuencia, que «la acción de la Iglesia [Católica] en favor del progreso de los pueblos [sea] una nueva táctica de apostolado, ni una simple adaptación a circunstancias históricas nuevas, sino ante todo una exigencia interna del ser mismo» de ella. Una más profunda toma de conciencia de su misión en el mundo... [que le] ha permitido... comprender que debe testificar... el amor salvador universal de Cristo por su acción eficaz en el mejoramiento de las condiciones de vida de todo hombre y de todos los hombres».[8]

Recalcando esta supuesta tarea cristiana, aduce Alfaro:

> *Si el pecado radical del egoísmo, no solamente individual, sino también racial, nacional, cultural y aun religioso, impide la ayuda de los pueblos ricos a los pobres necesitados, la Iglesia, que ha recibido el Espíritu de Cristo como vocación interior a la fraternidad universal, está llamada a actuar con su acción en favor del progreso de todos los pueblos la esencia misma del cristianismo. Aquí tiene la Iglesia, hoy día más que nunca, una función específicamente suya, a saber, la de vencer con el amor de Cristo los*

---

6. *Concilio Vaticano II, const. past. sobre la iglesia en el mundo,* núm. 21-34-57. Citado por Alfaro.

7. J. Alfaro, o.c. p. 115.

8. Id., p. 116.

egoísmos particularistas que hacen cada día más insperable la diferencia de nivel de vida entre los pueblos.[9]

Alfaro reconoce que tradicionalmente ha existido una tensión latente entre el sentido intramundanal de la existencia humana y la dimesión escatológica de ésta. El explica así el problema:

> *El innegable destino del hombre a llegar a ser más hombre, desarrollando su capacidad creativa dentro del mundo y en el horizonte de la historia, entra en conflicto vivencial e ideológico con el núcleo mismo del mensaje cristiano, que propone la expectación escatológica como la actitud primordial de la existencia humana. El mundo queda reducido a un mero escenario, en el que tiene lugar la decisión interior del hombre ante la interpelación divina. La existencia terrena y la obra del hombre sobre el mundo pertenece a lo caduco, a lo que por sí mismo carece de valor para el reino de los cielos...*[10]

Pero esta idea, que Alfaro estima «radicalmente opuesta a la vivencia insuprimible de nuestro destino para el mundo»; y que quizá por ello «no nos persuadía en lo profundo de nosotros mismos y mucho menos en nuestra acción»,[11] está cediendo su lugar a un nuevo enfoque teológico del problema; a saber: «una concepción nueva de la salvación escatológica»,[12] de cuya exigencia nace el libro del autor.

Ello no significa, desde luego, que no haya aún oculta en la conciencia cristiana una «honda escisión entre la orientación escatológica de su existencia y su inmer-

---

9. Id., pp. 119-117.
10. Id., p. 12.
11. Id.
12. Id., p. 104.

sión en las tareas intramundanas».[13] Pero en vista de la «plena madurez» alcanzada por el hombre hoy en «la reflexión sobre sí mismo en su relación al mundo y a la historia»; y del aporte científico moderno a «una nueva toma de conciencia del destino radical del hombre a transformar el mundo y a transmitir sus propias creaciones intramundanas a las generaciones venideras»;[14] parece lógico, por eso, esperar mejores frutos en el futuro previsible.

Alfaro divide su obra en cuatro capítulos. En el primero expone los «datos bíblicos y [la] doctrina del Concilio Vaticano II» sobre lo que él describe como «un nuevo y más profundo sentido del progreso humano».[15] El capítulo segundo es una «previa consideración antropológica [que sirve] de base para la comprensión de la función propia de Cristo, el Hijo de Dios *hecho hombre,* en la salvación del universo, de la humanidad y de su historia». Alfaro espera que «de este modo se [pueda] descubrir finalmente la dimensión cristiana del progreso humano».[16] De éste se ocupa detenidamente en el capítulo tercero, que titula *fundamentos cristológicos del progreso humano.* En el capítulo cuarto amplía su reflexión en torno a la «visión cristiana del progreso humano», previamente esbozada en el anterior. El libro se cierra con unas *conclusiones* en las que se intenta una «síntesis [final] de los resultados obtenidos» en la discusión.[17]

II

Vamos, pues, nosotros a intentar seguir el pensamiento del autor, desde lo que juzgamos *fundamento* y

---

13. Id., p. 12.
14. Id., p. 11.
15. Id., p. 30.
16. Id., p. 36.
17. Id., p. 111.

esencia de su estudio, hasta la reflexión sobre algunos criterios secundarios y accesorios aunque íntimamente vinculados a la «idea matriz» que da vida y forma al libro de Alfaro. Desde luego, por razones de espacio y tiempo principalmente, procuraremos ser lo más escuetos y lacónicos posible, aunque ello implique, en cierto modo, sacrificar la claridad en aras de la brevedad.

Volvamos, entonces, a la interpretación del autor a la idea del hombre como «imagen de Dios». Porque es *ahí*, como hemos dicho ya, donde fundamentalmente radica el pensamiento central y esencial de su obra.

El teólogo católico, antes de entrar directamente en la exposición de los «datos bíblicos y doctrina del Concilio Vaticano II» acerca del progreso humano, establece, como *premisa general*, un criterio que se nos antoja falso a la luz del contexto bíblico y de la más sana reflexión teológica.[18] Consiste, en efecto, en hacer derivar «la fe de Israel, el pueblo escogido, de la experiencia de la acción salvífica de Yahvéh en el acontecimiento histórico de su liberación y de su peregrinación hacia la tierra prometida».

En el concepto del escritor, «la reflexión sobre el Dios de la alianza llevó al conocimiento de Yahvéh como Señor de la historia y del mundo. La fe en el Dios creador supone la fe en la alianza y recibe de ella su perspectiva propia. [De modo que] la creación del mundo y del hombre quedan integradas en el cuadro de la alianza: la creación es para la alianza, es decir, para

---

18. Comprendemos que en este primer capítulo, Alfaro expone, en cierto modo objetivamente, lo que la Biblia revela el criterio conciliar católico sobre el tema. Empero, como él se acoge a los datos bíblicos y eclesiásticos que juzga fundamento y esencia de «una reflexión ulterior acerca del sentido cristiano del progreso humano» (p. 27), resulta lógico atribuirle alguna responsabilidad teológica en esta parte de su trabajo.

el hombre aliado con Dios [por la elección divina] en un diálogo de mutua fidelidad».[19]

Partiendo pues de este contexto de *elección, alianza* y *fe*, Alfaro establece, consecuentemente, que Dios como Creador del universo, ha puesto al hombre en el mundo como *imagen* Suya, a fin de que con su acción en el mundo lo domine. «La *"imagen* de Dios" en el hombre y su destino a dominar el mundo (Gén. 1, 26-30) se identifican —dice—: por ser "imagen de Dios" el hombre está llamado a participar en la obra creadora de Dios, es decir, en su dominio del mundo. Tomado del polvo de la tierra y vivificado por el Espíritu divino, el hombre será señor del mundo en la actitud personal, que le impone la alianza con Dios».[20]

Objetiva y bíblicamente, el enfoque dado al problema por nuestro autor parece, más que aceptable, inobjetable y apodíctico. Indiscutiblemente, la elección y la alianza de Dios con el hombre Adán llevan consigo, como uno de sus máximos deberes, el señorío del medio físico o ambiental en el que es colocado. Este dominio, como bien advierte Alfaro y corrobora el pasaje del Génesis que cita, no se sobreañade a la existencia humana, sino que «constituye su dimensión fundamental como "imagen" y "aliado" de Dios».[21] Es de ese modo que «el vínculo del hombre con Dios por la alianza se realiza en la acción dominadora del hombre sobre el mundo y en la unión de los hombres».[22]

Sin embargo, esa premisa (y su moral implícita) pareciera que olvida o relega a un segundo plano la tragedia de la caída del hombre; sus funestas y perennes consecuencias sobre la creación toda. En efecto, la introducción del pecado en el mundo frustró inicialmente el plan o designio divino original, tanto en lo que al

---

19. Id., p. 19.
20. Id., p. 17.
21. Id., pp. 17-18.
22. Id., p. 18.

hombre respecta como al ambiente en el cual fue colocado. Cierto que la intención *primera* de Dios fue la señalada por Alfaro. Pero cuando el propósito divino apenas comenzaba a ser ejecutado por el hombre, se produjo la caída y con ella el plan de Dios quedó truncado y la creación —concretamente el planeta Tierra— moralmente desordenada, vacía, anárquica.

Fue en el homre, empero, donde el efecto enajenante del pecado se hizo trágico y aniquilador. El hombre, creado a «imagen y semejanza de Dios», quedó privado de la gloria divina, esto es, de las perfecciones divinas que él, como imagen Suya, debía reflejar.[23] «Sin el pecado, [el hombre] habría conservado esta gloria, y su única ambición habría sido poseerla cada vez más completamente hasta su plenitud. [Pero] *privado* de esa *gloria,* por la caída y por su propio pecado, el hombre se torna egoísta y, colocándose en el lugar de Dios, no busca más que su propia gloria y la que viene de las criaturas semejantes a él».[24]

No quiere ello decir, sin embargo, que por causa de la caída y de la práctica del pecado el hombre haya perdido «del todo» la imagen de Dios en él. La Escritura reconoce que esa característica del ser humano permanece aún en cada individuo;[25] pero obviamente deteriorada, casi deshecha y desvanecida, por el terrible y temible influjo del pecado original y de su práctica.

«Si la «imagen de Dios» en el hombre ha quedado esencial y negativamente afectada por la caída y la práctica constante del pecado, ¿en qué sentido puede decirse que esa características básica de su naturaleza permanece aún en él? La respuesta posible es que el individuo

---

23. Rom. 3:23.

24. L. Bonnet - A. Schroerder, *Comentario del Nuevo Testamento,* vol. III p. 61. Casa Bautista de Publicaciones, El Paso, Texas, 1970.

25. Stgo. 3:9; Hech. 17:26-29; 1.ª Cor. 11:7; 2.ª Cor. 3:18; 4:4; Efe. 4:24; Col. 1:15; 3:10.

conserva todavía sus poderes mentales (espirituales) y fisiológicos (anímicos). Lo que se ha perdido en el hombre es su «inocencia original y la integridad moral en la cual fue creado». Debido a ello, «el hombre [es] completamente incapaz de salvarse a sí mismo y no tiene esperanzas fuera de un acto de gracia que le restaurará la imagen divina».[26] (Volveremos sobre este aspecto del tema general cuando abordemos más de cerca el criterio alfaroniano acerca de la condición actual del hombre y su capacidad para reflejar la imagen divina en él mediante su acción en el mundo.)

Por lo que llevamos dicho podemos advertir que si no se parte desde la perspectiva de la caída del hombre, esto es, de su pecado de rebelión y desobediencia al Creador, difícilmente pueda acertarse en la dirección correcta que nos permita *conocer* verdaderamente el problema de la tragedia humana y, lo que sería peor, seguiríamos un destino igualmente desastroso e irreversible. Cuando, por el contrario, nos colocamos mentalmente en el escenario del pecado del hombre, y hacemos arrancar nuestra reflexión bíblico-teológica *desde* allí, el resultado cierto y positivo queda asegurado. Y es ese, precisamente, el objetivo sano y noble que como estudiosos del hombre y del mundo debemos procurar.

III

El enfoque de Alfaro, sin embargo, presenta un aspecto interesante —fascinante, sería más propio decir— del carácter humano y del propósito del hombre y de su mundo. En realidad, no se trata de una reflexión peculiar. El autor, como gran parte de los teólogos y pensadores católicos neo-liberales, se nutre copiosamente

---

26. Myer Pearlman, *Teología bíblica y sistemática*, cap. IV, p. 122, Ed. Vida, Miami, Fla., 1970.

de los estudios de Teilhard de Chardin.[27] Este teólogo-antropólogo católico hace derivar el hombre y el mundo del designio de Dios *en Cristo*. Dios, entiende Chardin, tuvo *en mente* al Hombre Jesús *antes* —en la eternidad pasada— de proponerse crear el mundo y al hombre llamado a señorearlo. Cierto que el Creador tenía *ya* consciencia, es decir, previo y pleno conocimiento de lo que sucedería en el Edén; pero como dice Alfaro, «en la intención divina el mundo y la humanidad [estaban] destinados a la nueva y eterna alianza en Cristo, a saber, a la participación escatológica en la gloria del "Señor"».[28]

Alfaro pues, como Chardin y otros autores católicos, pretende que su enfoque y planteamiento del origen, existencia y destino del hombre y del mundo «en Cristo», no es nada novedoso ni fruto de la reflexión teológica post-conciliar. «La más antigua fórmula de fe cristiana —dice— y los himnos litúrgicos de la Iglesia primitiva proclaman el "señorío" de Cristo sobre la creación. La teología paulina desarrolló este núcleo fundamental de la primitiva fe cristiana en la afirmación explícita del dominio de Cristo sobre toda la humanidad, de la convergencia unificadora de la historia de la salvación y de la finalización de toda la creación en El.»[29]

En realidad, tanto lo que respecto al designio de Dios acerca del Hombre Jesús, como la ordenación del hombre y del mundo a «Cristo glorioso», parece tener

---

27. El propio autor reconoce la influencia del pensamiento de Chardin en la teología católica neo-liberal. Dice, en efecto, que el antropólogo, «a pesar de sus imprecisiones y lagunas, ha abierto un horizonte nuevo a la comprensión del cristocentrismo de la creación» (p. 26). El pensamiento chardiano expuesto en sus obras *El destino del hombre*, *El fenómeno humano*, *Génesis de un pensamiento*, *El medio divino*, *La energía huamna*, *La visión del pasado*, etc., han sido publicadas por Taurus Ediciones, Madrid.

28. J. Alfaro, o.c. p. 19.

29. Id., p. 18.

su fundamento en pasajes señalados de las epístolas de
Pablo a los Efesios y Colosenses. Alfaro entiende que
Pablo «afirma por vez primera la mediación cósmica
y soteriológica de Cristo» en su primera epístola a los
Corintios (8:6), donde «ambas aparecen idisolublemen-
te unidas entre sí». Pero sostiene que en los escritos del
apóstol «los textos más significativos acerca del señorío
[cristiano] sobre la creación» figuran en las cartas a
los Efesios (1:9-10) y Colosenses (1:15-20).[30]

De esta manera, rechazando por inconsistente el
criterio de R. Bultman, de que el contenido de estos dos
pasajes sea ajeno al auténtico mensaje cristiano y hayan
tenido un origen puramente gnóstico,[31] Alfaro recurre
a H. Schlier, quien explica el pensamiento paulino en
un estudio de la epístola de los Efesios, que nuestro
autor describe como «notable». Según Schlier,

> la manifestación del misterio de la voluntad de
> Dios, que es Cristo, está en conformidad con
> aquella decisión que Dios había ya tomado en
> Cristo mismo sobre todas las cosas, en la cual
> El había vinculado todo con Cristo... La eterna
> vinculación de su decisión con Cristo es ahora
> cumplida por Dios, en cuanto El realiza la ple-
> nitud de los tiempos en Cristo... En su misma
> decisión eterna Dios se había vinculado con
> Cristo, quien debía ejercer su dominio en los
> tiempos de la plenitud de Dios... La recapitula-
> ción... del todo en Cristo consiste en que Dios
> ha dado en Cristo al todo un jefe [cabeza], que
> está en un plano superior y en quien el todo es
> unido y sustentado. Puesto que Cristo es la ca-
> beza del todo, en cuanto El es al mismo tiempo
> cabeza de la Iglesia y por ella... incluye el todo
> en su plenitud, la «recapitulación» implica tan-

---

30. Id., p. 19.
31. Id.

*to la constitución de Cristo como cabeza, como
la reunión y elevación [de todo en El] y ambas
cosas en un solo evento... Todo el universo tiene en Cristo su cabeza y desde el principio está
unido y erigido como sometido a El, es decir,
está ordenado a El....*[32]

En ese criterio schlierano basa Alfaro su punto de
vista acerca de la dimensión cristocéntrica del hombre
y del mundo (el mundo para el hombre, el hombre
para el mundo y ambos para Cristo); si bien reconoce
que «esta dimensión cristocéntrica del universo es un
misterio de la revelación cristiana, inaccesible a la experiencia y a la razón del hombre».[33] Aquí, en esta observación, está la «clave» para entender también *el
porqué Alfaro* hace derivar la fe en Dios de la alianza
con el hombre, cuando, objetivamente al menos, en el
caso de Adán y de Israel, la alianza supone la fe y ésta
la revelación divina.[34]

Ciertamente: el apóstol Pedro tenía razón cuando
señalaba en el primer siglo de esta economía de la gracia, que en la enseñanza paulina había algunos pasajes
«difíciles de entender»,[35] específicamente aquellos que
atañen a la *Parousía* o venida de Cristo. Objetivamente,
el señorío del hombre está íntimamente ligado al propósito de su creación; pero la promesa de un Redentor
no precede a Adán ni es anterior a la caída de éste. Es

---

32. Citado por Alfaro, p. 20.
33. Id., p. 21.
34. Lógico es suponer que en el caso de Adam, Dios se
le manifestara antes de comunicarle sus designios. En el de
Israel, Dios lo llama «mi pueblo» por boca de Moisés; lo cual
presupone la alianza, sin duda, pero está la fe y la fe es la
revelación divina. Por ello entendíamos que la derivación de
la fe de Israel de su experiencia del *Exodo* era falsa, o por
lo menos de muy difícil demostración desde un punto de
vista bíblico.
35. 2.ª Ped. 3:16.

formulada por Dios *después* de la introducción del pecado en el mundo.[36]

Sin embarfio Pablo enseña en su epístola a los Efesios que Dios escogió *en Cristo* a los creyentes «*antes* de la fundación del mundo».[37] Pedro mismo corrobora esta idea al decir que los fieles han sido «elegidos según la presciencia de Dios Padre».[38] Con respecto al sacrificio expiatorio de Jesucristo, aduce este apóstol que El «como un cordero sin mancha y sin contaminación, ya [había sido] destinado [por Dios] desde *antes* de la fundación del mundo, pero [sólo] manifestado en los postrímeros tiempos...».[39]

Aquí entramos en un problema agudizado desde los días de Calvino: la presciencia, elección y predestinación divinas, que deliberadamente queremos soslayar, porque entendemos que es insoluble para la teoría contemporánea como lo ha sido históricamente para toda escuela teológica —sea católica o protestante.[40]

Queremos, empero, señalar que debido precisamente a este embarazoso problema, los pasajes de las epístolas apostólicas (en particular las de Pablo) no son de fácil comprensión, y todo esfuerzo por conciliar su enseñanza con el grueso de la Revelación termina in-

---

36. Gén. 3:14-15.
37. Efe. 1:4; Apoc. 13:8.
38. 1.ª Ped. 1:2.
39. Id., v. 20.
40. Autores hay para los que constituye una «perversión» de la idea bíblica de la presciencia divina, el desechar la «absoluta elección» de los creyentes. Uno de éstos, Arthur W. Pink, en su obra *Los atributos de Dios*, sostiene este criterio este criterio de manera categórica: «Todo lo que es hecho a su tiempo —dice— fue predeterminado antes del principio del tiempo... En todos los casos en que Dios ha decretado un fin, ha decretado también todos los medios para dicho fin. El que decretó la salvación de sus elegidos, decretó también obrar fe en ellos... Dios mismo ha designado todo lo que ha de ser, y lo que El ha designado debe necesariamente efectuarse... Ni la omnisciencia de Dios ni su cognición del fu-

defectiblemente en fiasco. Y no necesariamente porque el teólogo o la escuela teológica haya incurrido en un pecado que Pablo quiso prevenir en su época: *pensar más de lo que está escrito en la Biblia.*[41]

IV

Volviendo nuestra atención a lo que los teólogos católicos describen como «la mediación cósmica y soteriológica de Cristo», preciso es indicar que, efectivamente, los pasajes paulinos que con frecuencia se citan para fundamentar esta reflexión teológica, considerados en sí mismo, conllevan forzosamente a ese fin. Es decir: que del pensamiento esencial del apóstol puede concluires lógica y naturalmente, esto es, de manera racional y espontánea, sin violencia del texto y sin tergiversación del propósito obvio de aquél, que:

a) la creación del universo y la acción del hombre sobre el mundo están integradas en la alianza salvífica de Dios con la humanidad;

---

turo, considerados en sí mismos, son causativos... La *causa* de todas las cosas es *la voluntad de Dios...* Dios conoce por anticipado lo que *será*, porque El ha decretado que *sea.* (pp. 14-16-22-23-26-30). Empero, Pike, reconocido por una parte que según la Biblia (y no obstante los decretos de Dios), «el hombre es una criautra responsable de sus acciones», admite de buen grado la absoluta insolubilidad del problema al decir que, efectivamente, «existe verdadera dificultad en definir dónde termina [la pre-ordenación divina] y dónde comienza [la responsabilidad humana]» (p. 17).

41. 1.ª Cor. 4:6. Pablo mismo recuerda a los corintios que en su primer encuentro con ellos no usó de palabras excelentes o de sabiduría humana, pues se propuso «no saber... otra cosa sino a Jesucristo, y a éste crucificado... y ni [su] palabra ni [su] predicación fue con palabras persuasivas de humana sabiduría, sino con demostración del Espíritu y de poder, [a fin de que su] fe no [estuviera] fundada en la sabiduría de los hombres, sino en el poder de Dios (2:1-5).

b) Cristo, como mediador de la nueva y eterna alianza, es el centro sustentador y finalizador de toda la creación, de la humanidad y de su historia; c) ya desde ahora el hombre (y el mundo por él) está llamado por el Espíritu de Cristo a lograr su plenitud escatológica en la totalidad y unidad de su ser corpóreo-espiritual por la participación en la gloria de Cristo; d) la caridad fraterna (don del Espíritu de Cristo) es el nuevo vínculo unificador de la comunidad humana, vivificada por la gracia de Cristo.[42]

El problema, empero, no queda definitivamente resuelto. Las razones que hemos expuesto impiden una solución bíblico-teológica satisfactoria.[43] Por no tener en cuenta el contexto particular en que aparecen los pasajes de Pablo, y el más general del Antiguo y del Nuevo Testamento, a algunos les ha parecido fácil arribar a conclusiones pseudo-bíblicas, en las que se asegura que la *recapitulación* hecha por Dios en Cristo garantiza a su vez la salvación de Satanás y los ángeles caídos.

Cierto es que, «en rigor, hay que reconocerlo, los términos de que Pablo se sirve (en Efesios 1:10) pueden extenderse hasta allí; pero el pasaje paralelo (Colosenses 1:20) nos conduce al gran medio de la obra de Cristo, a la sangre de la cruz, y, ¿nos autoriza la Escritura a extender su eficacia hasta los ángeles caídos, y afirmar que *todos* los hombres querrán o podrán arrepentirse un día para ir a buscar la reconciliación? Ciertas declaraciones de la palabra de Dios parecen testificar ¡ay! lo contrario. No olvidemos sin embargo que todo dominio debe por fin pertenecer al Rey de gloria, y que el día debe venir cuando Dios será todo en todos (1.ª Cor. 15:28).[44]

---

42. J. Alfaro, o.c. p. 25.
43. Supra.
44. Bonnet-Schroeder, o.c. p. 478.

Al referirnos al «universalmente salvífico» de ciertos teólogos, en el cual, como hemos dicho, no se excluye ni al diablo ni sus ángeles, aludimos un aspecto del pensamiento alfaroniano y de otros autores católicos que abordan la dimensión cristocéntrica del universo. En este sentido se hace preciso decir que la reflexión del autor, por lo general vigorosa y profunda, no se muestra todo lo lúcida que habríamos de desear, en la exposición y análisis de esa dimensión, particularmente en lo que atañe al sentido, finalidad y alcance del progreso humano.

En verdad, más que falta de claridad, tal vez debiéramos haber dicho imprecisión teológica. Esta resultaría de la ausencia de una adecuada dicotomía entre la «humanidad» y la «humanidad cristiana», a la que directa y positivamente afecta la gracia de Dios. En otras palabras: no se trata en todo caso de oscuridad analítica o expositiva, sino bíblico-teológica. Una consideración más detenida del pensamiento alfaroniano, sin embargo, llevaría a la conclusión de que lo que parece falta de lucidez dialéctica o teológica es, en realidad, consecuencia lógica, natural e ineluctable del sentido de la visión cristocéntrica del autor; y del alcance o proyección del progreso humano que de aquélla forzosamente se deriva.

Expliquémosnos: si se establece como premisa general y absoluta que «en la intención divina el mundo y la humanidad están *destinados* a la nueva y eterna alianza en Cristo (Agente de la «mediación cósmica y soteriológica»); es decir, a la participación escatológica en la gloria del "Señor"», sería lógico concluir, como lo hace Alfaro, que «Cristo, la humanidad y el mundo (y la historia como dimensión esencial de ambos) son inseparables e nsu definitivo destino; [y que] esta inseparabilidad es ante todo una exigencia de Cristo mismo, a saber, de la identidad de Cristo en su existencia histórica y en su existencia metahistórica». En consecuencia, se arriba natural y espontáneamente al convencimiento, o a la fe, de que «el mundo y la humanidad, que Cristo glorioso al fin de los tiempos someterá al Padre..., son nuestra humanidad y nuestro mundo, cuya historia está sustentada por su finalización en Cristo Señor».[45]

Sin embargo, no son sólo esas las conclusiones a que inevitablemente lleva la premisa general absoluta a que hemos hecho referencia más arriba. Hay otras —más práctica y menos profundas, quizá, pero estrechamente vinculadas con aquélla— que integran, aunque no agotan, la reflexión teológica cristiana, católica y protestante, en la actualidad. Una de esas deducciones de la dimensión cristocéntrica de la existencia humana, la constituye la relación que se advierte entre el hombre y su ambiente, el individuo y «su» mundo.

Se arguye, en efecto, que «por su acción sobre el mundo en sumisión personal a Dios, el hombre realiza y expresa el dominio supremo de Dios sobre el mundo».[46] Esta observación tiene, a nuestro modo de ver, el pequeño y grave defecto (según sea el criterio bíblico-teológico que se sustente) de no advertir el estado de rebelión en que se desenvuelve la existencia humana en lo que al Creador respecta. En la historia del mundo no hay —relativamente hablando— más que contados y honrosos casos en que la acción del hombre sobre su medio natural, social, político y cultural ha sido consecuencia directa de una «sumisión personal a Dios». Por el contrario, y como ya tendremos ocasión de considerar, la civilización levantada por el hombre lleva en sí misma el sello infame e ideleble de la rebelión contra Dios, cuyas características son la ambición, el egoísmo, el afán de placer y la falta de amor al prójimo.

Otra derivación de la premisa general referida, es la que atañe al desarrollo pleno e integral del individuo.

---

45. J. Alfaro, o.c. pp. 34-35.
46. Id., p. 40.

Se dice, en efecto, que «por razón de su constitutiva vinculación al mundo y de su índole social no puede el hombr llegar a su plenitud, sino transformando el mundo con su trabajo en convivencia interpersonal comunicatoria. En su acción sobre el mundo se perfecciona a sí mismo como persona y como miembro de la comunidad, desarrolla sus propias facultades, eleva sus condiciones de vida auténticamente humana y crea nuevas posibilidades de comunicación y elevación de la humanidad».[47]

A este respecto es poco lo que podría objetarse o por lo menos discutirse. Nadie pone en duda a estas alturas (y ya Aristóteles sustentaba el mismo criterio mucho antes del nacimiento del cristianismo) que el hombre es sociable por naturaleza. Es en la comunidad humana —no aislado de ella— donde el individuo se realiza y alcanza el bien común, a saber, el suyo y el de sus congéneres. Pero se precisa convenir en que históricamente no siempre y casi nunca *lo que es* y lo que *debe ser* han andado de la mano. Entre uno y otro se abre un abismo prácticamente insondable que el hombre no alcanza a salvar. Cierto que la ciencia y la tecnología modernas han puesto en manos del hombre los instrumentos materiales que, sabiamente empleados, pudieran determinar la diferencia entre lo que es y lo que anhelamos que sea nuestro mundo. Pero contra toda esta bendición conspira constantemente la frágil y pecaminosa naturaleza humana.

Es por ello, precisamente, que nos resistimos a creer —no simplemente a ver con suspicacia— la afirmación de Alfaro, de que el hombre, en la medida que progresa en el dominio de su ambiente, «crece [en] su sentido de responsabilidad ante la humanidad entera y ante la historia»; y que, a consecuencia de este señorío, «el hombre [camine] hacia su plena madurez espiritual y

____

47. Id., p. 28.

40

moral».[48] Esta resistencia nuestra se funda en la experiencia histórica y en la conducta social del hombre contemporáneo en todas las latitudes. Es decir: no se trata, en ningún caso y por ningún concepto, de un juicio *a priori*; sino de una visión relativamente objetiva e imparcial de la realidad local e internacional, corroborada a su vez por el pensamiento y la reflexión de sabios y estudiosos del individuo humano como ente moral-social, y de la crisis que agobia al globo hoy.

Esa no es, empero, la más objetable o discutible conclusión a que llega Alfaro partiendo de la premisa general supradicha. De ésta subderiva él otra mucho más grave por las implicaciones que conlleva. Dice, en efecto, que «la conciencia misma de la dignidad personal y de la responsabilidad del hombre [«en el auténtico ejercicio de su libertad» ante el Creador y los hombres] están condicionados al nivel de vida, que es el resultado del progreso».[49]

Alfaro olvida, al parecer, un detalle que no podría ser ignorado por un estudioso del problema humano y, mucho menos, por un teólogo: que la dignidad y responsabilidad del hombre no les son superpuestas *a posteriori* por ninguna circunstancia o contingencia de la existencia terrenal, sino que nacen *con él* en cuanto es critura de Dios. Es por ello que los conceptos del *bien* y del *mal* tienen sentido. Sin esa referencia trascedente —a Dios— nuestra conducta en la relación interpersonal carecería de significado y no podría ser explicada; sería inocua, vacua o indiferente.

La Biblia, palabra de Dios, establece la responsabilidad humana y el valor ético del comportamiento social nuestro partiendo, precisamente, de esa referencia trascendente, divina: «El que oprime al pobre —dice la Escritura— afrenta a su Hacedor.» Y a la inversa:

---

48. Id.
49. Id.

«Mas el que tiene misericordia del pobre, lo honra», esto es, a Dios, a quien la buena o mala acción trasciende.[50] Dicho de otro modo: nuestra actitud para con el prójimo será buena o mala, eficiente o imperfecta, en la medida en que se refiera al Creador.

Esta verdad bíblica podría ilustrarse de esta manera: si a alguien se le ocurre blandir un martillo sobre una escultura famosa, digamos el *Moisés de Miguel Angel,* la obra perderá sin duda como obra de arte; pero el ofendido será el artista, en este caso, la memoria veneranda del genio latino. Inclusive puede decirse que siendo esa obra del patrimonio cultural italiano, toda esa nación se sentiría ultrajada. Pero ya que el acervo cultural y artístico (como el científico-tecnológico) es a su vez patrimonio de la humanidad, todos los países serían igualmente agraviados por tan irracional actitud. Mas si ese hombre, en vez de destruir o deteriorar la obra de arte, la cuida y protege, estará de ese modo honrando al escultor, a Italia y al mundo.

Sedirá, sin embargo, que el autor católico no niega que la dignidad y responsabilidad del hombre nazcan con éste; que él más bien se refiere a la *toma de conciencia de ambas* por parte del individuo consciente, a saber, psicológica y éticamente maduro; capaz de reflexionar sobre sí y sobre el mundo que le rodea y llegar a conclusiones concretas.

Concedido. Pero es que si el medio social afecta, positiva y negativamente, el desarrollo de esa facultad individual, no puede decirse que la forme o la anule por completo. Decimos, por ejemplo, que la actividad periodística objetiva-subjetiva *orienta* la opinión pública: no la *crea.* Afirmar que el periodismo «crea» la opinión del pueblo es atribuirle función de *juez:* que

---

50. Prov. 14:31; S. Mateo 25:34 yss. Otros pasajes que corroboran esta enseñanza son: Prov. 19:17; 21:13; Hech. 5:4-9.

no de *guía*. Algo similar ocurre en el ambiente social en que se desenvuelve el hombre.

Alexis Carrel, el célebre hombre de ciencia francés, que aborda el tema de la conciencia sobre y desde una base científica —no bíblico-teológica—, formula la observación siguiente: «El estado psicológico del grupo social determina en gran medida, el número, la calidad y la intensidad de las manifestaciones de la conciencia individual. Si el medio que le rodea es mediocre, la inteligencia y el sentido moral no llegan a desarrollarse. Estas actividades pueden viciarse completamente en los malos ambientes».[51]

No obstante, la Biblia, que reconoce en la conciencia una facultad común a todos los hombres; cuya «esfera señalada está en el arreglo —según la voluntad de Dios...— de todo nuestro ser y de todas nuestras acciones, en cuanto tengan un carácter moral»;[52] enseña, empero, la naturaleza finita y por tanto falible de esa potencia individual. Enseña, además, que en la medida que la conciencia responde positiva o negativamente a los imperativos de su Creador, se revela «buena y pura»;[53] pero que cuando desoye persistentemente el eco de la divina voz, degenera, corrompe, vuelve insensible o se torna cauterizada.[54] Cuando la conciencia amortigua, atenúa o pierde definitivamente su capacidad de resonancia del imperativo moralético y de la exigencia divina a la santidad, el hombre se degrada a sí mismo ante Dios y los hombres.

Cierto que, como advierte Carrel, «las fronteras de nuestro espíritu se hallan abiertas de par en par, [y por

---

51. A. Carrel, *La incógnita del hombre*, cap. IV, p. 147, J. Gil-Editor, Bs.As., 1962.

52. W. W. Rand, *El diccionario de la Santa Biblia*, p. 146, Ed. Caribe, S. José, C.R.

53. 1.ª Tim. 1:5; 3:9; Hech. 24:16.

54. 1.ª Cor. 8:9; Hech. 26:9; Tito 1:15; Heb. 10:22; 1.ª Tim. 4:2.

ello] la conciencia está expuesta a los ataques de su ambiente intelectual y espiritual». No hay duda además, que «según la naturaleza de estos ataques, [la conciencia] se desarrolla defectuosa o normalmente».[55] Pero esta realidad no es ni podría ser una excusa y, mucho menos, una licencia para el mal obrar. La Biblia enseña que, no obstante las influencias (negativas o positivas) que recibe el hombre de su ambiente natural y social, es *absolutamente* responsable ante Dios.

Las razones de que así sea las ofrece el apóstol Pablo en su monumental epístola a los Romanos, concretamente en los capítulos 1-2. Allí Pablo no sólo relaciona la conciencia y la responsabilidad humana con las obras visibles de la creación, sino que enseña claramente que la depravación mental, moral y aun física del hombre —motora a su vez de la más amplia corrupción social e internacional—, es severa expresión del juicio divino sobre la criatura rebelde. «Y como ellos no aprobaron tener en cuenta a Dios, Dios los entregó a una mente reprobada, para hacer cosas que no convienen».[56]

El hombre, pues, lejos de encaminarse «hacia su plena madurez espiritual y moral», como cree Alfaro y en general gran parte de los teólogos de vanguardia hoy, está completamente perdido en el mundo que él mismo ha construido. Sin duda que esta caótica situación social, moral y espiritual es producto de lo que Carrel describe como casi completa ignorancia del sentido ético por parte de la sociedad, que le ha hecho incurrir a su vez en la supresión de las manifestaciones del sentido moral.[57] No obstante, debemos dar crédito a la palabra apostólica, la cual nos asegura que la tragedia humana milenaria y actual es efecto del implaca-

---

55. A. Carrel, o.c. p. 147.
56. J. Alfaro, o.c. p. 29.
57. Supra.

ble juicio divino, hecho patente «contra toda impiedad
e injusticia de los hombres que detienen con injusticia
la verdad».[58] Por ello, como también advierte el sabio
francés, «el Estado puede imponer al pueblo la legali-
dad por fuerza. Pero no la moralidad».[59]

En conclusión: el nivel de vida, resultado del progreso, no puede —bíblicamente al menos— constituir
en ningún caso ni bajo ninguna circunstancia o contingencia, el elemento condicionante de la conciecia. Por
tanto, el hombre, como ente maduro de razón y de
conciencia, es moralmente responsable ante Dios, independientemente de cuál haya sido el género y grado de
influjo ambiental —físico y cultural— por él recibido.

VI

Alfaro, por otra parte, se hace eco del criterio conciliar —que por supuesto acoge como expresión de la
verdad bíblico-teológica— de que «el esfuerzo realizado por el hombre a lo largo de los siglos para lograr
mejores condiciones de vida, considerado en sí mismo,
responde a la voluntad de Dios, que ha creado el hombre para que domine el mundo y por este dominio
oriente hacia Dios el universo, reconociéndole libremen-
te como el Creador. El dominio del hombre sobre el
mundo en la libre sumisión del hombre a Dios —aduce— implica el cumplimiento y la expresión completa
del dominio de Dios sobre la creación. [Por tanto,] lejos de oponerse al dominio divino, las conquistas del
hombre son el cumplimiento del plan de Dios sobre el
mundo y el signo de su trascendencia».[60]

Ya advertíamos en la primera parte de este trabajo [61]
que la reflexión del autor acerca del concepto del hom-

---

58. Id., p. 29.
59. Id., p. 18.
60. Id., p. 115.
61. Id., p. 28.

bre como «imagen de Dios», y las connotaciones que de su interpretación deriva, al parecer no tienen muy en cuenta la tragedia del Edén y sus desastrosas consecuencias en el carácter humano —en su estructura anímico-mental— y el efecto negativo —caótico y deformante— en la creación toda. Siendo así, la connotación dada por el pensamiento conciliar católico al «esfuerzo realizado por el hombre» en el mundo (al que adhiere Alfaro) no es nada insólito sino consecuencia del criterio bíblico-teológico de ambos respecto del hombre como imagen divina. Por esa razón, les es fácil concluir también que «cada hombre con su trabajo desarrolla la obra del Creador, sirve al bien de sus hermanos y contribuye personalmente a que se realicen los designios de Dios en la historia».[62]

Esta reflexión conciliar-alfaroniana adolece, empero, de una especie de aberración óptica para apreciar debidamente la historia humana y, consecuentemente, el resultado de la acción del hombre sobre su mundo, esto es, la civilización a cuyo derrumbe inevitable asistimos hoy.

Desde luego, aquí entramos de lleno en un aspecto extremadamente embarazoso del tema en discusión. Comprendemos la imposibilidad de arribar a conclusiones plenamente satisfactorias para todos. Pero ello no impide que, por vía inductiva al menos, convengamos en reconocer los signos luminosos —que son a la vez los síntomas de la decadencia— por los cuales orientarnos hacia la convergencia común donde podamos comprender que, efectivamente, la humanidad, al levantar la civilización, ha seguido derroteros inciertos y tal vez irreversibles.

Decimos que la casi insalvable dificultad de llegar a conclusiones racionales y satisfactorias para todos, no es óbice para que excusemos el converger a una reflexión seria sobre el progreso humano, al menos *inducti-*

---

62. Id.

vamente. ¿Por qué podemos y debemos arribar a esa reflexión convergente mediante el empleo del método inductivo? Por el hecho mismo de que aquellos que ven en las realizaciones del hombre el reflejo de la actividad creativa-inmanente de Dios, y que, por ello, entienden que el progreso humano revela la obediencia del hombre a la voluntad divina, se resisten, por lo general, a reconocer la validez del método inductivo.

Por supuesto, los defensores y preconizadores de la llamada«dimensión cristocéntrica», y de la acción del hombre en el mundo como expresión del cumplimiento del plan de Dios, admiten, por definición, la validez del método deductivo. Pero lo abandonan o mal emplean no bien se topan con aquellos hechos que ponen en entredicho o desvirtúan completamente algún aspecto muy caro de su reflexión teológica o de sus creencias.

Si, por ejemplo, estos pensadores pusieran en práctica el método deductivo en su análisis del pecado y su relación con lo que denominan «progreso humano» y «madurez ético-espiritual», tendrían ocasión de llegar a conclusiones bíblicas y teológicamente sanas y certeras. Pero la verdad es que como la obra del pecado afecta y destruye todas sus quimeras sobre una tal «madurez» y un tal «progreso» del hombre y de la sociedad, apenas si reconocen a ese método validez teológica, aunque admite de buen grado su valía científica.

Ello no quiere decir que estos autores no adviertan la potencia maligna del pecado y sus temibles efectos en la conciencia individual y colectiva. Pero, generalmente, sólo alcanzan a ver el pecado y su consecuencia en aquello que se opone o contradice sus propios criterios teológicos o filosóficos. Así, Alfaro, por ejemplo, advierte que «el pecado, infracción de la alianza (Dios-hombre-mundo), se opone tanto al dominio del mundo por el hombre, como al señorío de Dios sobre el mundo, e impide la comunión de vida entre los hombres».[63]

---

63. Id., p. 18.

No se crea, sin embargo, que con esa declaración el autor católico esté admitiendo lo erróneo del camino que el hombre ha trazado y seguido en el levantamiento de la civilización. No. El más bien alude a la conducta de aquellos que, torpes o ingenuos, son defensores o en el «mejor» de los casos «víctimas inocentes» de lo que se describe como «dualismo maniqueo».[64]

Ahora bien: ¿puede objetiva e imparcialmente atribuirse a la voluntad de Dios, o a plan divino alguno, el fruto del «esfuerzo realizado por el hombre a lo largo de los siglos para lograr mejores condiciones de vida», según la reflexión conciliar católica que Alfaro recoge? Si pretendemos, como éste cree, que «por su acción sobre el mundo en sumisión personal a Dios, el hombre realiza y expresa el dominio supremo de Dios sobre el mundo»,[65] no vacilaremos en llegar a una conclusión afirmativa. Pero si nos apegamos a la más sana enseñanza bíblica, corroborada por la historia y la crisis contemporánea, nuestro concepto necesariamente tendría que ser otro.

¿Cuál es, en efecto, el criterio escriturario sobre la naturaleza, condición y obra de los hombres? ¿Será, por ventura, la de una criatura moralmente idónea y espiritualmente apta, esto es, reconocedora de los designios de Dios y acatadora de Su soberana voluntad? El cuadro que Pablo, pintor genial, ofrece en su epístola a los Romanos, no es precisamente ése. He aquí la palabra del apóstol:

> *Porque la ira de Dios se revela desde el cielo contra toda impiedad e injusticia de los hombres que detienen con injusticia la verdad; porque lo que de Dios se conoce les es manifiesto, pues Dios se lo manifestó. Porque las cosas invisibles de él, su eterno poder y deidad, se ha-*

---

64. Id., p. 115.
65. Id., p. 28.

cen claramente visibles desde la creación del mundo, siendo entendidas por medio de las cosas hechas, de modo que no tienen excusa. Pues habiendo conocido a Dios, no le glorificaron como a Dios, ni le dieron gracias, sino que se envanecieron en sus razonamientos, y su necio corazón fue entenebrecido. Profesando ser sabios, se hicieron necios, y cambiaron la gloria del Dios incorruptible en semejanza de imagen de hombre corruptible,[66] de aves, de cuadrúpedos y de reptiles. Por lo cual también Dios los entregó a la inmundicia, en las concupiscencias de sus corazones, de modo que deshonraron entre sí sus propios cuerpos, ya que cambiaron la verdad de Dios por la mentira, honrando y sirviendo a las criaturas antes que al Creador, el cual es bendito por los siglos. Amén. Por esto Dios los entregó a pasiones vergonzosas; pues aun sus mujeres cambiaron el uso natural por el que es contra naturaleza, y de igual modo también los hombres, dejando el uso natural de la mujer, se encendieron en su lascivia unos con otros, cometiendo hechos vergonzosos hombres con hombres, y recibiendo en sí mismos la retribución debida a su extravío... Estando atestados de toda injusticia, fornicación, perversidad, avaricia, maldad; llenos de envidia, homicidios, contiendas, engaños y malignidades; murmuradores, detractores, aborrecedores de Dios, injuriosos, soberbios, altivos, inventores

---

66. Es significativo que el hombre no sólo quedó privado de la gloria divina que debía reflejar como «imagen de Dios», sino que redujo el Creador a la «imagen de hombre corruptible», con lo cual se granjeó le juicio inexorable del Señor. Hoy quizá la depreveción humana no sea tan «grotesca», pero no deja de ser menos pecaminosa y merecedora por igual de la implacable e irrevisible ira de Dios que ha de sobrevenir al mundo.

de males, desobedientes a los padres, necios, desleales, sin afecto natural, implacables, sin misericordia; quienes habiendo entendido el juicio de Dios, que los que practican tales cosas son dignos de muerte, no sólo las hacen, sino que también se complacen con los que las practican.[67]

«¡Ah! —se dirá alguno —la descripción del apóstol corresponde a épocas pretéritas, felizmente superadas por el hombre con el poderoso auxilio de la ciencia, la tecnología y la educación.» ¿Será esto así? Un vistazo al mundo parece, ¡ay!, desmentirlo categóricamente. Cierto que el progreso material no tiene parangón hoy, y que el hombre y la sociedad han alcanzado un altísimo grado de desarrollo en múltiples aspectos de su existencia. Empero, ¿significa ello que el progreso ético-espiritual está caminando ahora de la mano? Desgraciadamente, no.

Lo que vemos hoy en el mundo es exactamente lo contrario. El hombre, no obstante el inmenso poder que las ciencias han puesto a su alcance, parece cada vez menos responsable de sus deberes y, por eso mismo, se muestra menos digno de los bienes que posee. La premisa que establece una presunta «madurez» del hombre, y que cree ver en el progreso humano la manifestación de una tal «sumisión personal» al Creador, peca de ingenua sino que de falsa; contradice la experiencia histórica milenaria, la aterradora realidad contemporánea y, además, contrapone a la reflexión de hombres sabios que, sin ser teólogos de oficio, han tenido una visión y una comprensión más adecuada y precisa del hombre, del mundo y de los problemas inherentes a ambos, y la honradez intelectual para no ocultar la verdad.

---

67. Rom. 1:18-32.

Uno de estos sabios, el doctor Alexis Carrel, con todo y haber transcurrido ya poco más de una generación desde que escribió su citada obra, esboza un cuadro espeluznante y aterrador de las condiciones prevalentes hoy en el mundo. He aquí parte de sus observaciones al respecto:

> *El hombre debería ser la medida de todo. En cambio no es sino un extraño en el mundo que él mismo ha creado. Ha sido incapaz de organizar este mundo para sí mismo, porque no poseía un conocimiento práctica de su propia naturaleza. De ahí que el enorme avance alcanzado por las ciencias de la materia inanimada sobre la de los seres vivientes sea una de las mayores catástrofes que jamás sufriera la Humanidad... Sacrificando el espíritu a la materia, la civilización moderna h a cometido un tremendo error. Un error tanto más peligroso cuanto que nadie se rebela contra él, porque se acepta tan fácilmente como se acepta la vida insalubre de las grandes urbes y el confinamiento en las fábricas... A pesar de las maravillas de la civilización científica, la personalidad humana tiende a disolverse.*[68]

Adviértase que Carrel, contrario al criterio alfaroniano, describe al hombre moderno como «extraño» en su propio mundo e «incapaz» —al menos hasta ahora— de disponerlo de tal modo que sea sólo un medio para un fin más noble y superior: el desarrollo integral, rítmico y armonioso del individuo y del organismo comunitario. Nótese, además, que el sabio francés atribuye a la falta de un adecuado y juicioso conocimiento del hombre mismo —de su naturaleza esen-

---

68. A. Carrel, o.c. pp. 48-125-53.

cial— el «tremendo error» que ha sacrificado el espíritu a la materia.[69] Pero Carrel dice más:

> *La sociedad moderna [por lo tanto], se ha construido al azar de los descubrimientos científicos y conforme al capricho de las ideologías, sin ninguna atención para las leyes de nuestro cuerpo y de nuestra alma. Hemos sido víctimas de una desastrosa ilusión: la de que podemos vivir con arreglo a una fantasía que se ha emancipado de los deberes naturales. Y nos hemos olvidado de que la naturaleza no perdona jamás... Los hombres no pueden seguir adelante el curso de la civilización moderna. Porque están degenerando... [Porque] aprendiendo el secreto de la constitución y de las propiedades de la materia, hemos logrado el dominio de casi todo cuanto existe sobre la superficie de la Tierra, excepto el de nosotros mismos... La conquista del mundo material, que ha absorbido incesantemente la atención y la voluntad de los hombres, hizo que el mundo orgánico y espiritual cayese en un olvido casi absoluto... Los seres humanos no han crecido tan rápidamente como las instituciones nacidas de sus cerebros... [Por tanto], la civilización moderna se encuentra en una postura difícil, porque no está hecha*

---

69. El autor, que no es médico, tuvo la oportunidad de discutir con la psiquiatra norteamericana Louise Reynolds, del Roosevelt Hospital, de Nueva York, acerca de lo que Carrel entendía era una falla capital de que adolece la ciencia médica moderna: el olvido de la naturaleza individual del hombre, que ha dado lugar a la multiplicidad de especialidades que estudian al ser humano —el individuo— teniendo como solo punto de referencia el hombre disecado de los textos universitarios. La doctora Reynolds, aunque señaló que se están dando pasos positivos en dirección contraria, concedió razón a Carrel.

52

*a nuestra medida. Ha sido construida sin nin-
gún conocimiento de nuestra verdadera naturaleza. Nació de la fantasía de los descubrimientos científicos, de los apetitos del hombre, de
sus ilusiones. de sus teorías y de sus deseos...
La vida moderna es opuesta a la vida del espíritu.*[70]

Esta no es, pese al «magnífico ímpetu lírico» que el
doctor Gustavo Pittaluga atribuye al pensamiento de
Carrel, el criterio de un teólogo o de un filósofo. Es la
sesuda reflexión de un hombre de ciencia que, como tal,
no podría desconocer la terrible realidad de nuestro
mundo y la responsabilidad el hombre en la civilización que ha levantado. Su visión del mundo contemporáneo —con algunas excepciones que como cristianos
estaríamos obligados a cuestionar, dudar o disentir—
es correcta porque corresponde objetivamente a lo que
todos vemos, oímos y sentimos.

VII

Ahora bien: considerando concretamente el aspecto
moralético-espiritual, estamos en disposición de afirmar
—porque así lo acusan y confirman los hechos cotidia-
nos— que el sombrío cuadro dibujado por Pablo en
su epístola a los Romanos, concuerda asombrosa y perfectamente con la situación del mundo hoy. Más aún:
las condiciones generales de la Humanidad parecen haber sufrido un mayor deterioro y descomposición desde ese punto de vista. Cierto que ahora las manifestaciones del pecado son más «refinadas» y «decorosas».
Pero, en el fondo, siguen siendo tan o más pecamino-
sas que las de aquellos que al decir del epóstol habían
trocado la gloria del Dios incorruptible en semejanza
de volátiles y reptiles.

---

70. Id., pp. 15-25-28-31-43-44-66.

La situación moral del mundo actual, no es tampoco producto del «azar» o del «destino».[71] Es, en cambio, bien visto, el admirable y pleno cumplimiento de la profecía bíblica, tan gráficamente descrita por el Maestro de Nazaret y su discípulo más aventajado, el Apóstol de Tarso. Este no sólo describe lo que había sido conducta universal desde Adam a sus ideas, sino que, anticipándose con siglos a nuestra época, pinta el más real y espeluznante cuadro de lo que sería la vida social y el comportamiento moral del hombre contemporáneo. Dirigiéndose al joven ministro cristiano Timoteo, escribe el apóstol:

> *El Espíritu [Santo] dice claramente que en los postreros tiempos algunos apostarán de la fe, escuchando a espíritus engañadores y a doctrinas de demonios por la hipocresía de mentirosos que, teniendo cauterizada la conciencia, prohibirán casarse... Porque habrá hombres amadores de sí mismos, avaros, vanagloriosos, soberbios, blasfemos, desobedientes a los padres, ingratos, impíos, sin afecto natural, implacables, calumniadores, intemperantes, crueles, aborrecedores de lo bueno, traidores, impetuosos, infatuados, amadores de los deleites más que de Dios, que tendrán apariencia de piedad, pero negarán la eficacia de ella...*[72]

No son pocos los hombres de ciencia, estadistas, educadores, economistas, filósofos y pensadores en general que han advertido una tétrica analogía entre la profecía y la crisis contemporánea. Cada día, en efecto, salen a la luz pública libros, artículos periodísticos

---

71. Merece recordarse aquí la observación de J. Oliver Hobbes, de que los hombres amontonan los errores de sus vidas y crean un monstruo al que llaman «destino».
72. 1.ª Tim. 4:1-3; 2.ª Tim. 3:1-5.

y declaraciones a la prensa de prominentes figuras, que alarmadas por el curso que van tomando los acontecimientos, no vislumbran ninguna solución al problema social, político, económico, cultural, étnic, ecológico,[73] y aun religioso del mundo contemporáneo.[74] La opinión de muchos de estos líderes podría resumirse con la aterradora declaración de Carrel: «No queda ya ninguna esperanza. Todo se hunde y nadie es capaz de reconstruir».[75]

Sin embargo, no se necesita ser un sabio o científico para intuir al menos que algo anda muy mal. La crisis que nos agobia a todos es de tal naturaleza, que el «hombre de la calle» puede fácilmente percibir que nos estamos acercando velozmente hacia el fin de todas las cosas. Es penoso advertir, empero, que muchos sabios y eruditos parecen no percatarse del fin a que conduce la crisis actual y, por el contrario, están aún empeñados y afanosos en el levantamiento de castillos de naipes, fruto de sus ilusiones o de su miopía y destinados a ser barridos para siempre en las grandes convulsiones que han de sobrevenir al mundo y agitar la Humanidad.

Esta actitud no es en verdad nueva. Las mayores crisis de la historia han sido precedidas por corrientes filosóficas o religiosas cuyo poder de encantamiento ha-

---

73. Un *bet-seller* que ha alarmado al mundo es el titulado *La bomba demográfica*, del profesor norteamericano Paul Ehrlich, de la Universidad de Stanford, California. Según el doctor Ehrlich, no hay solución posible, desde el punto de vista tecnológico, a los problemas que la nueva ciencia ecológica estudia.

74. Dado que el autor aborda datalladamente este problema en su obra *Carta de Babilonia* (en preparación), le ha parecido prudente abstenerse de entrar en pormenores que, además, darían lugar a una innecesaria digresión del tema objeto de este comentario y, sobre todo, del propósito expreso de esta obra.

75. Véase la obra citada del doctor Paul Ehrlich.

bía dormido al mundo, «hasta que —para emplear la gráfica expresión del Maestro— vino el diluvio y los destruyó a todos».[76]

De este modo, mientras un parto doloroso anuncia a todos la inminencia del desenlace de la crisis del siglo, autores como Alfaro pretenden, cándidamente, que «los hombres, vivificados y unificados por el Espíritu de Cristo, realizan bajo la esperanza del mundo por venir la obra que Dios les ha confiado en este mundo, y así avanzan hacia la plenitud definitiva de la historia en la participación de la Humanidad y del mundo en la gloria de Cristo».[77] O afirman con idéntica ingenuidad que «cuanto de bueno hay en la acción libre del hombre y en la expresión de la misma en el mundo, es efecto y manifestación de la gracia de Cristo; [y que] la humanidad con su historia y todo el Universo caminan hacia la unión con Cristo glorioso y hacia la participación por Cristo en la vida de Dios...».[78]

Lógicamente, si «la creación del mundo y el progreso mismo del hombre serán integrados en la definitiva manifestación de Dios»,[79] bien hace Alfaro al adherirse plenamente al criterio conciliar católico de que ni el mundo ni la obra del hombre serán destruidos, sino «transformados» en la *Parousía* o manifestación de Jesucristo.[80] «La posición del concilio [Vaticano II] —dice— acerca de la permanencia y del definitivo cumplimiento de los valores del progreso humano en la salvación escatológica es consecuencia lógica de su doctrina cristológica y antropológica».[81]

La dialéctica que se sigue para justificar y explicar esta «novedad teológica», es más verosímil y piadosa

---

76. S. Lucas 17:27-29.
77. J. Alfaro, o.c. p. 31.
78. Id., p. 32.
79. Id.
80. Id., p. 33.
81. Id., p. 34.

que convincente: «Si el Hijo de Dios en la encarnación se apropió de la historia y quedó constituido en centro unificador de la comunidad humana y de la creación; si por su resurrección pasó a ser el Señor de la humanidad y de su historia, se debe lógicamente admitir que el dominio eterno de Cristo sobre la humanidad y el mundc no puede consistir en la destrucción de su historia, sino en la apropiación y elevación de la misma expresión de la gloria del Señor de la historia».[82]

Siendo, por otra parte, que el progreso humano y el reino de Cristo, aunque no son *idénticos* «se compenetran entre sí», lógica es la conclusión a que arriba Alfaro de que «el cristiano debe integrar íntimamente su fe y su acción sobre el mundo; [ya que] la fe, la esperanza y la caridad exigen de él la entrega a la tarea de mejorar el mundo y las condiciones de la vida humana al servicio de la fraternidad universal.[83] [Y porque, además], el esfuerzo por el bien de la humanidad es para el cristiano la realización y expresión de su unión con Cristo».[84]

En este contexto, el autor, haciéndose eco de las reflexiones conciliares, señala que «la caridad cristiana —uno de los tres elementos que informan la doctrina conciliar católica sobre el valor del progreso humano— [es] el vínculo nuevo de unidad entre los hombres y [el] nuevo dinamismo hacia la transformación del mundo al servicio de la fraternidad». Alfaro cree, pues, a pie juntillas que la doctrina escatológica, por la que el progreso humano queda integrado, esto es, «incorporado y elevado en la definitiva revelación salvífica de Cristo»,[85] lejos de suprimir o disminuir más bien «intensifica el compromiso del cristiano en la trans-

---

82. Id.
83. Id., pp. 35-36.
84. Id., p. 34.
85. Id., p. 35.

formación del mundo al servicio de los hombres, como anticipación de la plenitu descatológica de la creación y de la comunidad humana».[86]

Desde este ángulo, nuestro autor no sólo «descubre» que «el encuentro entre el amor de Dios por Cristo y el amor del hombre pertenece a la esencia del cristianismo, [y que, por ello] el amor constituye la más honda dimensión de la libertad» individual. Entiende, además, que «lejos de oponerse al cristianismo, el progreso del hombre (que es, según él, la calidad esencial de la caridad cristiana) y el consiguiente crecimiento de su responsabilidad son plenamente conformes a la esencia del mismo, pues hacen al hombre más auténticamente hombre, es decir, más capaz de ser interpelado por el Dios del amor».[87]

Por esas «razones», toda oposición a la idea de que el cristiano *debe,* por imperativo divino, entregarse «a la tarea de mejorar el mundo y las condiciones de la vida humana al servicio de la fraternidad universal», se hace pasible de condenación o, cuando menos, de suspicacia u ojeriza en las esferas «liberal-progresista» neo-católicas y neo-protestantes.[88]

La ingente y, en cierto modo, quijotesca misión asignada al cristiano de -«transformar» este mundo demoníaco en un paraíso «al servicio de la fraternidad universal», se hace a expensas de por lo menos de cuatro aspectos de la verdad bíblica:

a) Una correcta comprensión del sentido y esencia de la caridad evangélica;

b) Una debida interpretación de sus grados expresivos;

c) Un adecuado conocimiento de la misión fundamental de la iglesia cristiana; y

---

86. Id., pp. 89-90.
87. Id., p. 91.
88. Id., pp. 91-92.

d) Una nítica perspectiva de la dimensión escatológica de la existencia humana y de la *Parousía* o manifestación de Jesucristo.

Ningún cristiano se opondría, por ejemplo, a la afirmación de Alfaro, de que «el amor del hombre para con Dios, si es auténtico, implica el amor y servicio de los hombres».[89] La razón para que se acepte este postulado no sólo debe buscarse en la Biblia, sino en la que da el autor: «Porque el hombre no se realiza en la interioridad pura de su diálogo personal con Dios, sino que debe dar cumplimiento y expresión a esta interioridad a través de su corporeidad en sus relaciones con los demás hombres y con el mundo».[90]

Sin embargo, en ese «dar cumplimiento y expresión [a la interioridad del hombre] a través de su corporeidad», se precisa aclarar: 1) que el hombre sea *auténticamente* cristiano. Sólo así se asegurará que su amor y la expresión de su amor sean, como lo quiere Alfaro, «auténticos». 2) Que se reconozca y tenga en cuenta los diversos «grados» de expresión del amor, bíblicamente justificados.

En el primer punto, esto es, en lo que se refiere a la autenticidad de la profesión cristiana, la observa-

---

89. En este sentido Alfaro, de común acuerdo con la reflexión católica, sindica como «perversión» la resistencia a lo que él entiende por «verdadero sentido del progreso humano». Según él, esa alegada perversión «es objetivada en determinadas estructuras sociales, económicas y políticas, que a su vez inducen al pecado [cuya] malicia... convierte entonces el progreso en instrumento del pecado» (pp. 29-30). Lógicamente, lo menos que puede esperarse de parte de los «progresistas» es que cualquier simple o profundo disentimiento u objeción a ese criterio sea rápidamente despachado como «oposición reaccionaria» o, si son más «benignos», acusen de candidez, ignorancia o «idiotismo» teológico a sus adversarios en el debate.

90. Id., p. 91. Desde luego que Alfaro debió decir: «no *sólo* se realiza en la intensidad pura de su diálogo con Dios».

ción no huelga; pues debido a la «amplitud» —no necesariamente a la *profundidad*— de la doctrina cristocéntrica católica, se hace difícil saber si el autor (y con él otros pensadores de la escuela teo-antropológica chardiniana) realmente discierne entre «hombre y humanidad cristianos», por un lado, y «hombre y humanidad no cristianos», por el otro.

VIII

Entramos de este modo a un aspecto del tema al que debemos dedicar alguna atención: la correcta comprensión del sentido y esencia del amor, y el reconocimiento de sus diversos «grados» de expresión práctica. De hecho hemos reconocido ya el criterio alfaroniano respecto a la expresión de la caridad auténtica como signo del auténtico amor cristiano. Hemos admitido de buena ley que la comunión del hombre creyente con Dios no es ni podría ser una mera «relación mística» entre el Creador exaltado y la criatura absorta. Se precisa, empero, introducir aquí algunas observaciones absolutamente pertinentes.

A la luz de la Biblia, esto es, «de todo el consejo de Dios» y no sólo de fragmentos o porciones aisladas de su contexto inmediato y/o general, el amor cristiano opera o se expresa en diversos peldaños o grados. En la parte superior de esa escala luminosa está, sin la menor duda, la comunicación del Mensaje de Cristo. Es de esa manera que el amor al prójimo se revela en su más noble, bella y honda dimensión.

Ahora bien, si somos capaces de dar al prójimo «lo que es más», ¿no seremos igualmente aptos para ofrecerle y darle «lo que es menos»? Si somos idóneos para socorrer al hombre en sus necesidades básicas y esenciales —que son ciertamente las del espíritu—, ¿no lo seremos también para auxiliarle en aquellas necesidades corpóreas o materiales? Ya lo creemos. Cierto: no podemos pretender que como cristianos amamos al prójimo, si estando a nuestro alcance ayudarle materialmente, no lo hacemos. Pero nadie que haga lo contrario, esto es, que se comporte debidamente para con el semejante en el suministro de algún bien de esta vida,[91] podría negar o desvirtuar el amor y la sabiduría implícitos en la actitud de aquel que lo socorra en lo espiritual.[92]

Por otra parte, a la luz de porciones concretas de la Escritura, se hace obvio que «el amor de los hombres, si es auténtico, implica el amor de Dios», como advierte Alfaro.[93] Pero esa *implicación*, en el sentido figurado del término, no es debida a que así, es decir, «en el servicio desinteresado de los demás honores, [se incluya] vitalmente... la aceptación del valor "cristiforme" del otro "yo"» —que dice el autor—. La *razón única* en este caso es Dios mismo: no los hombres.

El apóstol Juan, en la primera de sus tres epístolas pastorales, presenta las dos caras o aspectos esenciales del tema que ahora abordamos. De común acuerdo con *el todo* de la enseñanza apostólica sobre la caridad evangélica y su práctica, el escritor sagrado sienta la *causa* y el *fundamento* de ambos: «El que ama a Dios (en prueba de ello), ame también a su hermano» (4: 21). Pues si alguno dice que ama al Señor y no lo demuestra en la práctica de la caridad a favor del pró-

---

91. Id., pp. 91-92

92. «El que tiene bienes de este mundo y ve a su hermano tener necesidad, y cierra contra él su corazón, ¿cómo mora el amor de Dios en él? Hijitos míos, no amemos de palabra ni de lengua, sino de hecho y en verdad... El que no ama a su hermano a quien a visto, ¿cómo puede amar a Dios a quien no ha visto? Y nosotros tenemos este mandamiento de él: El que ama a Dios, ame a su hermano (1.ª Jn. 3: 17-18.

93. J. Alfaro, o.c. p. 92.

jimo, está poniendo en duda que el amor divino *verdaderamente* mora en su alma (3:16-17).

En otras palabras: el amor al prójimo es la *prueba práctica* del amor a Dios.

Sin embargo, esa que es la pragmática y la dinámica del amor hacia el Creador, no es la *prueba única* de la criatura amante. El apóstol dice, en efecto, que otra manera de conocer que *realmente* amamos —no a Dios, sino a los hijos de Dios, los creyentes—, es amando a Dios y acatando su Palabra. ¿Cómo entender y explicar esta sorprendente revelación del Espíritu, sino reconociendo y enseñando que nuestro amor a Dios ha de expresarse primera, soberana e independientemente de toda otra persona, cosa, objeto u objetivo fuera de Dios y, además, como segura demostración de que amamos al prójimo, *criatura* Suya: que no *hijo*? [94]

Somos propensos a considerar que aquel que socorre materialmente al prójimo, es el que «verdaderamente» ama a Dios. Esta actitud, en término general, es acertada y saludable. Pero si limitamos la evidencia del amor de Dios a la práctica de la caridad, incurrimos en una apreciación extremosa y carente de base bíblica. De ahí nace a veces que cuando un cristiano, en demostración de su amor a Dios, se dedica a socorrer y auxiliar al vecino en la esfera de lo espiritual, esto es, con *preferencia* a las necesidades del espíritu, pero sin desmedro o menosprecio de lo material, es indebidamente tildado de «espiritualista» o «pietista», y su obra interpretada como sinónimo de «amor abstracto», impráctico o «místico».

---

94. En este punto es prudente advertir que si bien el apóstol Juan no «limita» la praxis o expresión de la caridad a «los hijos de Dios», (entendiendo por tales, no a todos los hombres, sino a aquéllos que por su *fe viva* en Cristo han sido ya adoptados como tales por Dios mismo), sí debe afectar primera y mayormente a los creyentes. Pablo lo expresa así: «Según tengamos oportunidad, hagamos bien a todos, y *mayormente* a los de la familia de la fe» (Gál. 6:10).

Es por lo menos una comprensión deficiente e inadecuada de la Biblia, el suponer o afirmar que la comunicación del Mensaje (sin descuidar el auxilio material al prójimo, pero disponiéndolo en un segundo plano dentro de la expresión global del amor a Dios), sea signo de tergiversación del verdadero sentido, esencia y alcance de la caridad evangélica. Al contrario: cuando nos desvelamos por el destino eterno del hombre y actuamos en consecuencia para asegurarle que sea un destino feliz, estamos demostrando con ello que somos capaces e idóneos para socorrerlo también en las cosas de esta vida terrenal. No puede decirse, sin embargo, que el ayudar económicamente al prójimo sea signo inequívoco, inconfundible e infalible de que nos preocupamos seriamente por su destino eterno.

Con frecuencia vemos a ciertos cristianos afanosos en el bienestar físico y social del vecino, pero completamente descuidados o indiferentes en lo que atañe al bien espiritual. Y en eo hay una antinomia palmaria, flagrante. Su comprensión del presente y su visión del futuro, ambas a dos, son decientes y pobres; de escasa profundidad y a veces sin ninguna hondura reflexiva. Tal vez por esa misma razón se muestran propensos a despachar por «espiritualistas» a aquellos que no están dispuestos a descuidar la palabra de Dios por «servir a las mesas»;[95] pues entienden que en la búsqueda de la salvación del alma hay una gran sabiduría.[96]

Cierto es, por otra parte, que tradicionalmente (en especial desde la época de la Reforma protestante del siglo XVI) ha habido mucho cristiano que ha olvidado que ha sido «creado en Cristo Jesús para buenas obras».[97] Sin embargo, el énfasis de los Reformadores en la justificación «por la fe *sola*» y sin obras, ha quedado históricamente acreditado. Porque en la actuali-

---

95. Hech. 6:1-7.
96. «El que gana almas es sabio» (Prov. 11:30).
97. Efe. 6:10.

dad estamos asistiendo a un renacer del tradicional hincapié romanista en la importancia y lugar de las buenas obras en la doctrina evangélica y en la vida del creyente.

Tal énfasis no es exagerado pero sí desproporcional. Y es ahí, precisamente, donde existe el temor de que por un mero «error de cálculo» o una «osadía teológica» de esas a que nos tienen acostumbrados los neo-liberales, llegáramos a atribuir a las obras de caridad o a un nuevo «evangelio social», idéntica o mayor importancia que a la evangelización.[98]

IX

En unas páginas precedentes, al soslayar el «universalismo» a que forzosamente deriva la reflexión cristocéntrico-soteriológica del catolicismo contemporáneo, aludimos, y también eludimos, otros efectos de la *amplitud*, que no necesariamente de la *hondura* de esa neodoctrina. Vamos, por tanto, a dedicar algunas líneas a la consideración de ese aspecto particular de la discusión general del tema del progreso humano.

Cabe señalar que aquí, como por lo común a lo largo del libro que comentamos, el pensamiento de Alfaro se muestra maduro sin pesantez; robusto pero nítido y lozano. Sin embargo, su análisis del problema,

---

98. Desde luego que las buenas obras son también expresión de un evangelismo indirecto, por aquello de que «bien predica, quien bien vive» (Stgo. 2:14-16). Bien está, entonces, que el cristiano se preocupe por el bienestar del prójimo. Pero esa inquietud —que es buena y legítima en sí misma por cuanto responde a una exigencia evangélica que nos insta a obrar cristianamente en Cristo, por Cristo y para Cristo—, no puede expresarse a expensas del más noble interés por l afelicidad espiritual y eterna del hombre. La relación entre uno y otro cuidados debe guardar la debida proporción y equilibrio.

64

si bien inteligente e inteligible, no es en tal virtud todo lo sabio y prudente que desde un sano criterio bíblico-teológico hubiéramos de desear.

Ya advertíamos, en efecto, la no insólita pero sí dudosa afirmación del autor, de que «cuanto hay en la acción del hombre y en la expresión de la misma en el mundo, es efecto y manifestación de la gracia de Cristo».[99] Esta creencia, como la que se refiere a «la permanencia y... definitivo cumplimiento de los valores del progreso humano en la salvación escatológica», es como él mismo advierte «consecuencia lógica de [la] doctrina cristológica y antropológica» del Vaticano II.[100]

Alfaro, empero, va más lejos aún en esta dirección conciliar. No se trata ahora de ver en la acción del hombre sobre el mundo (a saber, en la «inclinación a transformar el mundo y a expresarse en él»), una de las «vivencias constitutivas del hombre, [la] clave de su existencia y de la historia de la humanidad».[101] No es ya advertir en el señorío del hombre sobre el mundo su «dimensión fundamental» como imagen de Dios;[102] ni el ver en ese dominio la realización y la expresión de la soberanía divina.[103]

De idéntica manera, no se trata ya de reafirmar el criterio de que el individuo, «en la medida que progresa [en] el dominio... sobre el mundo, [acrecienta] su sentido de responsabilidad ante la humanidad entera y ante la historia; [y que por tanto] el hombre camina hacia su plena madurez espiritual y moral».[104] No es, en fin, establecer que «el esfuerzo realizado por el hombre a lo largo de los siglos para lograr mejores

---

99. J. Alfaro, o.c. p. 32.
100. Id, p. 34.
101. Id., p. 12
102. Id., p. 18.
103. Id., p. 28.
104. Id.

condiciones de vida, considerado en sí mismo, [responda] a la voluntad de Dios».[105] Nada de eso.

Se trata ahora de afirmar, *némesi discrepante,* que «la renovación salvífica del mundo está ya irrevocablemente establecida y es anticipada de un modo real en este mundo, en cuanto los hombres, vivificados y unificados por el Espíritu de Cristo, realizan bajo la esperanza del mundo por venir la obra que Dios les ha confiado en este mundo, y así avanzan hacia la plenitud definitiva de la historia en la participación de la humanidad y del mundo en la gloria de Cristo».[106]

¿En qué contexto bíblico coloca Alfaro esta irrevocable «renovación salvífica» del mundo y de la humanidad? En «la glorificación de Cristo mismo» —contesta—. Pero, ¿garantiza la glorificación de Cristo una tal «renovación salvífica» del mundo y de la humanidad? Ciertamente: en esa exaltación del Cristo resucitado, como en la justicia de su vida y el valor sacrificial y vicario de la muerte del Hombre Jesús, descansa la certeza del reino mesiánico, esto es, del Reino de los Cielos, reflejo y manifestación parcial aunque gloriosa del Reino de Dios.

¿Puede, no obstante, derivarse de esa salvación escatológica, la redención y recapitulación del mundo (en su acepción *cosmológica, ética*), y de la humanidad (entendida como *thalasa,* «mar de gentes»)? Así parece colegirse de la verosímil declaración de nuestro autor, de que «la humanidad fue elevada a la participación en la filiación divina del hombre Cristo y [por ello] quedó unificada en una nueva y superior unidad, que se funda en la unidad misma de la Trinidad [de Dios] y en la unión personal de lo divino y lo humano en Cristo. [Y de que así] el mundo mismo queda integrado en esta nueva unificación cuyo centro es Cristo...»[107]

---

105. Id., p. 29.
106. Id., p. 31.
107. Id., p. 30.

Pero esta reflexión alfaroniana tiene el pequeño inconveniente de no discernir, esto es, no distinguir claramente entre la *humanidad salvada* ya en Cristo, y aquella que permanece en rebeldía contra Dios y, por tanto, no ha sido salvada *aún*. En realidad, no es posible o no es fácil inducir del pensamiento de Alfaro ninguna distinción entre una y otra humanidad. Al menos no puede advertirse del libro mismo que comentamos. El lector, por el contrario, queda con la ineludible e indeleble impresión de que el autor ni siquiera supone esa diferenciación; no le ve sentido o, tal vez, la juzga a-bíblica e innecesaria a la reflexión teológica.

Aquí es, precisamente, donde se aclara y cobra sentido nuestra observación inicial acerca de la *tesis* del libro de Alfaro: su interpretación del concepto bíblico que define o describe al hombre como «imagen de Dios». Decíamos, en efecto, que de su criterio —antropológico y filosófico, más que bíblico-teológico— surge espontánea la idea esencial, fundamental, que toma forma en la obra. Esa es la idea matriz, motora. Es el «epicentro» desde el cual se expanden las hondas reflexivas sobre el progreso humano y la trascendencia escatológica que Alfaro atribuye a éste. Sin esa comprensión, la *sustancia* del libro sería prácticamente imposible de asimilar. Sólo en virtud de aquélla el análisis se ofrece nítido.

Se habla, pues, del hombre como elevado de la condición de criatura-imagen de Dios, a la categoría de «hijo de Dios» en Cristo. Pero no se establece claramente que para pasar de un estado a otro se precisa el haber hecho antes la *decisión personal* de fe en el Hijo de Dios, sin la cual sería imposible entrar a la parentela divina. Alfaro, por ejemplo, ubica «todo hombre [en] la comunidad humana, cuyo centro de vida y unidad es Cristo»; y, como conclusión lógica, afirma que «Dios [es el] Padre de todos [los hombres] en

Cristo».[108] Luego, «cada hombre es... para cada hombre un hermano de Cristo... La inclusión de todos y cada uno de los hombres en Cristo hace de cada hombre la concreción visible de Cristo para los demás hombres. La participación en la filiación divina del hombre Cristo comunica a la persona humana un valor "cristiforme"».[109]

La Biblia, empero —de Génesis a Apocalipsis, y no un puñado de textos aislados de su contexto para fundar «doctrinas» que son más bien «pretextos contra la Verdad»,[110] no da pie a la sustentación de una tal interrelación paterno-filial entre Dios y «todos los hombres». El Nuevo Testamento enseña —sin el menor género de duda— que sólo aquellos que han *recibido* el don de Dios en Cristo (no los que están dispuestos a beneficiarse con ese don) han sido ya constituidos legítimamente como hijos de Dios: «A todos los que le recibieron (a Cristo Jesús) a los que creen en su nombre, les dio potestad (poder o facultad) de *ser he-*

---

108. Id., p. 91.
109. Id.
110. Un ejemplo de la indebida práctica de sustraer un texto bíblico de su contexto inmediato y/o general, la ofrece Alfaro al citar la conocida expresión con que el apóstol Pablo describe a Jesucristo como el «primogénito entre muchos hermanos» (Rom. 8:29). Pablo está hablando de una gente especial a la que él designa con la frase «los que aman a Dios» (v. 28). Dice él que éstos han sido llamados, conocidos, predestinados, justificados y glorificados por Dios (vv. 28-30). Específicamente declara que la tal gente ha sido predestinada «para que fuesen hechos conformes a la imagen de su Hijo», a saber, de Cristo Jesús (v. 29). En versículos anteriores se ha referido el apóstol a esta gente como «hijos de Dios» (vv. 14-19-21). Ahora bien: ¿puede afirmarse, sin faltar a la verdad, por supuesto, que todos los hombres están incluidos en ese círculo y que, por tanto, aman a Dios? ¿Puede decirse, en base a ese u otros pasajes del Nuevo Testamento, que los «*muchos* hermanos» son «*todos* los hombres»? Eso es exactamente lo que cree Alfaro y nosotros negamos.

chos hijos de Dios; los cuales no son engendrados de sangre, ni de voluntad de carne, ni de voluntad de varón, sino de Dios».[111]

Hemos subrayado la frase *«ser hechos»*, porque es la *clave* para comprender el sentido del pasaje. Aunque de ordinario las cosas divinas no son «lógicas» a la mente finita del hombre, aquí se trata de una muy simple: si «son hechos», es que «no son hijos». Luego, si no son hijos, ¿cómo pretender, como lo hace Alfaro, que Dios es el «Padre de todos» los hombres;[112] y que, en definitiva, «la gracia de Cristo crea en el hombre la tendencia vital hacia su plenitud escatológica en la unión con Cristo... y en la comunión de destino con los demás hombres y con el mundo»?[113]

Pero el teólogo católico va más lejos por ese derrotero. Ahora intenta la justificación de lo que él describe como «la perspectiva de la solidaridad».[114] ¿En qué consiste? Alfaro lo subraya: *«El Hijo de Dios se hizo miembro de la comunidad humana, sometida a la ley del pecado y de la muerte, para darle participación en la gloria de su resurrección.* [En Cristo y por Cristo] se ha cumplido la reconciliación del mundo con Dios, es decir, la salvación de la humanidad y de toda la creación por la comunicación de la vida divina en la adopción filial... [ya que] *la solidaridad salvífica* de Cristo no es inteligible sin la inclusión de *toda* la humanidad».[115]

El Nuevo Testamento enseña claramente que Dios, mediante la cruz de Cristo, ha reconciliado al mundo Consigo.[116] Pero aunque la muerte vicaria-expiatoria de

---

111. S. Juan 1:12-13.
112. J. Alfaro, o.c. p. 76.
113. Id., p. 114.
114. Id., p. 100.
115. Id., pp. 74-75.
116. 2.ª Cor. 5: 19; Col. 1:20. Conviene subrayar aquí, por pertinente, la advertencia del doctor Scofield, de que «nun-

Jesucristo es la *base* sobre la cual la reconciliación es factible y válida, su efecto salvífico sólo s expresa *eficazmente* cuando el hombre pecador se acoge al amor de Dios por la fe en el Redentor: *no antes.*

Claro que la reconciliación está en los designios del Eterno; pero el poder redentor que la muerte de Cristo libera, se transmite al hombre sólo cuando éste ha hecho su *decisión de fe personal* por Cristo. Nada fundamenta o justifica en la Biblia una salvación «automática» o «masiva» de *toda* la humanidad, como resultado de la muerte de Cristo; si bien esa muerte es el cimiento válido y *único* delante de Dios para una eventual reconciliación de *todos* los hombres —sin excepción y sin acepción— que no excluya de ningún modo, eso sí, el querer o la *voluntad* de éstos como seres dotados de razón y de conciencia.

Hablar pues, como lo hace Alfaro, de una humanidad que «por la gracia de Cristo *anhela* la manifestación plena de su divinización "cristiforme"»; de un mundo que «a través del hombre y de su transformación por el hombre avanza... hacia Dios [o] completa su vuelta al principio absoluto inmanente en su mismo devenir»;[117] afirmar asimismo que por la muerte y resurrección de Cristo «el mundo y el hombre están irrevocablemente reconciliados con Dios»;[118] que «la encarnación del Verbo... incluye en sí misma el destino de *toda* la humanidad y del mundo a la participación en la gloria del unigénito primogénito y por ella en la vida divina»; es decir, en fin, que «el destino de la humanidad y del mundo está incluido en el destino del

---

ca se dice en las Escrituras que Dios es reconciliado». El el hombre como ofensor el que se reconcilia con Dios, el ofendiod. (Véase *Dios te habla*, N. T. antotado por C. I. Scofield, D.D., p. 1220; Publicaciones Españolas, Dalton, Georgia.)

117. J. Alfaro, o.c. p. 31.
118. Id., p. 53.

Hijo de Dios hecho hombre», sin discernir entre hombre *creyente* (convertido) y hombre *incrédulo* (inconverso); entre humanidad *salvada* (redimida) y humanidad *perdida* (irredenta), es totalmente ajeno a la Biblia y, mucho más, contradice el grueso de su enseñanza sobre el hombre, su estado y destino.

No se trata, como dice el autor, de que «la integración del progreso humano y de la historia en la salvación escatológica... ha sido implícitamente afirmada por el concilio Vaticano II, [y que] esta posición [conciliar] no [sea] el resultado de una especulación teológica desconectada de la revelación».[119] Nada se resuelve, además, con afirmar que esa doctrina «se basa... en el dato fundamental del cristianismo, que es el misterio de la encarnación del Hijo de Dios... y de la divinización del hombre por la presencia dinámica del Espíritu Santo, es decir, de la salvación del hombre mediante la participación en la gloria de Cristo resucitado».[120]

Para que todo eso no se reduzca a simple o cándida especulación filosófica —a-bíblica o anti-bíblica—, preciso es que se demuestre. Pero para demostrarlo, *bíblicamente,* no es el mejor método exegético partir de textos sustraídos de su contexto inmediato y/o general. Por desgracia, esta es la clase de exégesis a que recurren ciertos autores católicos,[121] de los cuales nuestro escritor no es una rara excepción.

---

119. Id., p. 61.

120. Id., pp. 75-76-101.

121. No han faltado autores protestantes que, ignorando u olvidando su herencia de una sana exégesis legada por los grandes pensadores y teólogos de la Reforma, hayan preferido seguir el camino fácil de las especulaciones. En este sentido han ido tan lejos, en lo que respecta al descuido, tergiversación y aun menosprecio de la palabra de Dios, que nada tienen que envidiarles a ciertos escritores católicos.

X

Convencido, por otra parte, de que «el hombre no puede realizarse como hombre sino obrando en el mundo y sobre el mundo»; de que por esa acción progresa «indefinidamente en su propio perfeccionamiento; [ya que] el resultado de la transformación del mundo por el espíritu es [además] su mutua ascensión espiritualmente»;[122] persuadido, pues, de ello, a Alfaro le es relativamente fácil concluir, no sólo que la «unidad íntima [del hombre y el mundo] implica la integración del mundo en la historia y el destino del hombre,[123] [sino que] al transformar el mundo, el hombre lo hace "a su imagen", lo convierte en expresión de su espíritu y en el ejercicio mismo de su poder creativo crece en claridad y profundidad la conciencia de sí mismo y de su responsabilidad en el mundo».[124]

Esta creencia, que se nos antoja extremadamente cándida, inspira en el autor una confianza ciega en lo que él describe como «la ilimitada potencia creativa del espíritu humano» que, juntamente con «la energía inmensa del mundo, [converge] en la progresión siempre creciente del dominio del mundo y de la humanización de ambos».[125] De ahí también su esperanza de que «por más perfectas que puedan ser las máquinas inventadas por el hombre... [éste] permanecerá siempre el dominador de sus propias creaciones. [Porque] una mecanización del mundo —aduce— que hiciera innecesario el hombre o que escapara al control de su libertad, significaría el regreso a la situación del hombre primitivo, dominado por las fuerzas de la naturaleza (en este caso, por las fuerzas de una naturaleza creada por el hombre); el hombre se encontraría im-

---

122. J. Alfaro, o.c. p. 43.
123. Id., p. 44.
124. Id., ppj. 43-44.
125. Id., p. 45.

potente ante un mundo nuevo, que él mismo con su poder inventivo habría lanzado fuera de su propio dominio».[126]

Alfaro entiende, por ello, que «tal transformación del mundo implicaría el absurdo de una esclavitud definitiva del hombre bajo el mundo precisamente en virtud de la superioridad del espíritu humano sobre el mundo. La relación entre el mundo y el hombre llevaría en sí misma el signo de su propia destrucción, a saber, del fracaso absoluto de la creación. El mundo dejaría de ser para el hombre (para su transformación por el hombre) y el hombre pasaría a ser una etapa más (aunque fuera de la definitiva en el proceso fatal del mundo); el universo volvería a cerrarse en sí mismo y en su admirable mecanismo, después de haberse abierto en la libertad del hombre al horizonte de su propia liberación. La creación perdería su sentido y el mundo sería un mundo sin destino, sin esperanza».[127]

Efectivamente. Alfaro nos ha trazado el más perfecto y espeluznante cuadro de la realidad contemporánea. Pero nótese que él se expresa en el plano de la *mera hipótesis*. Su confianza en el carácter moral y en la capacidad del hombre es absoluta. Esa fe en la naturaleza humana, en el poder creativo del hombre y en las conquistas del género humano, le impide advertir en el marco que ha delineado la situación del mundo moderno. No comprende que si bien, como él mismo indica, el hombre ha convertido al mundo «en expre-

---

126. Id.
127. A este respecto dice Carrel: «El propósito de la civilización no es el progreso de la ciencia y de las máquinas, sino el progreso del hombre... El materialismo brutal de nuestra civilización no sólo se opone al encumbramiento de la inteligencia, sino que destroza también... a aquéllos que aman la belleza, que buscan algo más que el dinero, cuya sensibilidad no resiste la vulgaridad de la existencia moderna... El desarrollo de la personalidad es el supremo fin de la civilización.»

sión de su espíritu», a su propia «imagen», ha partido de un desconocimiento casi total de su verdadera estructura anímico-mental; de una ignorancia trágica de sí mismo que ha sido el origen y la causa del mundo artificial que ha conformado la civilización. Esta, cuya meta debió ser el verdadero progreso del hombre, ha sido un fin en sí misma; el culto de Dios ha sido reemplazado de la conciencia humana por la adoración de las nuevas diosas del neopaganismo: la ciencia y la tecnología.[128]

Por otra parte, el obvio afán del autor por las «novedades teológicas» —pese al sincretismo y el eclecticismo con que ingeniosamente armoniza y acopla, muy a lo filosófico, menos a lo teológico, el creacionismo cristiano y el evolucionismo pagano; la escatolgía bíblica y el «punto-omeguismo de corte chardiniano—; le impide abrir los ojos a la concreta y patética realidad de nuestro mundo. Sólo así se explica que el escritor católico (basado en un supuesto «existencial crístico»[129] en que el «hombre cristiforme [es] más libre en el desarrollo de su espíritu, más señor de sí mismo y de su destino individual y colectivo, más radicalmente consciente y responsable ante el problema de la propia existencia»);[130] sólo así, decíamos, puede pretender que «es necesario admitir... que la humanidad y su progreso caminan hacia un porvenir trascendente».[131]

De ahí también que Alfaro, empleando constantemente la jerga equívoca de la «nueva teología»,[132] se

---

128. J. Alfaro, o.c. p. 93.
129. Id., pp. 44-46-50-51.
130. Id., p. 53.
131. Id.
132. Vaya a manera de ejemplo de su bombardeo continuo, sus «vínculos de unión»..., «servicio universal»..., «renovación salvífica»..., «corazón filial»..., «manantial misterioso»...; y los menos esotéricos de «momentos de transcendencia»..., «divinización plena»..., perspectiva de la solidaridad»..., «intimidad filial»..., «vínculo unificador»..., «comunión de des-

empeñe en recalcar la doctrina conciliar romanista de la preservación de la historia y del progreso humanos en la salvación escatológica de «Cristo glorioso». De ahí también su tesis de que «la "asunción" de la historia humana en la salvación definitiva del hombre viene exigida no solamente por la permanencia de la encarnación [de Cristo], sino también por la divinización del hombre en la totalidad de su ser corpóreo-espiritual»;[133] de donde deriva que «la salvación del hombre, como hombre, debe incluir la salvación de su historia y de "su mundo", que constituyen el "espíritu objetivo" de la comunidad humana y el vínculo de unión entre los hombres en el tiempo».[134]

Y como todo eso «es así», Alfaro concluye que «en la economía de la encarnación el progreso humano al servicio de la unión de los hombres se cumple de hecho bajo la acción del Espíritu de Cristo en la Iglesia, como sacramento de la intimidad filial del hombre con Dios y de la fraternidad humana. [De ese modo] la presencia del Espíritu Santo en la acción del hombre sobre el mundo orienta la historia de la humanidad hacia su plenitud, a saber, hacia su participación en la revelación escatológica de Cristo. [Por tanto], la historia de la humanidad, como la humanidad misma, no están destinadas a su destrucción, sino a permanencia eterna por su integración en la gloria eterna de Cristo. La salvación de la historia de la humanidad pertenece [entonces] a la salvación misma de la humanidad».[135]

---

tino»..., «fraternidad de destino común»..., «inclusión solidaria» y muchos otros términos carentes de sentido, no sólo para el «hombre común» que tiene que afrontar día a día la crudeza y gravedad de la existencia, sino también para la sana reflexión bíblico-teológica.

133. J. Alfaro, o.c. p. 103.

134. Id., pp. 103-104.

135. Cabe destacar aquí, por curiosa, la observación del autor acerca de la permanencia e integración del progreso humano en la «escatología salvífica» de Cristo. Advierte él,

Todo esto suena bonito si no se tiene en cuenta o se desconoce el contexto bíblico de los pasajes del Nuevo Testamento, de donde Alfaro y otros autores hacen derivar esta audacia teologica que describen, sin ningún discernimiento, como «salvación escatológica» de la humanidad y del mundo. Menos mal que Dios, como ha dicho un autor protestante calificado, «no sólo nos ha hecho saber lo mejor, sino que no nos ha escondido lo peor».[136] Y Dios nos ha revelado muy claramente en su Palabra, un día venidero «en el cual los cielos pasarán con grande estruendo, y los elementos ardiendo serán deshechos, y la tierra y las obras que en ella hay serán quemadas... [cuando] los cielos, encendiéndose, serán deshechos, y los elementos, siendo quemados, se fundirán... [si bien] nosotros (los cristianos) esperamos, según sus promesas (de Dios), cielos nuevos y tierra nueva, en los cuales mora la justicia».[137]

Dios nos enseña, además y contrario a la reflexión conciliar-alfaroniana, que integra el progreso humano en la revelación final de Jesucristo, que la historia, como memoria de la humanidad y escenario de sus realizaciones y conquistas, será puesta en olvido eterno. Así lo dice Isaías inspirado por el Espíritu Santo: «Las angustias primeras serán olvidadas, y serán cubiertas de mis ojos (dice Dios). Porque he aquí que yo crearé nuevos cielos y nueva tierra; *y de lo primero no habrá memoria, ni más vendrá al pensamiento.* Mas os gozaréis y os alegraréis para siempre en las cosas que yo creo...»[138]

---

en efecto, que en este aspecto «aparece... ilegítima todo cuestión que supone el esquema es-pacio-tiempo, v.g. la cuestión acerca de la permanencia de las obras de arte creadas por el hombre de este mundo. Tales cuestiones —aduce— suponen representaciones de nuestro mundo actual, del mundo no transformado por la gloria de Cristo» (nota 33 p. 105, o.c.).

136. A. W. Pink, *Los atributos de Dios*, p. 67.
137. 2ª Ped. 3:10-13.
138. Isa. 65:16-18.

Si así es, dirá el lector, ¿qué sentido tiene todo este avance científico; todo este prodigioso desarrollo tecnológico; toda esta estupenda civilización producto del genio y del ingenio humanos? Si toda la obra del hombre y el medio mismo de su progreso y conquistas están destinados por Dios a total destrucción, ¿qué sabiduría, qué prudencia, qué significado tiene el afán de los hombres por convertir este mundo terrenal en su ideal morada? ¿Atribuiremos a los designios del Altísimo la bancarrota moral y espiritual del hombre y de su ambiente? ¿No nos dicen los teólogos y filósofos que «el progreso humano no existe como dimensión neutra en la historia de la salvación, sino como incluido en ella»?[139] ¿No se nos asegura que el dominio del hombre sobre la naturaleza orgánica e inorgánica, es no sólo su «dimensión fundamental» como imagen de Dios, sino la expresión misma de «la acción creativa de Dios, inmanente en el continuo devenir del mundo»?[140]

Exactamente. Eso es lo que creen los sabios: no lo que dice Dios. «Los sabios no saben a dónde van. Los guía el azar, el sutil razonamiento, una especie de clarividencia. Cada uno de ellos es un mundo aparte, gobernado por leyes propias».[141] Sin embargo, tal actitud no es nueva. ¿No se preguntaba Pablo, en los albores mismos de esta dispensación de la gracia divina, si acaso no había Dios confundido la sabiduría de los eruditos?[142] Estos, ayer como hoy, han sido casi siempre incapaces de intuir —no digamos aprehender— los signos de los tiempos. Viven y mueren, para emplear la gráfica expresión jacobina, «como bestias brutas»,[143] aunque ello sea una paradoja.

---

139. J. Alfaro, o.c. p. 98.
140. Id., p. 42.
141. A. Carrel, o.c. p. 45.
142. 1.ª Cor. 1:18-31.
143. Judas 10.

Miopes o ilusos, nuestros sabios sueñan y se recrean en un paraíso terrenal muy de su ingenio. No aprenden. No quieren aprender. Son sordos y ciegos para ver la inminencia del fin. Como niños ñoños, prefieren encerrarse en el cuarto oscuro de sus propias lucubraciones. Nada saben de Dios. Nada quieren saber. Sólo «sienten lo terreno» y su única preocupación es «perfeccionar» su mundo para vivir sin necesidad de Dios y de Cristo. Se juzgan sabios y he aquí que no alcanzan a ún el más elemental de los conocimientos: el de sí mismos. Están perdidos en el laberinto sin salida en que se han metido siguiendo sus propias metas. No piensan. No quieren pensar. Y cuando lo hacen es para entretejer nuevas teorías anémicas de Dios; carentes de eficacia y valor. Sus ideas y especulaciones no son más que castillos de naipes que la más leve brisa barre.

Tales son nuestros sabios. O mejor sería decir: los que entre nosotros se juzgan tales. Porque los que *verdaderamente lo son*, a saber, aquellos que al decir del rey-proverbista tienen el corazón «a la mano derecha» porque son «sabios de corazón» y no meramente intelectualistas que se creen sabios sin advertir que con su actitud están diciendo a todos cuán necios son; aquéllos, los *verdaderos*, tienen el reconocimiento de los hombres sensatos. De ellos ha dicho Carrell: Son «grandes sabios [que] tienen siempre una profunda honradez intelectual. Siguen a la realidad a donde ésta les lleva. Nunca tratan de sustituir sus propios deseos por hechos, o de ocultar estos hechos cuando resultan enfadosos».[144]

XI

No tiene, pues, sentido —a la luz de la Biblia, al menos— esperar la integración y el perfeccionamiento

---

144. A. Carrel, o.c. p. 137.

del progreso humano en la gloria escatológica de Jesucristo. Tampoco lo tiene el pretender que el hombre y el mundo avanzan actualmente hacia su «plena humanización» o a su cabal «divinización».[145] Es ilusorio y aun pueril hablar de una «radical capacidad» del hombre para «dialogar con Dios», privado como está de la gloria divina; y es igualmente ingenuo decir que esa capacidad dialogante «perfecciona» una tal «capacidad del hombre a la gracia».[146] De modo idéntico no pasa de ser una «elegante teoría», identificar una supuesta «progresiva humanización» del hombre (alegadamenet operada en él por su acción en la transformación del mundo) con una también presunta «creciente conciencia» individual y «una más radical responsabilidad [suya] ante la historia y [ante] Dios».[147]

---

145. La novedad teológica de una tal «divinización» del hombre es el colmo de la osadía. La «divinización» del mundo es, más que osadía, una verdadera locura. Ambas ideas están completamente fuera de órbita bíblica y han de ser desdechadas por el cristianismo como signo y síntoma del desvarío «teológico» conemporáneo. «Hay una gran diferencia entre decir que los santos serán glorificados, y que serán hechos divinos. Los cristianos, aun en su estado de gloria, serán criaturas finitas, y, por tanto, incapaces de comprender completamente al Dios infinito» (A. W. Pink, o.c. p. 110).

146. Pablo, y con él todos los autores del Nuevo Testamento, describen la condición actual del hombre no regenerado como absolutamente incapaz de «dialogar» con Dios. Específicamente se dice que está «privado de la gloria de Dios» (Rom. 3:23). También se enseña que antes de la regeneración del hombre —analfabeta o analfabeto, sabio o ignorante, educado o rústico— es incapaz de entender el significado de las cosas espirituales (1.ª Cor. 2:14-15). En cuanto a la gracia, es un absurdo hablar de una tal «capacidad» del hombre a ella, pues en tal caso la gracia no sería gracia. Pablo enseña que la gracia —su efecto salvador— se aplica al individuo cuando éste ha puesto su fe en Cristo. Pero a fin de disipar cualquier duda acerca de si la fe misma no es ya un mérito o una «obra» humana, Pablo se adelanta a decir que aun ésta es «don de Dios» (Efe. 2:8).

147. J. Alfaro, o.c. p. 111.

Todos estos «mitos» son categóricamente desmentidos por la historia y la realidad actual. Todos los avances científico-tecnológicos del hombre sobre el planeta y más aá de éste, no han aportado nada positivo a un verdadero conocimiento del individuo como tal. Mucho menos han significado —ni se advierte que lo significarán en el futuro previsible de la humanidad— un cambio radical, profundo, en la conciencia personal, base de todo cambio eficaz de las viciadas estructuras de la sociedad.

Por el contrario: lo que vemos cada día con mayor perplejidad y desesperanza, es que la naturaleza humana o, más propiamente, su inclinación o propensión al mal, permanece esencialmente idéntica o se previerte aún más. El progreso de la ciencia en sus diversas ramas no influye para nada en una real toma de conciencia del hombre acerca de su origen, condición y destino trascendente. La conducta ética del hombre moderno se observa cada vez más divorciada de los principios e imperativos del Cielo.

Siendo así, mal podría entonces hablarse de que el progreso humano esté coadyuvando (o haya coadyuvado alguna vez) al mejoramiento esencial del individuo y particularmente en su vida de relación o comunitaria; que contribuya en alguna forma a hacer del hombre «más auténticamente hombre [y, en consecuencia,] más capaz de ser interpelado por el Dios del amor».[148]

Ello no significa, desde luego, que el verdadero progreso no sea posible; o que no exista el *Medio* para alcanzarlo efectivamente. El hombre —todos los hombres— tiene a su disposición el don de Dios, Cristo Jesús, cuya aceptación libre y sin mayor condición que la fe viva y sincera, produce en todo aquel que se acoge a Su muerte bienhechora y a su resurrección justificante, la verdadera humanización: la plenitud del ser humano.

---

148. Id., p. 112.

El hombre entra en la órbita del progreso del alma —que es, bien visto, el alma del progreso— sólo a partir de su aceptación del Hijo de Dios como Salvador y Señor de su vida. Antes de su «estar en Cristo» el individuo es absolutamente incapaz de emprender el ascendente camino del verdadero progreso. Cuando *conoce* a Cristo, es decir, cuando Jesús viene a ser para él una realidad vital y potente y salvífica, entonces —y sólo entonces— *sabe* y experimenta en sí mismo lo que de suyo sería incapaz de saber y experimentar.

La verdadera humanización —la *progresiva*—; la libertad verdadera —por la que el hombre a su vez «se hace más libre»—; y la facultad de intercomunicación con Dios —la «capacidad radical» alfaroniana— son, pues, factibles *desde* la posición cristiana: no resultado de la acción del hombre sobre el mundo; no efecto de la transformación que ese empeño produzca sobre su ambiente natural o su medio social-cultural.

El hombre, por eso mismo, cuando está aún bajo el dominio del pecado y encarcelado bajo la opresión de su propia naturaleza animal, natural, no es capaz de «comprender» sino de *creer* la revelación de Dios en Cristo. Esa fue la razón de que los judíos, rebeldes e inconversos, hallaran en Jesús su «piedra de tropiezo»;[149] pero también la causa de que los griegos, devotos amadores de la sabiduría especulativa, y que por ello mismo desdeñaron la profunda sencillez del Evangelio, terminaran juzgando que éste era «locura».[150] Empero para aquellos —griegos o judíos— que fueron lo suficientemente humildes como para acogerse a la más alta filosofía divina y que, por eso, alcanzaron la verdadera sabitduría, Cristo vino a serles potencia del Eterno para salvación eterna.[151]

---

149. 1.ª Cor. 1:22-23.
150. Id., 2:14-15.
151. Id., 1:24.

Cierto que la teología moderna —la «nueva», la que se define como «reflexión de la fe sobre sí misma»— se empeña en demostrar que «la encarnación del Hijo de Dios ha dado un nuevo y definitivo sentido al progreso humano».[152] Pero desde el punto de vista de la *Fe* —de esa fe que la teología pretende explicar pero que no acierta cómo— no se trata de dar un «nuevo sentido» al progreso de los hombres y su mundo, sino de dar el *verdadero sentido* del progreso según Dios mismo, que es el Creador del hombre y, por tanto, quien *realmente* lo conoce. Es decir: no es que Cristo ha «re-orientado» el curso del progreso y la civilización, sino que ha trazado un rumbo *ascendente* que va en dirección diametralmente opuesta al camino *descendente* que el mundo, los filósofos y ciertos teólogos, han seguido hasta hoy. Ese progreso, el que Cristo enrumba, es el único y definitivo a la vista y al juicio divinos: el progreso del alma, que es, a su vez, el alma del progreso.[153]

Conclusión

Aunque por razón de espacio no podemos dedicar ahora mayor atención a los aspectos positivos de la obra de Juan Alfaro, no queremos dejar en el ánimo del lector la impresión falsa de que su reflexión bíblico-teológica carece de valiosos y sanos elementos a la luz

---

152. J. Alfaro, o.c. p. 113.

153. Es oportuno advertir que mientras en las esferas teológicas modernas se habla y escribe acerca de un progreso histórico (científico, tecnológico, cultural, étnico, etc.), que se encamina definitivamente hacia la *Parousía*, y que se integra al mundo nuevo como algo suyo y propio, la Escritura es clara en señalar que toda perfección viene necesariamente de fuera, de lo alto. Pablo dice en este sentido que ahora «en parte conocemos... mas cuando venga lo perfecto, entonces lo que es en parte se acabará» (1.ª Cor. 13:9 yss.).

de la palabra de Dios y de la doctrina cristiana. Por ello, aunque sea en forma sucinta y somera, destacaremos en las líneas que siguen algunos pasajes del libro cuyo vayor y profundidad nadie pondría en duda.[154]

Llama la atención del estudioso, en primer lugar, la reflexión del autor acerca de la eficacia y trascendencia de la Encarnación. Cierto es, como se ha dicho, que «la predicación del hecho de la Encarnación, más bien que la manera, es el método verdadero de presentar el Evangelio; [es decir] primero lo que Cristo es, y sólo entonces cómo llegó a ser lo que es».[155] Ello no empece, sin embargo, para que la reflexión seria acerca del *cómo* y el alcance eterno de ese acontecimiento único en la historia del mundo se justifique y salga triunfante y airosa. He aquí pues, el pensamiento de Alfaro:

> *La tensión entre la trascendencia y la inmanencia de la gracia, como comunicación de Dios en sí mismo, alcanza su punto culminante en la Encarnación. Ella es la gracia absoluta, el don total del amor y de la libertad de Dios; es imposible pensar un acto más inefablemente gratuito y libre de Dios que la donación personal de su propio Hijo. La Encarnación no es el término exigido por la evolución interna del mundo o por el ilimitado dinamismo espiritual de la humanidad; no tiene su explicación en el mundo*

---

154. Conviene recordar lo que ya decíamos en la nota introductoria de estos apuntes: que nuestro propósito no es meramente *crítico*, sino esencialmente *polémico*. No que la naturaleza de lo controversial excluya *per se* el reconocimiento del mérito o del valor ajenos. Pero sí que toda consideración relativamente imparcial de una idea o conjunto de ideas limita a muy estrecho marco toda ponderación de los aspectos positivos o encomiásticos. De otro modo la dinámica de la dialéctica se diluiría y perdería su eficacia.

155. W. H. Griffit Thomas, *El cristianismo es Cristo*, cap. XII, p. 155. Casa Unida de Publicaciones, p. 66.

o en el hombre. Viene de arriba, únicamente de arriba, sin más razón que la imprevisible e incalculable decisión del amor de Dios en el secreto de su intimidad trinitaria: es el misterio más santo de los misterios, en último término es el único misterio.[156] *Dios no tiene un don superior a su Hijo, ni una palabra más expresiva que su exhaustiva Palabra personal. Al darnos su Hijo y revelársenos en su Imagen, ha pronunciado Dios su absoluto «sí» salvífico; un «sí» irreversible e irrepetible, porque lleva el carácter de lo absolutamente único e insuperable. Dios no existe sino como Padre de Cristo y Padre de los hombres en Cristo. El hombre Jesús no existe sino como el Hijo de Dios; en El y por El la humanidad y el mundo reciben el ser manantial mismo de la vida divina, el Padre. Una autocomunicación de Dios al hombre y al mundo, cualitativamente superior a la encarnación, es impensable.*[157] *La comunicación de Dios «ad intra» es el fundamento de su comunicación «ad extra», y la Encarnación, que implica las dos bajo la primacía de la primera, constituye el punto de enlace de la vida intradivina con la creación. En el orden de la comunicación divina es la encarnación la última razón de ser de la creación del hombre y del mundo.*[158]

---

156. J. Alfaro, o.c. p. 69.

157. Pablo de Tarso, príncipe de los predicadores cristianos, describe la encarnación como el «gran misterio de la piedad» (1.ª Tim. 3:16). Juan, el apóstol del amor, se vale del más sublime y poético de los lenguajes para decirnos que «la vida fue manifestada» en la persona de Jesús de Nazaret (1.ª Jn. 1:2; S. Juan 1:14). Para ambos era un suceso extraordinario y dignísimo de ser creído (1.ª Tim. 1:15; 1.ª Jn. 1:1-4; 2:22 y ss.).

158. J. Alfaro, o.c. p. 70.

Ningún cristiano evangélico, por más que aquí y allá desentone el criterio católico con su propio punto de vista de las cosas, hallará motivo o razón valederos para no reconocer primero, la profundidad y penetración del pensamiento de Alfaro en esta reflexión por demás magistral; y, segundo, para acoplar su conocimiento y su fe con el cuadro que el autor ofrece del con justicia llamado más grande acontecimiento en la dimensión universal: *la Encarnación.*[159]

Lástima grande que Alfaro, que tan bella y poética página ha escrito sobre el «gran misterio de la piedad», de «la vida manifestada» en Belén, haya desviado de la verdad escritural en otros aspectos de ese tema, íntimamente relacionados con la realidad y trascendencia del verdadero progreso; el que se opera *en Cristo, por Cristo y para Cristo.*

---

159. Gál. 4:4 y ss.

2
Teología
de la liberación

Rafael Avila

I

Con el epígrafe anterior queremos designar la obra desigual, varia, del escritor católico Rafael Avila, cuya reflexión sobre el tema de la liberación ha sido recogida y publicada bajo el título de *Teología, evangelización y liberación.*[1]

Antes de abordar algunos aspectos del pensamiento de Avila, conviene orientar al lector acerca de la posición bíblico-teológica de aquél. En efecto, de la lectura de esta obra puede colegirse que el autor se en-

---

1. R. Avila, *Teología, evangelización y liberación*, Ed. Paulinas, Bogotá, 1973. Se trata de una recopilación de varios trabajos del autor, publicados casi todos en diversas revistas de Iberoamérica y particularmente en su país natal, Colombia. Ocasionalmente haremos referencia o alusión a algunos pensamientos de su obra integral *Biblia y liberación*, publicada también por la misma empresa.

cuentra ubicado en el ámbito del vanguardismo católico-protestante, cuya característica fundamental se revela y expresa en un neo-profetismo militante, de corte político-ideológico, basado a su vez en el neo-evolucionismo chardiniano y en el materialismo dialéctico marxista.

Desde esta posición, Avila aboga por *a*) una «discontinuidad» —no necesariamente un rompimiento— con el pasado bíblico (Israel, Cristo y la iglesia prístina); *b*) una re-interpretación del Evangelio que es, en cierto modo, consecuencia natural y lógica de la primera premisa; y *c*) una plena identificación y un más serio compromiso de la iglesia actual con las necesidades, preocupaciones y aspiraciones del hombre y de la sociedad, entendida ésta en su aspecto nacional e internacional.

Por «discontinuidad» Avila entiende, más que una ruptura inevitable con el pasado bíblico-histórico, su *relativización*.[2] Por «re-interpretación», significa una «re-elaboración» del mensaje cristiano «con base a la nueva realidad» del hombre y la sociedad modernos.[3] Por «identificación» y compromiso» entiende él una concepción de «la fe... no como el asentimiento intelectual a un conjunto dogmático nocional, sino como una verdadera praxis histórica en función de la conciencia escatológica».[4]

Hecho, pues, este preámbulo necesario, pasemos a considerar aquellos aspectos de la reflexión avilana que nos parecieron más importantes o significativos. Será prudente, no obstante, hacer también la salvedad de que no nos proponemos aquí enjuiciar el contexto socio-político y económico-cultural colombiano e ibero-

---

2. R. Avila, *Biblia y liberación*, pp. 9-10, Ed. Paulinas, Bogotá, 1973.

3. Id., p. 10.

4. R. Avila, *Teología, evangelización y liberación*, p. 8.

americano, que es, precisamente, el punto dnde se ubica y desde el cual (y principalmente *hacia* el cual) enfoca su pensamientc crítico. Deliberadamente hemos soslayado pisar ese terreno, por cuanto nuestro objetivo esencial, básico, es analizar el criterio bíblico-teológico avilano en cuanto tal. Ello no significa un desconocimiento a la imposibilidad dabsoluta de abordar esta obra haciendo abstracción total y general de su contexto histórico-social.

Digamos, en primer lugar, que Avila está consciente del margen de error a que da lugar o lleva consigo su reflexión. Dice esto principalmente de su «intuición profética», por la que «se atreve» —dice— a predecir o «pronosticar» que la «liberación» iberoamericana (entendida como un proceso gestativo de «una nueva civilización, de una nueva Iglesia, de un hombre nuevo»)[5] será «a la, mal llamada, segunda venida de Cristo, lo que fue la liberación de Egipto su "primera" venida».[6]

Desde luego, el que nuestro autor no sepa a ciencia cierta si su concepción y explicación de las cosas es o no «audacia» o «temeridad», no empiece para que afirme, con toda solemnidad y certeza, que en la que para él «penosa gestación» liberadora continental y mundial, «primero se entonarán endechas y luego se tocará la flauta».[7]

A través de la obra de Avila se advierte la tendencia, o más bien el propósito obvio, de señalar la inconsecuencia de los diversos «dualismos» que a su entender han caracterizado, conformado y en cierto modo condicionado el proceso histórico iberoamericano. Esta preocupación del autor se echa de ver desde el primer capítulo, donde indica ya la corrupción bíblico-teoló-

---

5. Id., pp. 9-10.
6. Id.
7. **Id.**

gica implícita en el dualismo temporal-espiritual, en el que aquél, el temporal, queda «subordinado plenamente a éste», el espiritual.[8]

En esa primera parte de su obra Avila no se limita a señalar objetivamente las consecuencias negativas del dualismo en la esfera religiosa, sino que, a la par que va enjuiciando el proceso histórico iberoamericano desde la Conquista-colonización hasta la época actual, arremete —de pasada y aunque cautamente —contra los dualismos de índole socio-político y cultural-económico, que en su criterio han afectado, para mal, el desarrollo de nuestros pueblos y que, consecuentemente, han causado su inveterado y paralizante subdesarrollo.

Como casi todo escritor de vanguardia, sea en la esfera de lo sagrado o en el ámbito de lo secular, nuestro autor presta suma atención a las ciencias económica y sociales. Esta actitud no sería objetable en sí misma si Avila, que pretende «hacer teología», guardara las «debidas proporciones» que él propone entre la teología y las diversas ramas del saber científico. Pero es el caso que Avila no sólo atiende a los datos de la economía y la sociología, sino que (especialmente esta última) las coloca *delante* y por *encima* de la reflexión bíblico-teológica. Y aquí estaría el *quid* para una eventual objeción del método analítico-crítico empleado por él.

La actitud del autor no pone de manifiesto características del típico *quid pro quo*. Este, de ordinario, es un accidente o quizás un incidente; aquélla una deliberación, un designio, un propósito. En efecto, Avila adhiere firmemente al criterio de la neo-teología iberoamericana, de que la reflexión bíblico-teológica debe considerarse ahora no sólo «como acto segundo en relación al acto primero de la praxis, sino también como

---

8. Id., p. 15.

palabra segunda en relación a la palabra primera de las ciencias humanas».[9]

Es, pues, así, que referido este aspecto de la discusión al Continente iberoamericano, se pretenda justificar —no meramente explicar— esa «primacía» de la sociología, la economía, la política y otras «ciencias humanas», sobre la teología, con el sutil y por demás pueril argumento de que «el contexto *desde* el cual trabaja la teología —reflexión crítica de la praxis cristiana— condiciona inevitablemente las conclusiones teológicas».[10] Es curioso advertir, digámoslo de pasada, que esta postura del autor se revela a despecho de su muy protestado apego a la revelación bíblica.

Avila cree, siguiendo este orden de ideas, que la situación socio-política y cultural-económica de la comunidad contemporánea y específicamente de la iberoamericana, debe ser analizada no sólo desde un punto de vista sociológico, sino «a partir de la historia tipológica de la salvación contenida en la Biblia», o viceversa.[11] ¿Qué se entiende a la luz de la reflexión avilana por «historia tipológica» de la Escritura? El lo expresa así:

> *Las situaciones históricas que ahora llamamos tipológicas —por ejemplo las de Jesús de Nazaret— fueron susceptibles de diferentes interpretaciones todas ellas y complementarias entre sí, y... [estas últimas] fueron realizadas en circunstancias y situaciones muy concretas que afectaron la interpretación y que incluso se reflejaron en ella como situaciones vividas por los intérpretes. Por esa razón la interpretación manifiesta en cierta manera una doble situa-*

___

9. Id., p. 18.
10. Id.
11. Id.

ción: la que el intérprete se esfuerza en escrutar, y aquella desde la cual realiza ese esfuerzo.[12]

Este peculiar y curioso criterio de las cosas tiene implicaciones graves en lo que respecta a la Escritura como documentos fidedignos, confiables no tanto como memoria histórica sino como lo que ella misma reclama ser: *Palabra de Dios.*[13] No es que desconozcamos que la historia, en general, precede a las teorías. Reconocemos que en el caso de Israel, de Cristo y de la iglesia neocontestamentaria la experiencia antecede a su formulación doctrinal como la flor al fruto. No negamos, además, que tanto los profetas como los apóstoles no pudieron ni quisieron substraerse absolutamente a la influencia de su medio socio-cultural.

Sin embargo, una cosa es reconocer todo lo antes dicho y otra —muy distinta por cierto— es arribar a la peregrina conclusión de que el ambiente social en que se movieron apóstoles y profetas «condicionó» su mensaje o su conducta cristianos. Y es ahí, precisamente, a donde llega el autor al afirmar que la situación histórica de Cristo fue susceptible de diferentes interpretaciones que se vieron afectadas por circunstancias y situaciones.

Tal criterio apenas si deja lugar a cierta relativa objetividad y veracidad de los escritos apostólicos y proféticos. Por el contrario: esa manera de ver las cosas

---

12. Id., p. 19.

13. Es conveniente advertir en este sentido que puede, inclusive, admitirse de buena gana la autenticidad y la integridad general de la Biblia y, sin embargo, desvirtuársela como documentos que respondan realmente a la verdad histórica esencial. Esto es mayormente cierto en cuanto al Nuevo Testamento, cuya autenticidad y veracidad históricas han estado repetidas veces bajo el fuego cruzado e ingidioso de la crítica histórica moderna.

daʹ pie a la creencia de que los escritores sagrados, al elaborar su información y explicación del *hecho de Cristo* y del nacimiento de la iglesia cristiana, se orientaron principalmente por su contexto histórico inmediato y, de ese modo, no fue la suya, básicamente, la *anunciación* de los hechos pre-dichos por la profecía y consumadamente cumplidos en el misterio de la piedad —la encarnación—[14], sino la *explicación* subjetiva de ese acontecimiento singular en la historia humana.

De esa manera, esto es, procurando la «orientación» de su ambiente en la formulación del *hecho de Cristo* y de *Pentecostés,* los apóstoles cristianos —como los profetas hebreos—, terminaron no sólo influidos sino «condicionados» por su medio socio-cultural. Por ello le es fácil al autor expresar su creencia de que «los autores novotestamentarios progresaron en la comprensión de Cristo y de su Pascua teniendo en cuenta las circunstancias de las Iglesias».[15]

Siendo así, no es sorprendente y sí explicable y comprensible que Avila no oculte su íntima complacencia porque hoy los llamados «intérpretes proféticos» de la escena iberoamericana, estén elaborando —supuestamente al estilo «proftico-apostólico»— sus «diversísimas interpretaciones [de los problemas del Continente] desde una circunstancia muy concreta: [la alegada] situación de dependencia [de nuestros países con respecto a Europa y principalmente a Estados Unidos].[16] (Sobre este aspecto del tema tendremos oportunidad de aducir otros comentarios más adelante).

II

Un asunto que merece atención, no tanto por su profundidad cuanto por su novedad, es la concepción que

---

14. 1.ª Tim. 3:16.
15. R. Avila, o.c. p. 54.
16. Id., p. 19.

hace Avila del hombre y de la libertad como «proyectos». Esta insólita e inaudita reformulación del individuo, como en general de todo el criterio teológico católico contemporáneo, está fuertemente influida —más bien saturada— por las ideas chardinianas, que pretenden a su vez conciliar el evolucionismo darwiniano con una muy peculiar interpretación de la escatología paulina. Dejemos, empero, que sea el autor quien nos explique en qué consiste lo que describe como «descubrimiento de la movilidad»:

> *Cuando el mundo nos reveló su movilidad, todo se nos descubrió e ngénesis. El hombre apareció brotando del «seno» de la madre-tierra como resultado de una evolución que llegó a ser consciente de sí misma. Esta intuición de Julián Huxley... nos puso ante el espectáculo de un «auriga» que subía a tomar las riendas del coche cosmológico. La evolución, ahora dotada de conciencia refleja, se tornaba auto-evolución, podía auto-orientarse, auto-dirigirse, auto-determinarse. La naturaleza —evolución prehumana— estaba ciertamente predestinada como lo habían sospechado los griegos, tenía inscrita su propia finalidad, el mismo hombre era su «telos», hacia él se dirigía, culminaba en él. Pero una vez aparecido el hombre, la historia —evolución hominizada— estaría en capacidad de fijarse su propio «telos», no estaba teleologizada, se podía autoteleologizar. Aquí, si no tenían razón los griegos, la historia no estaba ni pre-determinada, ni pre-destinada, había nacido a la posibilidad de auto-evolucionar, perdiendo la seguridad de la naturaleza, y embarcándose en el mundo de la ambigüedad, la inseguridad y el riesgo. La naturaleza quedó, entonces, uncida al destino del hombre —aprendiz de auriga— y sometida por tanto al mundo*

*de la incertidumbre. Si el hombre era el punto
de partida de otra fase evolutiva: la historia.
Dominar la naturaleza y protagonizar la historia
era su tarea, realizándola se realizaría a sí
mismo.*[17]

De esta formulación inicial Avila deduce que por
cuanto la evolución no termina con el hombre, sino
que continúa «en una fase posterior y superior: la historia, [el hombre no está acabado ni realizado] como
lo suponía una antropología estática». Luego aduce:
«Ni acabado, ni realizado, no era sino que podía ser,
siendo apenas proyecto y esbozo del hombre del futuro». De este modo, el autor cree que el «ser a la vez
arquitecto, obrero y obra» constituye la grandeza y riesgo del hombre. «La conciencia refleja emergida del Cosmos —dice—, daba al hombre la capacidad para seguir emergiendo de él y para ir realizándose en la
misma medida de su emergencia. *Se esbozó así en el
horizonte evolutivo el proyecto humano íntimamente
vinculado a un proyecto de liberación.»*[18]

Con estos criterios por premisa, Avila arguye además:

*Si el hombre era proyecto estaba pro-yecta-
do, la libertad también era proyecto y estaba entonces pro-yectada. La evolución más exactamente no había engendrado un hombre sino un
proyecto de hombre, no había engendrado la
libertad, sino un proyecto de libertad. Lo que
aparecía era un ser capaz de llegar a ser hombre, y consiguientemente, un ser capaz de llegar
a ser libre. La libertad no era un punto de partida sino un punto de llegada. Ser capaz de mar-
char hacia allí y de conquistarla constituye to-*

____

17. Id., p. 26.
18. Id., pp. 26-27.

*da la grandeza del hombre, a la vez que su pe-
culiaridad y diferencia con respecto a los animales. El animal encerrado en el callejón sin
salida de sus determinismos, el hombre empero
con la capacidad de superarlos... El hombre
[por tanto] es un agente de liberación, no tiene
la libertad, pero se encuentra incorporado a un
proceso de liberación individual y social. Si el
proceso es gestación daremos a luz la libertad,
si abortamos fracasamos.*[19]

No es tampoco extraño que nuestro autor, sustentando tan novedoso y en cierto modo novelesco punto
de vista, aduzca además que «tanto los que afirman que
el hombre es libre, como los que afirman que no lo es,
están aprisionados por igual [en una] pre-suposición,
a saber: una concepción estática del hombre». El entiende, en efecto, que «dentro de una antropología estática el reconocimiento de los determinismos o de los
condicionamientos es, por el mismo hecho, la negación
de la libertad» o viceversa. «Las dos afirmaciones se
excluyen mutuamente —dice— en una visión estática:
o se es libre, o no se es libre, no hay una tercera posibilidad».[20]

Es precisamente a esta altura de su reflexión que
Avila introduce su concepto de *movilidad* en el proceso
evolutivo del hombre y del mundo: la libertad como
potencialidad: «Cuando le "inyectamos" movilidad a la
antropología [esto es], cuando la historia se nos convierte en antropogénesis descubrimos una tercera posibilidad: la capacidad de ser libre».[21] Así, por cuanto
«existen los determinismos y los condicionamientos»,
es deber y misión de los hombres liberarse *de* éstos (liberación de...) *para* ser cada vez más hombres (libera-

---

19. Id.
20. Id., p. 19.
21. Id., pp. 19-20.

ción *para*). Y [se liberan] *de* y *para* porque [tienen] la capacidad para hacerlo».[22]

Siendo así, al autor le parece que quienes sostienen que el hombre es libre asumen una «posición optimista»; y que quienes afirman lo contrario adoptan una «posición pesimista». A los primeros, se les dice que el hombre «*sólo puede serlo*». A los últimos, «que es preciso reconocer que *puede no serlo*». Lógicamente, quien pudiendo ser libre se rehúsa a serlo está incurriendo en el «pecado» de «renunciar a sus posibilidades». En consecuencia, ese hombre (o esa mujer) «permanece atado a los determinismos [por cuanto] no emerger de ellos es exactamente mantenerse sumergido en ellos».[23]

Avila adhiere al criterio de Eric Fromm, de que el hombre moderno vive acosado por el «miedo a la libertad», que aquél describe como una «enfermedad generalizada en nuestro tiempo con la cual nos mimetizamos con el consentimiento general, los hábitos, las costumbres, las mentalidades generalizadas, los sistemas, etc.» Tal *miedo* es causa o efecto, según las circunsatncias, de que el hombre cometa el *pecado de no querer ser*. Porque «el pecado —dice Avila— no está sola ni primariamente en el hecho de elegir el mal —libertinaje— sino también y especialmente en el mismo hecho de no hacer uso de la capacidad de liberarse...»[24]

El escritor es enfático al afirmar que «quienes sostienen que el hombre tiene libertad, como quienes sostienen que el hombre está irremediablemente atado a sus determinismos», están inyectando «parejas dosis de opio... en el Pueblo. En el primer caso porque no tendría sentido lanzarse a la conquista de lo que ya poseemos, en el segundo porque menos sentido aún tiene tra-

---

22. Id.
23. Id.
24. Id., p. 28.

tar de conquistar lo que es imposible de alcanzar. Sería —dice él— una variación del mito de Sísifo».[25]

A Avila le parece que «ambas posiciones [son] paralizantes y sedentarias, clausuran las posibilidades del hombre y minan la tarea de liberación privándola de sentido. *Se trata —aduce— de dos formas de racionalizar una misma enfermedad: el conformismo*». El no cree, sin embargo, que el hombre está «estrangulado» en un laberinto a causa de los determinismos, ni que tampoco «haya [aquel] realizado su éxodo». Entiende, eso sí, que el hombre es la «puerta de salida o de emergencia, en el doble sentido de medio para emerger y de escape en caso de emergencia: «No estamos encerrados en el "círculo infernal" de los determinismos... —dice—, ni atrapados en la "jaula de oro" del predestinacionismo». Para él «existe un horizonte de salida "de éxodo" y es el hombre» mismo.[26]

El hombre, pues, es capaz de ser libre. La libertad está en él como *factor potencial*. Ambos —hombre y libertad— son sólo «proyectos». Necesitan realizarse y acabarse. Ninguno alcanzará esta meta por sí solo. El hombre no puede serlo verdaderamente; ni la libertad puede llegar a ser tal independientemente uno del otro. La madurez del uno implica la perfección de la otra. Pero el hombre, que es capaz de ser libre, «solamente tiene la *esperanza* de [serlo]». El que así sea, es decir, el que sea libre al fin, depende de la actitud que asuma con respecto al medio, camino o método hacia la libertad. «Si reduce la esperanza a una mera espera pasiva, nunca... será [libre]». Pues según el autor, «tener la esperanza de alcanzar [la libertad] es tener también la posibilidad y el riesgo de perderla; [y] en este caso [quedaría] aprisionado definitivamente por el despo-

____

25. Id.
26. Id.

tismo de los determinismos». Así entonces, «la libertad es tan sólo *una oportunidad* que tiene el hombre».[27]

Conforme con este criterio, Avila cree que «Dios no nos ha dado la libertad, sino la oportunidad y capacidad para alcanzarla». Según él, este es el «estilo peculiar» del Creador; a saber, «asociarnos a la conquista de la libertad, y no darnos hecho lo que podemos hacer. Capacitarnos para hacer lo que podemos, y no arrebatarnos el gusto de hacerlo... Si Dios hubiera creado al hombre libre —dice con santa candidez— éste no podría ser agente de liberación y, por tanto, no podría ser con El (Dios) co-gestor de su liberación total. Dios, en este caso, hubiera hecho lo que el hombre puede hacer contra su proceder general de hacer tan sólo lo que el hombre no puede hacer, y dejarle a éste lo que sí puede hacer. Si lo hubiera creado con la imposibilidad de ser libre, no le podría exigir responsabilidad, ni fidelidad, ni existiría la historia del pecado, ni sería razonable advertirle con tanta insistencia sobre sus posibilidades escatológicas».[28]

Al autor le parece hallar apoyo bíblico a su teoría en la conocida declaración cristiana («si vosotros permaneciereis en mi palabra, ...conoceréis la verdad, y la verdad os hará libre» (S. Jn. 8:31-32). Este pasaje joanino demostraría, según Avila, que la libertad es *una meta,* un *fin* que debe ser alcanzado, por cuanto la palabra del Maestro está «en futuro condicional».[29]

Cierto que el autor reconoce, por otra parte, que «en la humanidad existe una especie de impotencia radical para auto-redimirse del mal y de todas sus esclavitudes y que, por esto mismo, solamente acudiendo a Cristo, el Libertador, podrá conseguir su libertad plena».[30] Sin embargo, una vez «liberado» y «salvado» por

---

27. Id., p. 29. Subrayado nuesrto.
28. Id.
29. Id., p. 27.
30. R. Avila, *Biblia y liberación,* cap. XV, pp. 84-85.

Jesucristo, el hombre cristiano está en «la obligación de [liberarse a sí mismo] mediante la conversión, y de liberar a [sus] hermanos mediante la caridad». Aquí, para corroborar cuanto lleva dicho, cita el autor el conocido pasaje paulino de Gálatas 5:1. Sólo que al hacerlo introduce un giro «futurista» al versículo, a fin de que concuerde con el pensamiento esencial del escritor.[31] La variante que emplea es *«para ser libres nos libertó Cristo...»*. Esta no desentona con el pensamiento bíblico sino en aquello en que la interpretación avilana de la frase se aparta de la intención paulina.

El problema surge cuando se intenta conciliar la creencia avilana de que «el hombre solamente tiene la esperanza de llegar a ser libre», y que «la libertad es tan sólo una oportunidad que tiene el hombre», con el pensamiento apostólico que concibe la libertad «en Cristo como un hecho *pretérito absoluto* para aquel a quien el Señor *libertó* (pretérito indefinido). Y el asunto se torna mucho más complejo y difícil cuando se tiene en cuena el criterio del autor de que el hombre, que «es un agente de liberación, [pero que no obstante] no tiene libertad [en sí mismo], se encuentra incorporado a *un proceso* de liberación individual y social». Este proceso, según Avila, no sólo está condicionado («si... es gestación daremos a luz la libertad»), sino que corre el riesgo y lleva implícita la posibilidad de no alcanzar su fin («si abortamos fracasamos».[32] Ello así, aunque es lógico pensar que no puede haber *ries-*

---

31. Cierto que los diversos manuscritos del Nuevo Testamento ofrecen múltiples variantes de este pasaje paulatino. Pero un hecho queda claro en todos: el sentido es *esencialmente* el mismo: la libertad cristiana se obtiene una vez y para siempre, si bien es responsabilidad del creyente crecer *en* y *desde* esa posición de Cristo. La razón es que la libertad evangélicma no es estática sino dinámica.

32. Id., p. 27.

go donde no hay *rasgo*. Y en este caso el «rasgo» sería la libertad que el hombre, capaz de obtenerla, paradójicamente sólo tiene «esperanza» de disfrutarla.

III

Ahora bien: ¿tiene realmente fundamento bíblico —que es el que nos interesa determinar aquí— la teoría avilana? Un estudio sereno, reposado, del problema a la luz de la más sana teología, arroja una respuesta apodícticamente negativa. La Biblia enseña, en efecto, que al crear Dios al hombre le hizo *perfecto*. «He aquí —dice el rey sabio—, solamente esto he hallado: que Dios hizo al hombre recto, pero ellos buscaron muchas perversiones».[33] Esta sola escritura —que no es la única, desde luego— debiera bastarnos para pensar que si el Creador hizo una obra acabada —a la imagen y semejanza Suyas—,[34] sólo la caída y posterior degeneración pudieron hacer necesarias (en verdad absolutamente imprescindible) la restauración y renovación de que da fe la Escritura de Génesis a Apocalipsis.

Según la Biblia, pues, «el nivel y objetivo sentado ante el hombre [era en el principio] y es [aún] el ser como Dios.[35] Y ser semejante a Dios significa ser semejante a Cristo, que es la imagen del Dios invisible». Por eso mismo, en el principio, «la vida que inspiraba al hombre era un resultado verdadero de la personalidad de Dios. El hombre [estaba] realmente [dotado] ...con una naturaleza capaz de conocer, de amar y de servir a Dios. Por su imagen divina todos los hombres son, por la creación, hijos de Dios; mas puesto que la imagen ha sido empañada por el pecado, el hombre

---

33. Ecl. 7:29.
34. Gén. 1:26-27.
35. Lev. 19:2; S. Mateo 5:45-48; Efe. 5:1.

debe ser re-creado o nacer de nuevo [36] para ser en realidad hijo de Dios».[37]

Siendo así, esto es, habiendo sido creado el hombre «a imagen y semejanza de Dios» —Autor a su vez de la libertad y la Libertad misma en última instancia—, ¿sería razonable pensar o suponer siquiera que el hombre hubo de despertar a la existencia sólo con una vaga capacidad de «ser libre»; de una libertad meramente «potencial» sujeto a contingencias y condicionada por los vaivenes y vicisitudes de lo que Avila llama «proceso de gestación» histórica hacia la libertad y hacia la libertad plena»? ¡Lejos sea!

Podemos afirmar, entonces, y sin el menor riesgo a equivocarnos, que Dios hizo al hombre libre y que su única limitación en ese sentido era Dios mismo. Es decir: Dios era el único a quien el hombre debía estar sujeto. Sin embargo, fue tal la libertad que el Creador puso en la criatura, que ésta se hallaba en condición de rehusarse a seguir *siendo* en libertad. Podía, en cierto modo, independizarse de Dios; pero esa decisión suya implicaba el riesgo —en verdad la inevitable consecuencia— de someterse (o de quedar sometido) a la más abyecta servidumbre: la del pecado.[38] Y eso hizo, desgraciadamente, para maldición perpetua de los hijos de Adam. De ahí, por tanto, la promesa y posterior-

---

36. Efe. 4:24.
37. M. Pearlam, *Teología bíblica y sistemática*, cap. IV, pp. 118-119.
38. Decimos que el hombre es en cierto modo capaz de «independizarse» de Dios, porque la Escritura dice que «ciertamente es completa vanidad todo hombre que vive. Ciertamente como una sombae es el hombre...» (Sal. 39:5-6); y los que se apartan de El perecen (Sal. 73:27). Si Dios quitara del hombre el hálito vivificante y vivificador, éste de jaría de ser (Sal. 104:29). Y porque es así, mucha razón tenía David cuando dijo: «No te desentiendas (Dios) de mí, para que no sea yo, dejándome tú, semejante a los que descienden al sepulcro» (Sal. 28:1).

mente la presencia del Libertador Cristo. Por él la criatura, que dejó de *ser en Dios* para *existir en el pecado*, recupera con creces el verdadero *ser* y deja para siempre la mera existencia bajo el yugo infame de la pecaminosidad.

El conocimiento de la verdad liberadora se alcanza en el momento mismo en que el hombre, en la profunda soledad de su conciencia, acepta a Aquel que dijo: «Yo soy la verdad».[39] Como resultado de esa experiencia vital, el individuo es libertado de la esclavitud y de las consecuencias fatales del pecado. Pero ni el conocimiento de la verdad en Cristo, ni la libertad que esa verdad le otorga, son *estáticos* sino *dinámicos*. El creyente en Jesús crece cada día en la verdad y, a efecto de ello, es cada vez más libre. Y porque es así, razón tenía el apóstol Juan cuando decía a los cristianos: «No os he escrito como si ignoraseis la verdad, sino porque la conocéis, y porque ninguna mentira es de la verdad».[40]

Se ha dicho, por otra parte, que pretender derivar de la verdad consecuencias falsas —y, por tanto, contrarias a la verdad misma—, es el método más sutil y peligroso. Tal es la consecuencia del método adoptado por Avila, cuando aborda el tema de la libertad humana. Porque él, contradiciéndose, no sólo hace depender de una supuesta capacidad moral que atribuye al hombre («el nombre puede ser libre») todo el proceso histórico de la liberación, sino que afirma también que «la liberación del individuo (llamado a «desencadenar un proceso de liberación individual y social [en el que a su vez] se encuentra [ya] incorporado») *sólo es posible en la medida en que la sociedad en la cual se halla inserto la posibilite suministrando las condiciones concretas para ello*».[41]

---

39. S. Juan 14:6.
40. 1.ª Jn. 2:21.
41. R. Avila, o.c. p. 29 Subrayado nuestro.

Aquí entra el autor en la discusión de las llamadas «condiciones posibilitantes» que son, según dice, «un problema derivado de la interrelación y mutuo condicionamiento en que el individuo y la sociedad gestan dicho proceso» liberador. Cree Avila, en efecto, que «las potencialidades de los individuos, y en concreto la capacidad de liberarse puede no llegar a actualizarse (quiere decir, operarse, cristalizarse) si la sociedad en la cual nacen no les suministra las condiciones posibilitantes, o incluso si se las suministra frustrantes o impedientes».[42]

Obviamente, Avila se contradice al negar al hombre lo que por otra parte le atribuye. En el primer caso, habla de «una especie de impotencia radical [de la humanidad] para autorredimirse del mal y de todas sus esclavitudes» (*Biblia y liberación*, p. 84); y luego, se refiere él a una supuesta capacidad del hombre a la libertad que debe ser alcanzada en el proceso gestativo liberador (*Teología*, etc., p. 29).

En pocas palabras: Avila dice que para obtener el hombre la libertad y la libertad plena, requiere de «la existencia de *condiciones* específicas que posibiliten la actualización de [su] capacidad (esto es, de su libertad potencial), ...que hagan factible el proceso de liberación» suya y de la sociedad.[43] De esta premisa se colige, lógicamente, que la llamada «potencialidad» para la libertad está irremisiblemente condicionada a la ambientación cultural, comunitaria. Y ello así, aunque el individuo había despertado a la existencia con la capacidad de ser el protagonista —y por tanto el dominador y orientador del proceso evolutivo en su fase o plano avanzado, es decir, a partir de la «conciencia refleja» de la teoría darwin-chardiniana. Así: ni el hombre puede llegar a *ser* sin el auxilio de la sociedad;

____

42. Id.,
43. Id.

ni ésta alcanzar su *madurez* sin el socorro del hombre. Aquí, ostensiblemente, se cae en un fatalismo muy peculiar que Avila hubiera querido evadir a toda costa.

Siendo, pues, que el hombre no es capaz ni siquiera de desencadenar el proceso de liberación individual-social sin que la comunidad misma suministre las «condiciones posibilitantes», a saber, el miedo adecuado, no frustratorio ni obstaculizante, que sería un ambiente inadecuado, indiferente u hostil para alcanzar felizmente el fin que se persigue; mejor será hablar, entonces, de «capacidad de espera» que de «capacidad de liberarse». Porque él tiene que aguardar con paciencia la «acción social» sin la cual no podría «desatar» el proceso libertario. De más está decir que el hombre ha dado sobradas muestras de esa «capacidad de espera», pues va para sesenta siglos (justamente el tiempo que corre desde Adán a nuestra época) aguardando las «condiciones posibilitantes» de la sociedad que, al parecer, no se vislumbran aún.

Pero prosigamos con la reflexión avilana sobre las condiciones que harán posible, factible, que el hombre desencadene al fin el proceso de liberación de sí mismo y de la sociedad humana.

En efecto, al autor le parece hallar fundamento o, por lo menos, un elemento corroborante a su teoría, en la célebre *Parábola del sembrador*. Cree él que en este relato, Jesús alude a la influencia de las condiciones. Pero Avila tieen una queja contra la exégesis. Dice que «desgraciadamente esta parábola se ha abordado desde la visual de una antropología individualista y espiritualista como haciendo alusión únicamente a las condiciones internas de la persona para que "germine" la Palabra». Entiende, en cambio, que «analizándola con ojos más desprevenidos y con mayor atención, vemos que se refiere también a las condiciones externas a la persona. En la explicación [hecha por Cristo mismo] —dice— se hace alusión a las persecuciones (Mt. 13:

21), las preocupaciones del mundo y la seducción de las riquezas (Mt. 13,22), cosas todas que se refieren lógicamente a la influencia de las condiciones externas sobre la misma persona».[44] Luego aduce Avila:

> *Jesús no duda de las virtualidades y de la dinámica interna de la Palabra —El mismo—; sin embargo, en lenguaje cencillo y a la vez profundo, nos enseña que no es suficiente dicha potencialidad, son necesarias además las condiciones que hagan posible la germinación de dicha «semilla». Para él existen condiciones que hacen imposible la germinación: las semillas que caen sobre el camino —hoy diríamos sobre el asfalto— lógicamente no pueden germinar. Condiciones que apenas permiten la germinación pero que no ofrecen garantía alguna para el futuro de la planta: las que apenas echan raíz entre los pedregales, o las que nacen en medio de la maleza. Y condiciones, finalmente, que sí permiten la germinación y que según su calidad darán una mayor o menor cosecha. Aplicado a nuestro asunto esto significa que, aunque el hombre esté potencializado para liberarse y humanizarse, son las condiciones las que hacen posible o imposible la actualización de dicha capacidad y, por tanto, las que en última instancia determinan la posibilidad o imposibilidad del proceso, o el grado de actualización de la capacidad del hombre.[45]*

Con este criterio en mente, y para corroborarlo y enfatizarlo, nuestro autor recurre a Eric Fromm, quien sostiene que «la actualidad de una potencialidad depende de la presencia de ciertas condiciones que, para

---

44. Id., pp. 29-30.
45. Id., p. 30.

el caso del árbol, consisten en un suelo apropiado, agua, luz, etc. De hecho —aduce— el concepto de potencialidad carece de significado, a menos que se le relacione con las condiciones específicas necesarias para su actualización». La razón de ello es que si se dice «que el árbol se encuentra potencialmente presente en la semilla, eso no significa que de cada semilla debe desarrollarse un árbol».[46]

De ahí deriva el escritor otras reflexiones acordes con su criterio acerca de las «condiciones posibilitantes»:

> *La necesidad de las condiciones y la insuficiencia de la capacidad proviene del hecho de que el hombre es un ser situado y no puede emprender el desarrollo de sus virtualidades en abstracto, ni en el vacío, ni «in vitro»D, sino en el mundo. El es él y sus circunstancias. El hombre puede engendrar el mundo, pero a la vez el mundo lo engendra, es su «matriz». Son condiciones su mayor o menor exigencia, las que explican las diferencias de hecho entre los hombres y no sus potencialidades internas. Si son más o menos favorables, o si son más o menos desfavorables, actualizarán o no sus potencialidades, las actualizarán en mayor o menor grado, y de acuerdo con ello serán hombres o infrahombres, serán más o menos que otros. El reto, por tanto, consiste en crear las condiciones específicas para que todos los hombres puedan actualizar parejamente sus potencialidades.*[47]

¿Qué, pues, decir a todo esto? En primer lugar, que la *Parábola del sembrador* es parte del conjunto de siete relatos comúnmente conocido como «los miste-

---

46. Id., pp. 30-31.
47. Id.

rios del reino de los cielos». La exégesis más respetable entiende que tienen la finalidad esencial de describir la presencia del Evangelio en el mundo durante la actual dispensación o economía de la gracia. Esta, como se sabe, comienza con el ministerio terrenal de Jesucristo, prosigue con la actividad apostólica y continúa hasta nuestra época con la obra eclesiástica.

Ahora bien: nada hay en el Nuevo Testamento que haga pensar que ia lección o moraleja de la citada parábola deba aplicarse a la sociedad humana; o derivar de su contenido alguna significación social *directa*. Decimos «directa», porque si bien el trato de Dios con los hombres se eva a cabo en un plano fundamentalmente *interpersonal,* no puede negarse que la respuesta del hombre a la divina palabra, esto es, su aceptación o rechazo del mensaje evangélico, se refleja o proyecta —para bien o para mal, según sea el caso— en la vida comunitaria. He aquí la *dimensión social* del Evangelio.

Pero es el caso, por otra parte, que de la misma parábola tomada de ejemplo por Avila para ilustrar lo que juzga o le parece una verdad indiscutible —«las potencialidades se [actualizan] *gracias* a las condiciones, y no *a pesar* de las condiciones»— se coligen lecciones por las cuales sería posible esgrimir eficazmente argumentos en contrario o, al menos, que permitirían demostrar que no siempre y necesariamente —como cree Avila, secundado por Fromm— «la actualidad de una potencialidad depende de la presencia de ciertas condiciones».

Enefecto: una lectura atenta de la indicada parábola mostrará —en todos los casos— que es la propia condición natural del terreno lo que en definitiva determina la fructificación o la infructuosidad de la *buena* semilla. Es decir: los factores externos o no peculiares del terreno mismo no cuentan en la fertilidad o en la aridez del terreno, sino únicamente su propia «inmanente» condición.

En el relato el terreno productivo se describe como «bueno», no tanto porque hubiera en él alguna excelencia o cualidad excepcional fecundante que lo diferenciara esencialmente de los demás terrenos donde cayó la simiente, sino por el resultado obtenido por el cultivador.

Tal sucede con las personas que oyen el Evangelio. Sus disposiciones morales diversas son ilustradas con los resultados. El que responde debidamente a la vocación evangélica, produce fruto. Aquel que por cualesquiera circunstancias o motivos —los del relato u otros semejantes— no acoge en su *seno*, esto es, en la profundidad de su *ser*, la poderosa *Simiente*, pone de manifiesto su propia naturaleza estéril o indignidad infructuosa.

Por lo que respecta a la palabra, no es posible explicar los resultados negativos por la falta de las «condicones posibilitantes» de que habla Avila. Siendo Cristo la palabra —el Verbo de Dios—, y poseyendo en sí mismo las «virtualidades» y «dinámica interna» que nuestro autor le reconoce, ilógico sería concluir, como él lo hace, que la semilla no prosperó en tres de los cuatro terrenos porque *«no es suficiente dicha potencialidad* [si no existen las] necesarias condiciones».

No debemos olvidar, por lo demás, que la parábola, en este caso, es sólo un medio ilustrativo para un fin espiritual; y que no hemos de querer ver en sus detalles una «similitud» perfecta o exacta con las verdades que su Autor quiso mostrar. Significamos así, que si bien en el plano agrícola no es posible ver en cada semilla más que un «árbol en potencia» y no un *árbol desarrollado»*, no tal debe ser nuestro criterio cuando de la *Palabra* se trata. Porque ésta es absolutamente capaz de germinar en cualquier terreno;[48] pero el hacerlo así implicaría forzar la puerta de la conciencia humana que sólo el hombre, desde dentro, debe abrir.

Así, pues, las condiciones de «dureza», «pedregosidad» o «aridez», que en la parábola del Señor ilustran las diversas respuestas del hombre a Su palabra, son las responsables, directas o indirectas, de que ésta produzca o no los frutos apetecidos en la intimidad de la conciencia individual y en la praxis colectiva de la verdad. Y a la inversa: cuando el terreno es «bueno» o feraz, a saber, cuando muestra una adecuada o favorable disposición hacia la «simiente»; cuando la «recibe» y «retiene» para que germine, florezca y fructifique a su debido tiempo, entonces huelgan las llamadas «condiciones posibilitantes». Estas, que no afectan en lo absoluto la producción del cultivo, no son sino meros paliativos, meros barnices, que no penetran y nada resuelven.

IV

El problema de la respuesta del hombre a la palabra divina se ilustra en la Biblia de muy diversas maneras. La *Parábola del sembrador* es sólo una de ellas. Todas, empero, tienen en común el desmentir categóricamente la teoría de las «condiciones posibilitantes», cuando se trata de la interrelación Dios-hombre.

Efectivamente: en la epístola a los Hebreos, el escritor recurre de nuevo al terreno y la planta para ilustrar de una manera gráfica la misma verdad enseñada por el Señor. El autor está advirtiendo a sus lectores judíos acerca de los riesgos implícitos en la mera profesión nominal de fe. Quiere prevenirles de la conse-

---

48. «Os digo que puede Dios leventar hijos a Abraham aun de estas piedras» (S. Mateo 3:9; S. Lucas 3:8).

cuencia fatal de la apostaría, a la que algunos de ellos estaban abocados por la persuasión de los judaizantes opuestos al Evangelio de la gracia:

> *Porque es imposible —les dice— que los que una vez fueron iluminados y gustaron del don celestial, y fueron hechos partícipes del Espíritu Santo, y asimismo gustaron de la buena palabra de Dios y los poderes del siglo (mundo) venidero, y recayeron, sean otra vez renovados para arrepentimiento, crucificando de nuevo para sí mismos al Hijo de Dios y exponiéndole a vituperio. Porque la tierra que bebe la lluvia que muchas veces cae sobre ella, y produce hierba provechosa a aquellos por los cuales es labrada, recibe bendición de Dios; pero la que produce espinos y abrojos es reprobada, está próxima a ser maldecida, y su fin es el ser quemada.*[49]

Obviamente, en esta ilustración de la Escritura se plantea la terrible e increíble posibilidad de que un terreno *cultivado* no produzca los frutos que se apetecen. Sin embargo, puede que alguien arguya que el autor de la epístola distingue con claridad entre el «terreno productivo» y el «terreno infecundo». Concluirá, por tanto, que no deben confundirse los resultados de uno con los del otro.

Pero una mirada atenta o, como dice Avila, «con ojos más desprevenidos», mostrará que el escritor de la carta bíblica se está refiriendo a *uno y mismo* terreno. Su propósito obvio es advertir al lector que no obstante las reiteradas bendiciones derramadas sobre el hombre —ilustradas con la lluvia que «muchas veces» cat sobre la tierra—, y los tiernos cuidados que Dios dispensa

---

49. Hebreos 6:4-8.

al corazón humano —descritos con las experiencias espirituales del profesante— queda aún, como pavorosa posibilidad, el que Dios repruebe el terreno si éste no fructifica *en justicia*, como el Sembrador espera que sea. ¡Cuánto más si debiendo producir frutos comestibles, produce «espinos y abrojos»! Con razón, pues, dice el autor cristiano que el terreno así de inútil está a punto de ser maldecido y quemado.

Hay también otra parábola —ésta dicha por el Señor— en que se ilustra la misma verdad: la fe de la *Higuera estéril*. La enseñanza se plantea aquí desde un ángulo diferente a la del *Sembrador* y a la del *Terreno reprobado* de la epístola a los Hebreos. Empero, la verdad esencial, como los resultados, son idénticos. En éstas el énfasis recae sobre el terreno; aquí sobre la planta.[50] Se trata de dos aspectos de un mismo y único asunto. Atendamos al relato:

> *Tenía un hombre una higuera plantada en su viña, y vino a buscar fruto de ella, y no lo halló. Y dijo al viñador: He aquí, hace tres años que vengo a buscar fruto en esta higuera, y no lo hallo; córtala; ¿para qué inutiliza también la tierra? El entonces, respondiendo, le dijo: Señor, déjala todavía este año, hasta que yo cave alrededor de ella, y la abone. Y si diere fruto, bien; y si no, la cortarás después.*[51]

Este relato se entiende por sí solo y debido a ello huelgan las glosas. El hombre, es Dios, dueño de la viña; el viñador, es Jesucristo; la viña Israel; la higuera, el pueblo escogido. Aquí el árbol está en el mejor lugar donde uno de su especie pudiera ser plantado —una viña, terreno fértil y bien prodigado. Vemos,

---

50. Con razón se ha dicho que la del *Sembrador* debiera titularse más bien la *Parábola de los terrenos*.
51. S. Lucas 13: 6-9.

pues, un predio feraz, un viñador excelente, un cuidado diverso y excepcional. Pero también se observa un propietario celoso, indignado, resuelto. Su paciencia había sido puesta a dura prueba durante tres años consecutivos. Verdad ésta referente a la *longanimidad* divina, reconocida y alabada por Pablo en su epístola a los Romanos;[52] y que puede comprenderse mejor si se tiene en cuenta que en Palestina la higuera es un árbol fertilísimo, cuyo fruto se cosecha varias veces al año. Siendo así, lógico era entonces que si el dueño del predio había tenido que esperar tanto, estuviera resuelto a desarraigar la higuera que hasta ese momento parecía estéril.

Hemos dicho que la higuera es símbolo o ilustración del pueblo escogido —Israel—. ¿Se ha probado alguna vez, en la experiencia histórica israelita, que el Dueño de la viña tuviera razón al disponer el corte y la quema de la planta? Sin el menor género de duda. ¿No alude el Maestro a su propio ministerio profético-sacerdotal con los tres años de paciencia del Propietario? ¿No insinúa el resultado de la rebeldía del pueblo y su rechazo del Mesías, con el cortamiento y desarraigo de la «planta» por las huestes del general Tito?[53]

Ciertamente: la higuera estéril estaba inutilizando el terreno [54] y debía ser cortada y arrancada de raíz. No

---

52. Rom. 2:4.

53. La caída y dispersión de Israel se produjo en el año 70 de esta Era, o sea, cuarenta años después de haber pronunciado el Salvador esta parábola.

54. La plante perjudica la tierra por la sombra que proyecta sobre ésta y por la atracción de las sustancias del suelo cultivable. Es admirable el conocimiento que ya en esa época remota se tenía de la agricultura. Ahora la ciencia agraria ha demostrado que, efectivamente, las características de las malezas son: 1) dureza; 2) crecimiento rápido; 3) reproducción constante. Y sus efectos: a) drenación (división) del terreno de minerales y agua; b) asfixia de las plantas; y c) obstrucción de la luz solar.

bastaron para hacerla producir, ni fertilidad de la viña, ni los cuidados del viñador, ni las amenazadas del Dueño de la estancia.[55] La higuera tenía un defecto de naturaleza: *era estéril*. Siete siglos y medio antes de Cristo el profeta Isaías había ilustrado el comportamiento históric ode Israel, con su célebre *Parábola de la viña*. En ella el siervo de Yahvé pone en labios de Cristo estas desconsoladoras palabras: «Esperaba que [la viña] dies uvas, y io uvas silvestres... ¿Qué más se podía hacer a mi viña, que yo no haya hecho en ella? ¿Cómo, esperando yo que diese uvas, ha dado uvas silvestres?»[56]

Avila desea que cese ya la tradicional interpretación de la *Parábola del sembrador*, porque ésta «desgraciadamente... se ha abordado desde la visual de una antropología indiviualista y espiritualista». Exige ver que el relato «se refiere *también* a las condiciones externas a la persona».[57] Las normas de la buena exégesis

---

55. Diversos investigadores se han dedicado últimamente al estudio de los efectos que la música, la conversación agradable y el trato manual delicado tienen sobre el crecimiento de las plantas. Un labriego norteamericano cree que su cosecha de maíz ha aumentado haciéndole «escuchar» a la plantación la *Rapsodia en azul*, de Gersnwin. Un botánico hindú ha informado que a su vez que el sonido de campanas eléctricas estimula la germinación de la semilla, y que las célebres piezas de violín y flauta de su país aceleraron el crecimiento de las plantas.

56. Isaías prosigue su parábola poniendo en boca de Cristo estas palabras: «Os mostraré, pues, ahora lo que haré yo a mi viña: Le quitaremos su vallado, y será consumida; aportillaré su cerca, y será hollada. Haré que quede desierta; no será podada ni cavada, y crecerán el cardo y los espinos; y aun las nubes mandaré que no derramen lluvias sobre ella. Ciertamente la viña de Jehová de los ejércitos es la casa de Israel, y los hombres de Judá planta deliciosa suya. Esperaba juicio, y he aquí vileza; justicia, y he aquí clamor» (5:1-7). ¿Puede hallarse en toda la Biblia meor ilustración de la historia del pueblo escogido?

57. R. Avila, o.c. p. 30.

harían imposible o improbable que los estudiosos de la Biblia complazcan al autor en su requerimiento. Sin embargo, no hay duda de que estarían dispuestos a admitir una «dimensión social» del Evangelio en la parábola de la *Higuera estéril.*

En la *Parábola del sembrador,* el Maestro alude a la respuesta del *individuo* a la palabra de Dios; la de la *Higuera estéril,* a la recepción social o nacional a la misma verdad. En una parábola como en la otra, sin embargo, la moraleja es esencialmente la misma: el fruto de justicia —que Dios espera y demanda del hombre inodividual y socialmente considerado— y las «obras infrustuosas de las tinieblas» —para emplear una figura paulina—[58] son determinadas por la actitud positiva o negativa, hacia la Palabra: no por «las condiciones externas a la persona» e influyentes sobre ésta.

No pretendemos desconocer, desde luego, lo que con verdad indica Avila; a saber, que el hombre «es él y sus circunstancias».[59] Se sabe, en efecto, por los estudios psico-sociológicos, de las tremendas influencias del ambiente sobre el individuo. Ese influjo no sólo de su medio físico, sino principalmente del cultural; de su mundo moral y espiritual. Los resultados obtenidos en este sentido por la investigación científica, no son nada halagüeños para el hombre, al que le muestran como una víctima virtualmente indefensa ante los agentes sociales y naturales.[60]

El ambiente no sólo *influye* sino que *determina* la formación del carácter individual.[61] Un médico cris-

---

58. Efe. 5:11.

59. R. Avila, o.c. p. 30.

60. Tenemos ahora los descubrimientos de la astrofísica (que nada tiene que ver con la astrología) y sus asombrosos aporte a la psicología y a la psiquiatría.

61. J. M. Price, *Factores en la formación del carácter,* cap. V, pp. 81-82, Casa Bautista de Publicaciones, El Paso, 1963.

tiano ha dicho que «la conversión misma es en gran parte la transformación sobrenatural [de elementos tales como] los apetitos, las actitudes y los ideales, [que contrario a la creencia común] no es algo que ocurre aparte de la vida sino más bien la reformación de estos materiales innatos (su regeneración) para producir la contextura del carácter cristiano».[62]

Se sabe además, que el medio social que circunda al hombre, en vez de favorecer su desarrollo integral se opone a éste decididamente;[63] que cada cosa viviente depende íntimamente del ambiente que la rodea y se adapta a cualquier modificación de este ambiente por mdio de una evolución adecuada;[64] que esa adaptación ambiental puede dar lugar a modificaciones permanentes del cuerpo y de la conciencia y que de este modo el medio imprime su huella en los seres vivientes.[65]

Es, pues, el caso que nadie evade o puede evadir el influjo ambiental. Todo intento por huir de él es infructuoso. Esto es lo que tajantemente asegura la ciencia: «No podemos escapar de nuestro ambiente.»[66] Carrell dice, en efecto, que «existe una relación entre nosotros y nuestro medi osocial. Todo ser humano ocupa un cierto lugar en su grupo. Está ligado a él por cadenas mentales. Su posición puede parecerle más importante que la vida misma. Si le privan de ella por la ruina, la enfermedad, la persecución, el escándalo o el crimen, el hombre puede incluso preferir el suicidio a este cambio...[67]

Tampoco se ignora ya que «la relación de la sociedad con el individuo es tal que convierte el aprendizaje y la adaptación social en condiciones necesarias para

---

62. Id., p. 22.
63. A. Carrel, *La incógnita del hombre*, p. 149.
64. Id., p. 400.
65. Id., p. 200.
66. J. M. Price, o.c., p. 17.
67. A. Carrel, o.c., p. 236.

la supervivencia de ambos; [y que por ello] una sociedad está obligada a proporcionar funciones o papeles constantes y previsibles, apropiados a las distintas posiciones o estados que forman la estructura social».[68] Todo eso se sabe y está bien.

Mas de aquí, a pretender que el hombre está «potencializado para liberarse y humanizarse [siempre y cuando las] condiciones posibilitantes [le permitan] actualizar [dicha capacidad potencial]; de ahí, a afirmar que son tales condiciones «las que en última instancia determinan la posibilidad o imposibilidad del proceso, o el grado de actualización de la capacidad del hombre».[69] de ahí, va un gran trecho como vulgarmente se dice. No creemos, entonces, que «son esas condiciones, su mayor o menor exigencia, las que explican las diferencias de hecho entre los hombres», y sí «sus potencialidades internas»;[70] entendiendo por éstas las disposiciones morales del individuo hacia el Evangelio.[71]

En efecto, los datos de la ciencia en este sentido son que tanto las semejanzas como las diferencias entre los individuos proceden fundamentalmente de la herencia, cuyo aspecto primario y más manifiesto es el biológico.[72] Por ello mismo, los límites dentro de los que se efectúa el desarrollo del individuo son en gran parte determinados por la herencia, ya que ésta transmite de padre a hijo las facultades intelectuales, la ca-

---

68. Jack H. Curtis, *Psicología social*, cap. IX, p. 215, Ediciones Grijalbo, S.A., México, 1962.

69. R. Avila, o.c. p. 30.

70. Id.

71. Decimos «hacia el Evangelio», no porque creemos forzoso limitar la ética a la esfera cristiana, sino porque pretendemos que estas observaciones se realizan en un plano fundadamente bíblico. Además, desde un punto de vista escriturario la verdadera responsabilidad humana es para con Dios: no para con los hombres.

72. J.M. Price, o.c. pp. 12-13.

pacidad emotiva y demás posibilidades en general. Es el lenguaje mudo pero paradógicamente elocuente de la sangre.[73]

Cierto que la cultura en que se mueve el individuo produce un cambio renovador en él.[74] Pero como se ha advertido en los círculos científicos, el ambiente y la cultura tienen su límites y por eso la herencia social no es capaz de transmutar «instintos plúmbeos» en «actos áureos».[75] Con todo, la voluntad es la base del carácter y éste de nuestra respuesta a la palabra de Dios. Parafraseando la expresión evangélica, podríamos decir: por tu voluntad serás justificado, y por tu voluntad serás condenado.[76]

V

Por otra parte, es perfectamente permisible que alguien crea —como cree Avila— que «en el sistema capitalista... no solamente no existen las condiciones específicas para la actualización del potencial humano de todos y cada uno de los hombres; [y que, por el contrario, existen en éste] *las condiciones para que no se actualicen...*».[76] Inclusive puede concederse que «una condición *sine qua non* para crear dichas condiciones [consiste] en cambiar el sistema de apropiación privada de los medios de producción por una forma de apropiación colectiva».[77]

Lo que resulta indamisible es deducir, como hace el autor, de una especie de «parábola química», el dogma o la ley según la cual «puestas determinadas condi-

---

73. Id., p. 13.
74. Id., p. 20.
75. Id., p. 18.
76. «Por tus palabras serás justificado, y por tus palabras serás condenado» (S. Mateo 12:37).
77. R. Avila, o.c., p. 31.

ciones, la posibilidad correspondiente *tiene* que actualizarse. O, al revés, puestas unas condiciones imposibilitantes, una determinada posibilidad *no puede* actualizarse».[78] Es precisamente esta creencia lo que hace ver a Avila, la existencia de «una relación constante entre las condiciones históricas y la actualización de las potencialidades del hombre, las cuales no se actualizan *a pesar de* las condiciones —dice— sino *gracias* a ellas».[79]

Cierto que en la experiencia humana determinadas condiciones posibilitan determinadas «actualizaciones». Pero por el hecho mismo de que ni la naturaleza del hombre ni la relación de éste con su medio cultural puede normalmente explicarse por fórmulas químicas o ecuaciones matemáticas, toda teoría que pretenda establecer leyes reguladoras del flujo y reflujo entre el individuo humano y su ambiente natural-cultural, enigmático y con frecuencia indescifrable e incomprensible.[80] Es que como ha advertido un pensador contemporáneo de relevancia mundial,

> *la infinita variedad de secuencias causales, a las que todo acto y todo acontecimiento puede quedar referido, hace que casi todas las posibles correlaciones sean lo suficientemente viables e inmunes a la presión crítica. Toda teoría social, por lo tanto, se halla de algún modo emparentada con los procedimientos de un «test» al estilo de Rorschach, más revelador respecto al estado de la mente del paciente que a él se someta que del sentido de las pruebas a base de manchas de tinta que su imagianción interpreta según variadas figuraciones. Pueden con ello llegar a establecer correlaciones y descubrirse acusadas*

---

78. Id.
79. Id.
80. Id.

propensiones. Pero nadie podrá llegar a conclusiones científicas semejantes sobre la caída, por ejemplo, del Imperio Romano, o sobre las causas del advenimiento del nazismo en Alemania o respecto a las diferencias entre la democracia británica y la francesa, asuntos todos ellos que obligan a desechar toda interpretación a base de comparaciones o contrastes. Las conclusiones obtenidas son en parte determinadas por el principio de interpretación que con la investigación fue iniciada.[81]

Avila no desconoce o niega esto último. El esté consciente de que toda interpretación del problema humano implica, además de una *actitud*, una *visual*. Ello así, «porque quien interpreta —dice— lo hace siempre desde una determinada perspectiva o punto de vista. Esta visual es la que califica la interpretación; si se opera desde una perspectiva filosófica la interpretación será filosófica, si se opera desde una perspectiva sociológica la interpretación será sociológica, si desde una perspectiva teológica la interpretación será teológica».[82]

La pregunta obligada es: ¿cuál es el método o perspectiva desde la cual nuestro autor interpreta la realidad concreta, específicamente la iberoamericana? El afirma que «es el teológico».[83] Sin embargo, una mirada «con ojos más desprevenidos y con mayor atención» —para seguir con la expresión avilana—, mostrará al lector que cuando aquél dice en su obra que «grupos

---

81. A este respecto podemos decir que Avila se pierde *ad infinitum* en ingeniosas fórmulas —«gratificando», dice— muy de su cosecha y buenas como entretenimiento de aburridos, pero de ninguna manera útiles para abordar con seriedad asunto tan grave como es el conocimiento de Dios.

82. *Niebuhr: ideas políticas*, cap. 4, pp. 55-56, Editorial Hispano-Europea, Barcelona, 1965.

83. R. Avila, o.c., p. 43.

cada vez más crecientes de cristianos, especialmente en
[Iberoamérica], empiezan a vislumbrar en el marxismo
—sobre todo en el materialismo histórico— preciosos
e indispensables instrumentos para el análisis de la realidad y la praxis social»,[84] lo hace para dar algo más
que una mera noticia. ¿No querrá él insinuar que tal
es su caso? En su libro hay sobrados indicios de que
es así.

Quizá también por ello no disimula su secreto gozo
porque «si [antes] en las clases de ética tradicionales
se enseñaba que el capitalismo no era intrínsecamente
inhonesto, aunque tenía algunas cosas criticables, los
cristianos constatan ahora su inhonestidad intrínseca
aunque con algunas cosas positivas. Si se enseñaba que
el comunismo era intrínsecamente inhonesto, aunque
con algunas cosas positivas, los cristianos constatan
ahora su honestidad intrínseca, aunque con algunas cosas negativas».[85]

Tal vez por ello se complace además en la «revisión» —para él muy crítica— hecha en los círculos liberales del catolicismo y del protestantismo sobre la
lucha de clases, que en otro tiempo constituyó «para
muchos un escándalo incompatible con el Evangelio y
un fomento del odio», pero que hoy se la interpreta
como factor importante, prácticamente imprescindible,
para la «toma de conciencia de una división [social]
profunda que ya existe».[86]

Lo dicho líneas atrás no es un juicio y sí algo más
que una sospecha o una mera «corazonada». Así, por
ejemplo, cuando Avila aborda el tema de «el cristiano
y la politización», dice textualmente:

---

84. Id.
85. Id., p. 19.
86. Id., p. 20.

La sociología nos ha hecho captar la imposibilidad de comprender el «sub-desarrollo» latinoamericano sin ubicarlo dentro del contexto más amplio del proceso mundial. Según ella, la génesis del subdesarrollo está indisolublemente ligada a la génesis del desarrollo. No habría países subdesarrollados si no hubiera países subdesarrollantes. La dominación que un país ejerce sobre otro es la que ha hecho posible desarrollar al uno —el dominador— y subdesarrollar al otro —el dominado—. Los países ricos se han hecho ricos a costa de los países pobres —nivel internacional— y los ricos de los países se han hecho ricos a costa de los pobres de los países —nivel intranacional—. La dependencia es, consecuentemente, la causa de su situación. Superada la causa, se superará la situación. Por esta razón la tarea más urgente de Latinoamérica y de los latinoamericanos es la consecución de su independencia, una segunda independencia más plena y más real que la primera. La liberación es la tarea y el objetivo.[87]

Este método analítico concuerda esencialmente con la visual marxiana de la sociedad. Marx, por ejemplo, al referirse a la incapacidad de la comunidad burguesa para abolir los antagonismos de clases, y advirtiendo que, por el contrario, «no ha hecho sino sustituir con nuevas clases a las antiguas, con nuevas condiciones de opresión, con nuevas formas de lucha»,[88] concluye cándidamente que con la abolición de las relaciones de producción que rigen en dicha sociedad «desaparecerá la prostitución oficial y privada»,[89] «la explotación de

---

87. Id.
88. Id., pp. 43-44.
89. K. Marx-F. Engels, *Manifiesto comunista*, p. 28, Ed. Claridad, S.A., Bs.As., 1967.

122

una nación por otra [y] la hostilidad de nación a nación. [Así], una vez desaparecidos los antagonismos de clases en el curso de su desenvolvimiento... perderá el poder público su carácter político...[90] Surgirá una asociación en que el libre desenvolvimiento de cada uno será la condición del libre desenvolvimiento de todos».[91]

En idéntico simplismo cae Avila cuando pretende —mediante una intrincada «parábola textil»— achacar a determinado sistema la *causa* del problema socio-económico contemporáneo, liberando al hombre de toda responsabilidad como artífice de las estructuras sociales. Así, convencido de que «la causa [del mal] debe ser buscada en el nivel histórico o... en el nivel de las "segundas causas", según la típica jerga escolástica; e igualmente persuadido de que «la causa debe ser ella misma un factor histórico», el autor católico argüirá:

> *Si admitimos que el carácter filogenético de la humanidad no nos permite hacer historia, sino tejiendo una vastísima red con los «hilos» de las relaciones interpersonales, y si, por otra parte, hemos averiguado que dichos «hilos» están siendo mal «tramados» debido a las relaciones de dominación y explotación, hemos de concluir que la causa de dicha falla en la construcción de la red de la historia no son los hilos en sí mismos, sino el sistema con que se están entretejiendo, urdiendo o tramando. Es decir: que*

---

90. Es curioso, por no decir irónico, que el sueño de Karl Marx no ha cristalizado ni en la Unión Soviética ni en la China Roja, donde se hizo una revolución influida y agitada por las ideas marxistas. Y lo mismo puede decirse de la Cuba de Fidel Castro Ruz. En cada uno de estos países el Estado no sólo no ha perdido su carácter «político» —como esperaba Marx—, sino que ha añadido a esa característica el elemento «policíaco» que es peculiar a todo despotismo.

91. R. Avila, o.c. p. 44.

> *no son las personas en sí mismas el origen de la «enfermedad», sino el sistema dentro del cual y según el cual se ven obligadas a inter-relacionarse.*[92]

Con tal criterio en mente, no tiene nada de sorpresivo el que Avila, al preguntarse acerca de la razón de que unos trabajadores se conviertan en opresores de otros, concluya felizmente que *«la propiedad de los medios de los medios de producción».*[93] Su argumento es obvio:

> *Si un hombre no posee los medios de producción, se ve obligado a ofrecer «voluntariamente» su fuerza de trabajo al que sí los tiene para poder sobrevivir y entonces la explotación «pacífica» se realiza mediante un acto pacífico de compra y venta: el contrato de trabajo. O, a nivel internacional, mediante el acto «pacífico» por el cual una nación industrializada le fija el precio a la materia prima al comprar y fijar también el precio al producto elaborado al vender. Gana así al comprar y al vender.*[94]

Ahora bien, los que durante años nos hemos dedicado a conocer el pensamiento de los escritores católicos y protestantes que han hecho profesión de Fe en el neo-liberalismo de corte marxistoide, advertimos un «denominador común» que los distingue y caracteriza: se trat de una especie de complejo de «strip-tease» teológico, por el cual van lenta pero progresivamente «desnudando» la ideología *esencial* que sustentan, oculta o parcialmente visible bajo el follaje tupido de una dialéctica oscura, intrincada o abracadabresca. Lamenta-

---

92. Id.
93. Id., p. 45.
94. Id.

124

blemente, Avila no escapa a esta «tentación». Su visual del mundo y del hombre que lo habita y gobierna está profundamente empañada por el marxismo y acentuada con un fuerte matiz neo-evoluncionista al estilo chardiniano.

Por esa misma razón, le es fácil a nuestro autor ver en el capitalismo el filisteo al que inculpar por la «enfermedad» social que nos acosa y agobia. Como, dice él, éste «es el sistema que justifica la apropiación privada de los medios de producción por parte de unos pocos, y la carencia de dichos medios por parte de la mayoría», libera al hombre de su responsabilidad ética y concluye que el mal es «el sistema dentro del cual y según el cual [los individuos se ven obligados a interrelacionarse]. Es el sistema capitalista —aduce— el que quiere tramar los hilos de las relaciones interpersonales sin cuestionar para nada las relaciones de propiedad o no-propiedad de los medios de producción, y de esta manera sólo logra «limar» las asperezas entre trabajadores y patronos, sin llegar nunca a poner las condiciones para unas relaciones verdaderamente fraternales entre los trabajadores».[95]

Y como eso es así, Avila en cierto modo se congratula al afirmar de la manera más segura y categórica, que «jamás se podrán tramar los hilos de la historia a base de dominación». En consecuencia, «dejar intactas las condiciones que posibilitan la dominación, no es solamente tramar mal la red histórica, sino, en última instancia, oponerse activa o pasivamente, a la construcción de dicha red de interrelaciones y, consecuentemente, a la construcción de la comunión de todos los hombres entre sí».[96]

No queremos, empero, dejar en el lector la falsa impresión de que somos ciegos a la inicua realidad pre-

---

95. Id.
96. Id.

valente en el mundo y, por tanto, en alguna forma indiferentes o, en el peor de los casos, apologistas de las injustas estructuras sociales. Creemos que la observación y la crítica de Avila en este sentido no es fortuita ni especulativa. El sólo presumirlo así nos haría si no cómplices de la iniquidad social, por lo menos pasibles de miopía o de escasa sensibilidad para ver y palpar lo que claramente se revela a todos. En eso, como suelen decir los políticos de nuestro país, «estamos claros».

Mas de ahí, a pretender como lo hace Avila, que el capitalismo «es el origen» de la enfermedad social contemporánea, sin atribuir al hombre ninguna responsabilidad, o atribuyéndole muy poco como artífice de los sistemas,[97] no sólo sería, para decirlo con palabras de Paul Elmer More, «relajar los lazos estrictos de causa y efecto en que se funda la ley moral»,[98] sino algo muchísimo peor: desconocer torpemente la gravedad del pecado individual, sin lo cual el desorden social carecería de sentido y se reduciría a enigma o jeroglífico que ni un Champolión redivivo podría descifrar.

En efecto, sólo el no reconocer este dato bíblico de primer orden pudo inducir al autor a plantear, como «tarea y objetivo» supremo del cristiano, la «libera-

---

97. Los sistemas, si están concebidos y orientados al bein común —de todos y cada uno— pudieran ser técnicamente deficientes; pero su propósito les otorga validez ética. Si su propósito no es el individuo sociable o la comunidad humana, entonces el sistema será necesariamente «malo», aunque nadie ose poner en duda su eficacia técnica. Porque es la intención, la finalidad, lo que da validez moral o ética al sistema, o lo que en última instancia se la niega. Sin ese propósito esencial, los sistemas ni existen ni tienen sentido. Y si es así, son inocuos o indiferentes en sí mismos. Lo único cierto en este caso es lo siguiente: sea eficaz o no, injusto o no ,el verdaderamente responsable del sistema es su artífice y creador: *el hombre.*

98. Citado por J. A. Mackay en *Prefacio a la teología cristiana,* cap. III, p. 85.

ción de los oprimidos», entendida ésta en su connotación político-ideológico-revolucionaria. Sólo así se explica su afirmación de que «dicha liberación no podrá llevarse a cabo sin la destrucción del sistema [capitalista] que posibilita la dominación al justificar la apropiación privada de los medios de producción». E igualmente que favorezca, «mediante una lucha activa» en la que la violencia, lejos de descartársela queda plenamente justificada, «la construcción de otro sistema —el socialismo— cuyo cimiento no puede ser otro que la apropiación colectiva de los medios de producción».[99]

Avila cree que existen «innumerables evidencias acumuladas» de que el capitalismo, y específicamente la «dependencia» que engendra en el plano intra einternacional, es el *causante* de la situación de injusticia prevalente hoy en el mundo. Ignora u olvida, que los sistemas —cualesquiera que éstos sean— no surgen por artes mágicas, sino que son reflejo y aun producto de la conciencia del hombre.

Este asunto lo hemos considerado ya en otra ocasión, al decir que «quienes atribuyen la iniquidad social a determinado segmento o clase, o creen hallarla en la deficiencia o en la injusticia de las estructuras de la comunidad —como es doctrina y costumbre de marxistas y socialistas—, desconocen la realidad del pecado universal o, conociéndola, la niegan... Por una razón u otra, quien así cree se conforma con cambiar las estructuras... de la comunidad; eliminar "los malos" y establecer "los buenos" [si bien] con ello... sólo [se] demuestra cuando ignorante [se es] del ser íntimo del hombre».[100]

Es por esa razón que los verdaderos «determinismos» y «condicionamientos» de que urgimos liberarnos y no podemos por nosotros mismos, no son los que en

____

99. R. Avila, o.c. pp. 54-56.
100. G. Félix, *Perfil de Karl Marx*, p. 144, CLIE, Barcelona, 1975.

una forma u otra dan a luz o conforman las estructuras sociales, sino el pecado y sus múltiples, diversas y temibles consecuencias. De ahí que Cristo, que conocía como nadie cuál era el verdadero origen del mal individual y social, jamás «habló de la necesidad de cambio estructural. Nunca planteó como algo urgente e inaplazable la revolución de las estructuras sociales, políticas y económicas, culturales y religiosas de su pueblo ni de ningún pueblo No lo concibió, desde luego, a no ser como resultado natural y lógico del cambio conciencial del hombre mismo».[101] El sabía perfectamente que la verdadera esclavitud del individuo es *el pecado*, y que la alienación y deshumanización de que hablarían luego psicólogos y sociólogos, y que se manifiestan en la estructura de la comunidad humana, eran sólo *efectos*: no *causas* del caos universal.

VI

Hemos dicho, por otra parte, que Avila desconoce u olvida la gravedad del pecado y su repercusión en la vida comunitaria Tal vez debiéramos haber dicho que no reconoce al pecado individual su verdadero poder maligno, demoníaco, y a consecuencia de ello, no le asigna el lugar que debe ocupar en la discusión y análisis del problema socio-político y económico-cultural.

Se dirá, sin embargo, que Avila, al fijar el «objetivo y tarea» en la lucha del hombre y del hombre cristiano por la liberación social, coloca «las esclavitudes provenientes de nosotros mismos: egoísmo, odio, voluntad de poder, avaricia, soberbia, etc.», entre los primeros elementos negativos de los que es preciso liberarse o ser liberado.[102] Es verdad. Pero esta sana actiud

---

101. Id.
102. R. Avila, o.c. p. 32. Subrayado nuestro.

128

del autor no desvirtúa en lo más mínimo nuestra afirmación. ¿Por qué? Porque él insiste en que «no podemos establecer aquí (esto es, en ese sentido) prioridades temporales, primero atacar una y después otra».[103] Y es ahí, precisamente, donde *falla* su objetivo ulterior en la liberación que plantea.

Cierto es, además, que Avila declara que «el problema... no consiste en cambiar de presidente o de partido, sino en cambiar el sistema».[104] En eso también estamos plenamente de acuerdo. Pero no así cuando dice con inocua candidez: «Colocado el cimiento de la apropiación colectiva, se podrá *entonces* proceder a la construcción de una *nueva sociedad* y de un *hombre nuevo*, tarea larga y difícil que requiere como precondición para continuar el proceso» liberador.[105]

Independientemente del giro ideológico y del matiz político-revolucionario del pensamiento avilano, resulta por demás curiosa la manera en que se las ingenia para conciliar la imprescindible, prioritaria y perentoria transformación de la conciencia egoísta del hombre, con la necesidad de cambiar las estructuras del organismo social allí donde la injusticia y la opresión imperan en cualesquiera de sus manifestaciones.

En efecto, él no sólo cree que la mutación que se requiere no es de un hombre por otro o de un partido político por otro, sino de un sistema por otro. Entiende, por ejemplo, que los teólogos del Celam tienen razón cuando afirman que «la causa del desequilibrio social "debe buscarse en el desequilibrio interior de la libertad humana" (II Celam 1, 3) y que, consecuentemente, más que un cambio de estructuras se necesita un cambio en el sentido evangélico».

---

103. Id.
104. Id., p. 46.
105. Id. Subrayado nuestro.

Sin embargo, la concesión avilana es sólo retórica o aparente, pues dice a renglón seguido que «esta afirmación es cierta en un sentido pero es equívoca e incluso contradictoria en otro sentido»».[106] Aduce, en efecto, que la advertencia «celamita»

> es cierta indudablemente si con ella se quiere subrayar la primacía del hombre sobre las estructuras; si el hombre es el timonel de los acontecimientos, no le imprimirá a éstos un rumbo diferente mientras él personalmente no esté convencido de que hay que hacerlo, y sobre todo meintras no esté dispuesto a someterse a las grandes dosis de renuncia que esto implica. En una palabra: necesita convertirse. Pero es equívoca e incluso contradictoria si con ella se quiere concluir que primero hay que trabajar por la conversión de los hombres para «sólo después» esperar un cambio de estructuras. Esto sería negar la influencia de las estructuras sobre las personas, querer desconocer «contra viento y marea» la influencia negativa que estructuras radicalmente viciadas ejercen sobre el mismo proceso de conversión.[107]

No extraña, entonces, que Avila no sólo proponga como el mejor método que «la relación conversión personal-cambio de estructuras [sea] concebida en una forma dialéctica: la conversión personal [traducida] en un cambio de estructuras, éstas a su vez [constituidas en] el ambiente favorable para un nuevo cambio de la persona, y así sucesivamente». También tilda de «impaciencia escatológica» todo empeño de quienes orientan su acción evangélica por lo ético-espiritual

---

106. Id., pp. 91-92.
107. Id., p. 92.

—que él indiscriminada y despectivamente describe como «tendencia purista»—, y abogan porque se dé prioridad a la conversión personal, individual, en la tarea global de la iglesia y de los creyentes.[108]

¿Puede sorprender que Avila, con este novedoso y audaz criterio «teológico», arribe a la ingrata conclusión de que «así como el hombre no se diferencia del homínido porque conozca —ambos conocen— sino porque conocen *reflexivamente,* es decir, por una modalidad de conocimiento, así también la Iglesia no se diferencia de la humanidad sino por *una nueva modalidad de conciencia?»*[109] ¿Extraña acaso que llegue a la no menos peregrina afirmación de que «cualquier hombre puede *salvarse* sin necesidad de una pertenencia a la Iglesia visible, *siempre que actúe honestamente y de acuerdo con las normas de moralidad de su grupo»?*[110]

No es, desde luego, que estemos tratando el imposible de independizar «artificiosamente» a la iglesia cristiana de la historia humana, como lo pudiera insinuar el autor. Mucho menos que creamos que la iglesia es la «salvadora» por antonomasia del hombre. «La salvación —dice el libro— *pertenece al Señor».*[111] Pero es que estamos pensando en la osadía «teológica» avilana que pretende que cualquiera puede «salvarse» siempre que su conducta sea honesta o se rija por cánones moraléticos o religiosos del grupo social a que pertenezca.

De idéntica manera rechazamos la afirmación de Avila, según la cual entre iglesia cristiana y humanidad pagana sólo existe «una diferencia de nivel de conciencia».[112] Conforme a esta ingeniosa teoría, «la Iglesia "sabe" que estamos incorporados a un proceso de

---

108. Id.
109. Id., p. 74.
110. Id., p. 92.
111. Jonás 2:9; S. Juan 14:6; Hech. 4:12; Tito 2:11; Apoc. 7:10.
112. R. Avila, o.c., pp. 74-76.

cristificación, [pero] otra porción de la humanidad no lo sabe, [si bien] tanto el grupo de hombres llamado "Iglesia", como el que a ella no pertenece están incorporados al mismo proceso [y por ello mismo] su misión (la de la Iglesia) no puede ser la de convertir en sacro (sacrum facere) lo profano porque éste ha sido ya sacrificado (sacrum factum) por el misterio pascual... sino... *significarla*».[113]

Desde luego, aquí la pregunta obligada sería: Si todos «somos salvos» aunque no todos tenemos «conciencia» de ello, ¿qué necesidad hay de que el hombre «actúe honestamente y de acuerdo con las normas de moralidad de su grupo o religión» para *salvarse*? Otra pregunta necesaria sería: ¿de qué fuente o en qué doctrina basamenta Avila estas «audacias teológicas»? Y aquí entramos en un punto tocado sólo de soslayo en la primera parte de estos comentarios: *el profetismo.*

VII

El autor católico, en su obra *Biblia y liberación,* advierte que hay actualmente en Iberoamérica dos corrientes teológicas que difieren fundamental y esencialmente en cuanto al valor que una y otra atribuyen o reconocen a la exégesis tradicional. «La una —dice— está preocupada solamente por los resultados de la exégesis, la otra por hacer un esfuerzo de reinterpretación. La primera determina un tipo de evangelización reducido a comunicar resumidamente los resultados de dicha exégesis, la segunda determina otro tipo de evangelización preocupada por interpretar la historia de América Latina utilizando la exégesis como instrumento de trabajo».[114] Según Avila,

---

113. Id., p. 76.
114. R. Avila, *Biblia y liberación,* p. 9.

*se trata, entonces de cosas diferentes que en el
fondo determinan, al menos en parte, la actual
conflictividad profética. La corriente exegética
supone en última instancia que la historia de la
salvación contenida en la Biblia es la sola Palabra capaz de fundamentar la Teología, mientras que la corriente reinterpretativa supone que
la Palabra fundante de la Teología trasciende
las barreras de la Biblia, y consecuentemente las
de Israel, Cristo y la comunidad primitiva. Supone entonces la corriente exegética que la Palabra ha sido ya dicha y que los evangelizadores
no pueden ser otra cosa que porta-palabras, en el
sentido de portadores de lo ya dicho. La corriente reinterpretativa en cambio supone que los
evangelizadores más que porta-palabras son verdaderos agentes elaboradores de la Profecía.
[Que] los teólogos y/o los profetas no pueden
entonces reducirse a la labor de la repetición,
son creadores de la palabra, agentes y no meros
pacientes de la tradición profética.*[115]

De más es decir que nuestro autor asocia y adhiere
a la corriente teológica reinterpretativa.[116] Consecuentemente, es de los que entiende que si bien la *«revelación
escrita»* ha sido ya clausurada, no tal sucede con el
«acto revelador de Dios, [ya que] El no deja de hablar
con la Esposa de su Amado Hijo».[117] Arguye que aunque los escritores del Nuevo Testamento «estaban in-
dudablemente en una *situación privilegiada* para lograr
una "lectura" lo más adecuada posible de aquel signo
de los tiempos», esto es, de Cristo mismo; y si «por
ello la Iglesia siempre ha dado un tratamiento especial

---

115. Id.
116. «No nos ubicamos por tanto en la corriente exegética, sino en la reinterpretativa» (*Biblia y liberación*, p. 11).
117. R. Avila, *Teología, evangelización y liberación*, p. 54.

a sus interpretaciones, y las ha considerado *normativas*, en cuanto pusieron en marcha una interpretación autorizada que ofrece todas las garantías de objetividad, sin pretender por ello haber agotado la desvelación del misterio cristológico».[118] Se acoge, entonces, al criterio teológico reinterpretativo, que afirma «la novedad, no menospreciando el pasado pero sí relativizándolo, [y que subraya] la discontinuidad pero sin ruptura con el pasado».[119]

Avila rechaza, por tanto, la reflexión exegética tradicional de que «basta hacer resonar el mensaje de Cristo en nuestro mundo»; y acepta el más novedoso y en cierto modo interesante punto de vista reinterpretativo, según el cual «Cristo nos dice hoy cosas nuevas que es necesario "leer" activamente, con los ojos abiertos y atentos a los "signos de los tiempos". Desconoce, por deficiente o arcaico, el método apriorístico, y esgrime el inductivo que, en vez de partir «de la palabra ya elaborada», parte «de la realidad que nos impele a elaborar una nueva palabra»; y que en lugar de concederle «primacía a la conciencia, [la otorga] a la realidad».[120]

Ciertamente: la corriente exegética y la reinterpretativa están acaparando toda la atención en el ámbito eclesiástico, católico y protestante. La batalla está entablada. Las acusaciones y contra-acusaciones vienen y van en libros y artículos periodísticos. A los primeros se les acusa de «conservadores» y «retrógrados»; a veces con los más «benignos» términos de «indiferentes» o «ciegos».[121] A los últimos se les endilga los no menos

---

118. Id.
119. R. Avila, *Biblia y liberación*, pp. 9-10.
120. Id., p. 10.
121. La más grave acusación —por su connotación político-ideológica— es lanzada por el autor al decir que los primeros (a saber, los sustentadores de la exégesis tradicional) tienen el poder para imponer su ideología, y utilizan incluso

agraviantes de «ultra-revolucionarios... «marxistas con sotana»... «cabeza-calientes»; o los más «suaves» de «liberaloides» o «neoprogresistas».[122]

No puede ser nuestro propósito determinar aquí y ahora en quién está la razón. Reconocemos que la razón asiste —en parte— a unos y a otros. Pero pecaríamos de ingenuos o de hipócritas si afirmásemos que somos *absolutamente* imparciales. No lo somos. Creemos que si se pesara en balanza —en base escrituraria— los criterios de «conservadores» y «liberales», ésta favorevería definitivamente a los primeros. Ello no significa —ya lo hemos advertido— que la llamada «corriente exegética» tenga *toda la razón,* y que la «corriente reinterpretativa» tenga muy poca o carezca de razón en lo absoluto. Pero la verdad bíblica asiste en mayor grado a los sustentadores de la primera «corriente», en la medida que derivan sus argumentos de una teología más sana y una exégesis mejor fundada de la palabra de Dios.[123]

---

los medios represivos para descalificar la profecía naciente, [si bien queda por verse] con el tiempo cuál profecía será la profética» (*Biblia y liberación*, p. 11).

122. Un ejemplo lo hallamos en el ex sacerdote católico José M. Rico. Este, en un pequeño pero contundente libro las emprende contra el Concilio Vaticano II que, como se sabe, estuvo dominado y controlado por las corrientes progresivas y liberales todo el tiempo que duraron las sesiones del cónclave. Rico acusa de falsa e inconsistente la nueva postura del romanismo y específicamente los «aires liberales» que soplaron durante la visita de Paulo VI a las Naciones Unidas. Del Vaticano II dice el autor que lo único que ha hecho es «modernizar el lenguaje», pero que eso no basta. Al Papa lo acusa de prescindir de la realidad objetiva para situarse en el terreno ideológico y favorecer su propio punto de vista (J. M. Rico, *El cristianismo evangélico y el Concilio Vaticano II*, Editorial Vida, Miami, 1967).

123. Aludimos aquí al criterio de que la palabra revelada ha sido ya finalizada en Cristo y que no queda otra revelación posterior que deba añadirse o complementar a ésa. No ad-

No hay duda, por otra parte, que el mensaje de los profetas —en el que Avila dice hallar su «veta inspirativa»—, tiene mucho que decir a nuestra época. Tal y como señala un autor protestante contemporáneo, «muchos libros modernos acerca de los profetas hacen gran énfasis en su mensaje social, su denuncia de la corrupción política, de la opresión y de la podredumbre moral de la nación».[124] El problema frecuentemente ha consistido en no advertir que «lo más que preocupaba a los profetas era la *idolatría* de la nación; que [la] erraba en su concepto de Dios».[125] Por ello, «es sorprendente hasta dónde pasan esto [último] por alto escritores modernos, especialmente en vista de la verdad de que la vida social de una nación es producto directo de su religión».[126]

A veces, como es el caso de Avila, hasta puede reconocerse en el mensaje profético la gran preocupación de esos arrojados siervos de Yahvé ante la idolatría de Israel. Pero siempre o casi siempre tratan de dar una connotación política o ideológica a lo que es esencialmente un problema religioso —ético-espiritual. Así, nuestro autor «descubre» que la voz profética —su denuncia social, dice— es eminentemente anti-idolátrica; pero la idolatria en que penosamente incurre Israel —o la iglesia— no es principalmente una rebeldía, un

---

herimos, desde luego, a toda la reflexión teológica de la «corriente exegética» —católica o protestante— por entender que en una como en la otra se incurre en errores y deslices que van directa o indirectamente contra la más clara enseñanza bíblica. Pero en cuanto se refiere a la finalización en Cristo Jesús de la revelación divina, juzgamos que la citada corriente teológica está en lo cierto porque tal criterio concuerda perfecta y plenamente con la enseñanza neotestamentaria y particularmente con la paulina. -

124. H. H. Halley, *Compendio manual de la Biblia*, p. 252, Editorial Moody, Chicago, Ill.

125. Id.

126. Id.

alzamiento de la criatura contra el Creador, sino la construcción y el mantenimiento de estructuras sociales inicuas. En todo caso, es en éstas donde primaria y esencialmente se pone de manifiesto la rebeldía humana hacia Dios.[127] De este modo, si la opresión y la tiranía tienen sentido es sólo porque ambas se oponen «a la iniciativa divina de liberar al hombre».[128]

VIII

Hay por otra parte un problema que no debemos pasar inadvertidamente: el empleo de la profecía como «auxiliar» de las ciencias socio-económicas. Es decir, aparte de que el mensaje profético tengo o no vigencia como protesta o denuncia de la injusta sociedad, está el lugar que deberá ocupar en el análisis del problema contemporáneo. Hasta ahora se advierte la puesta en práctica de un método analítico en el que, como decíamos, la palabra profética es un mero o simple «auxilio» —muy valioso a ratos, sobre todo cuando se intenta corroborar con un puñado de versículos aspectos muy queridos de la reflexión neo-liberalista.

Este método lo sugirió Paulo VI, cuando ante la dificultad o imopsibilidad de recomendar «una solución con valor universal», propuso a las comunidades católicas en el mundo «analizar con objetividad la situación propia de cada país, esclarecerla mediante la luz de la Palabra inalterable del Evangelio, deducir principios de reflexión, normas de juicio y directrices de acción según las enseñanzas sociales d ela Iglesia».[129]

Tal recurso «analítico», aparentemente eficaz desde el punto de vista sociológico, y en apariencia inocuo e

---

127. R. Avila, *Teología, evangelización y liberación*, p. 47.
128. Id.
129. Citado por R. Avila, p. 33.

inofensivo desde un ángulo eminentemente bíblico-teológico, adolece empero de una falla de origen. Esa falla consiste en subordinar y aun supeditar la palabra de Dios a los criterios sociológicos, económicos v políticos. Pues aunque se busque en la Biblia —y en particular en sus páginas proféticas— el esclarecimiento de una situación social dada, es la sociología, la economía o las ciencias política: las que en definitiva dan el veredicto de lo que se ha (y de lo que no se ha) de hacer.[130]

Aparte de las deficiencias, lagunas o inconvenientes del método papal;[131] y aparte también de los problemas inherentes o derivados del proceso analítico de la sociedad, esto es, su complejidad, variedad y profundidad;[132]

---

130. No es que pretendamos que la Escritura tenga la «respuesta adecuada» a cada problema social y político. La Biblia no es un programa o plataforma socio-política ni un libro científico. Pero estableciendo una «teoría» del origen del mal en su expresión personal, doméstica, social e internacional, debe merecer el respeto de los que, contra toda evidencia, creen derivar de ella sus propias normas y estrategias ideológicas. Y si no se reconoce a la Escritura su carácter de palabra divina, debe al menos reconocérsele el mismo valor y respeto que otros documentos antiguos poseen en el concepto de los estudiosos.

131. Un inconveniente en este sentido se advierte en la recomendación del Papa para que los cristianos procuren la solución del problema social «en diálogo con los demás hermanos *y todos los hombres de buena voluntad*» (R. Avila, o.c. p. 33). El problema no lo vemos en «los demás hermanos» ni en «todos los hombres de buena voluntad», sino en que ese diálogo —que no es objetable en sí mismo— ha de ser inspirado y presidido por el «Espíritu Santo» (id.). La pregunta es: ¿Cómo puede el Espíritu Santo —que no mora sino *en* los creyentes (Rom. 8:9) inspirar y presidir un diálogo entre éstos y quienes con todo y ser «hombres de buena voluntad», no le han dado aún cabida en sus propias conciencias?

132. Conviene advertida, por otra parte, la obvia contradicción en que incurre el pontífice romano, al proponer un método analítico que viene a reemplazar a la llamada «doctrina social de la Iglesia» —hasta hace poco «norte y guía» del catolicismo en lo que se refería a las estructuras sociales, po-

queda en pie aún, como verdad inequívoca y apodíctica, la naturaleza escurridiza del pecado, individual y socialmente considerado.

Es por esa razón que creemos ver una «falla de origen» en el método propuesto por Paulo VI. El método correcto —que es el bíblico y, por consiguiente, el verdadero y eficaz—[133] es el que parte, no de la realidad social hacia la luz evangélica, sino el que procede a la inversa: de la revelación cristiana a la realidad pagana. Porque es la plbr de Dios la que aporta no sólo el conocimiento de la fuente del mal —social o individual— sino lo que en cierto modo es más importante: su eficaz solución.

, La Biblia, en efecto, ofrece el primer dato al que es preciso atender y no olvidar: *la causa de todo problema es esencial y primariamente el pecado*. Ese pecado afecta a todos y cada uno de los hombres. Por tanto, nadie puede o ha podido jamás substraerse a su influjo y consecuencias. El pecado anida y se gesta en lo más recóndito de la conciencia y se proyecta en la vida de relación o comunitaria. Pero la Escritura aporta además la *salvación* del pecado: Jesucristo hombre. Acogerse a su Persona y obra significa liberación plena no sólo del individuo sino de la sociedad. Desde luego, no negamos el carácter «mítico» o «utópico» de esta pretensión evanglica. Pero es la única alternativa que, créanlo o no, quiéranlo o no, ha dado Dios a los hijos del pecador Adán.

------

líticas y económicas— y al propio tiempo pretender que los principios, normas de juicio y directrices de acción comunitaria se deduzcan «según las enseñanzas sociales de la Iglesia», esto es, de conformidad con la «doctrina social» del catolicismo que supuestamente se reemplaza o se desplaza.

133. Se sobreentiende, desde luego, que nos referimos a una consideración cristiana del problema. No es intención nuestra abarcar así un criterio sociológico general.

Por otra parte, lo que se advierte en el transfondo del método papal —como en general de casi todos los métodos «proféticos» del vanguardismo teológico, católico o protestante— es el prurito afán de hipervalorizar la experiencia histórica a expensas de las inequívocas declaraciones de la palabra de Dios.[134] Se olvida así que la experiencia humana sólo existe y tiene sentido a la luz de la Revelación en Cristo.

Cierto que en gran medida la experiencia histórica de Israel y de la iglesia precede a la explicación escrita o doctrina bíblica. Pero esa verdad no debe tomarse en términos absolutos. No sólo porque gran parte de la revelación divina es concomitante o intecede a la experiencia histórica de ambas *ekklesias,* sino porque siendo Cristo mismo la Palabra —el Verbo de Dios— precede por la mism arazón y en última instancia a todo acontecer y a todo devenir.

En la historia de la Redención la palabra de Dios y la experiencia humana se complementan. Nunca se excluyen. Sin los hechos la palabra no rebasaría sus propios límites; quedaría en el enigma y en el misterio; en lo jeroglífico y en lo inescrutable. Pero sin la palabra

---

134. Reconocemos que la teología católica y protestante se vio obligada a «redescubrir» la dimensión histórica de la Biblia ante los ataques del racionalismo contra la historicidad del Evangelio. Pero creemos que el énfasis dado en ese sentido ha engendrado —sin que los estudiosos cristianos se lo propusieran y ni siquiera lo sospecharan— una atención desproporcional al factor histórico que descuida, si no se opone a todo aquello que siendo *real* no se registra en la experiencia mundanal, pero sí en la vivencial e íntima. Es cierto también que de ésta se ha degenerado a lo «carismático», cuyos estragos comienzan a palparse en el seno de la cristiandad. Sin embargo, estos desvaríos doctrinarios no deben ser motivo ni pretexto para desconocer las experiencias vitalizadoras, sin por ello desvirtuar el énfasis histórico-profético.

los hechos históricos —esto es, los acontecimientos— carecerían de sentido, importancia, trascendencia; quedarían todos envueltos en la nube polvorienta del caos y del desorden. El devenir mismo estaría privado de significado y el futuro sería sólo una palabra o un signo de lo ignoto y tenebroso.

Por supuesto que «si se reconoce un sentido a la reflexión teológica, en cuanto posibilidad de aportar algo más a la lectura del signo cristológico... podemos... acceder a una comprensión de Cristo más perfecta que la que alcanzó la Iglesia primitiva».[135] Y lo creemos así, no sólo porque el Nuevo Testamento no agota absolutamente el conocimiento del misterio de Dios en Cristo, sino por el carácter dinámico y no estático de la Revelación.

Lo que nos parece inadmisible, sin embargo, es que cualquier reflexión teológica posterior a la interpretación apostólica del «signo de los tiempos, que pretenda ser parte del proceso de «desvelación del misterio cristológico», se exprese —como con harta frecuencia sucede— en obvia contradicción y en subyacente antinomia con la interpretación dada al Signo por los autores bíblicos.

Aceptamos de buen grado que un pensamiento posterior al Nuevo Testamento sobre el misterio cristiano sea o pueda ser más profundo y penetrante que el de un Pablo, Pedro o Juan. De otro modo la teología sería algo estático o, como dice Avila, una mera «portapalabras». Lo que resulta absolutamente inadmisible es que pretendiendo esr «más profundo» en la comprensión del Signo, tal pensamiento o reflexión aparezca en ostensible contradicción con los escritos legados por los apóstoles y demás autores sagrados.

Es por la misma razón que negamos la creencia avilana, de que el crecimiento de la conciencia cristiana

---

135. R. Avila, o.c., p. 54.

—el progresivo conocimiento personal de Cristo— haya sdio motivado o condicionado en alguna forma por «las circunstancias de las Iglesias».[136] El progreso en el conocimiento del Señor Jesús viene dado en modo imperativo («*creced*... en el conocimiento de nuestro Señor Jesucristo» (2a. Ped. 2:18); y por ello mismo no está determinado por ninguna circunstancia o contingencia eclesiástica, comunitaria o individual. *Crecer* en ese sentido es el *deber* y la *meta* del verdadero cristiano. Repetimos: no negamos el carácter dinámico y por tanto progresivo de la *ciencia* de Cristo. Pero nos resistimos a creer que esa «ciencia» o conocimiento haya estado, esté o pueda estar alguna vez «condicionado» por ninguna circunstancia o razón ajenas al deber y a la voluntad expresa del creyente.

Es una lástima que autores evangélicos hayan caído en la misma «trampa novedosa» de la nco-teología, y afirmen —aparentemente sin la menor aprehensión— que «el materia bíblico se presenta desde el punto de vista de la fe, [si bien] tal fe está sujeta a desarrollo en sus énfasis y por lo tanto los hechos históricos se verán con diferentes matices a medida que pasa el

---

136. El doctor H. E. Dana, en su obra *El Nuevo Testamento ante la crítica*, dice al respecto que «la "teología" cristiana primitiva no representa, de modo alguno, un esfuerzo metafísico para formular un sistema de teorías, sino la interpretación práctica de elementos surgidos en la conciencia de los creyentes. No es posible negar —dice— que Jesús y sus enseñanzas crearon en ese estado de conciencia... El cristianismo no es una mera *cantidad dada de instrucción*. La cantidad fundamental fijada es una realidad vital, *una experiencia que proviene de Cristo*. La vida es la que imparte valor y autoridad permanente a la enseñanza... En la base del cristianismo descubrimos una experiencia creada por un cierto punto de vista que está relacionado con la persona de Jesús, y que nos llega desde la Era Apostólica; una creencia en El como Redentor y Amigo. Esa creencia es la *única* que puede engendrar ese estado de conciencia que llamamos "experiencia cristiana"» (pp. 300-301). Subrayado nuestro.

tiempo».[137] Pues no por el «desarrollo» a que la fe está sujeta, sino por la confusión implícita en una verdad a medias, que no distingue ni discierne entre «ampliación de detalles» y *contraposición re-interpretativa*.

Vemos pues, por otra parte, que mientras el «humanismo conciliatorio» de Schleiermacher, pretendía que «el contenido de la predicación [debía] ser derivado de la conciencia religiosa del predicador, para identificarse con la conciencia religiosa de la congregación nutrida por la lectura de la Escritura», el neo-catolicismo pretende ahora que «la toma progresiva de conciencia del sentido integral de la revelación [divina] se hace al ritmo de la emergencia de las experiencias humanas, individuales y colectivas».[138] De igual modo, mientras Schleiermacher creía que la Biblia era «un relato de experiencias subjetivas de santos prominentes [y no] la revelación objetiva de Dios al hombre»,[139] el catolicismo de «barricada», que dice creer en esa objetividad bíblica, «con sus hechos la niega», como diría Pablo.[140]

Habíamos dicho antes que la tendencia actual en los círculos liberales católico-protestante es la de re-interpretar la profecía bíblica a la luz de la realidad social, cuando el «método» debiera ser a la inversa. Pero no aclaramos —o si lo hicimos no fue muy ampliamente— que el sentido (significado) y la función (objetivo) que se atribuye hoy a la palabra profética son esencialmente de *crítica social*. La profecía como predicción del futuro (al estilo vetatestamentario), o como instrumento de edificación espiritual (al modo neotestamentario) ha perdido toda validez en la esfera cris-

---

137. E. C. Rust, *El significado de la historia*, p. 11, Casa Bautista de Publicaciones, El Paso, Texas, 1972.
138. R. Avila, o.c., p. 54.
139. R. B. Kuiper, *Evangelismo teo-céntrico*, cap. 12, p. 161, TELL, Grand Rapids, Mich., 1966.
140. Id., p. 162.

tiana donde las teorías marxianas han reemplazado o están en vías de sustituir las verdades bíblicas, si bien «todavía» los que tal hacen tienen la audacia de seguir llamándose «cristianos»... y... ¡ay del que diga lo contrario![141]

Se habla, en efecto, de una «misión profética» de la iglesia y del cristiano. Pero con ello se quiere significar crítica o denuncia del acontecer socio-político y cultural-económico. Esta idea de «profecía» es peculiarísima. Desconociéndose, por una parte, el contexto histórico, preténdese, por la otra, asignar a la iglesia de Cristo y a los cristianos una misión quijotesca que a su juicio es la más acabada réplica del profetismo hebreo. Se ignora o se olvida —se nos antoja que muy voluntariamente— que el profeta y la misión de profeta al estilo Isaías, Jeremías, Amós, etc., tuvieron su tiempo y su lugar que el último y más prominente vocero divino de esa gloriosa estirpe lo fue Juan Bautista [142] y que la iglesi prístina no conoció de la existencia de profetas al estilo veterotestamentario. Los profetas del Antiguo Testamento desempeñaron su función específica en la antigua economía, en la mosaica. Hoy el profeta ha sumido otra función en el ámbito evangélico auténtico.[143]

---

141. En este sentido quizá sea ilustrativa la observación del doctor Scofield, de que históricamente «los apóstatas se apartan de la fe, pero no abandonan la práctica externa del cristianismo» o al menos la profesión nominal de fe en Cristo, diríamos nosotros. (Véase *Dios te habla*, p. 1.238.)

142. S. Lucas 16:16.

143. «El profeta del Nuevo Testamento —dice el doctor Scofield— no es ordinariamente uno que predice, sino uno que expresa el mensaje que ha recibido de lo alto, y quien a causa de su don tiene la capacidad de hablar "para edificación, y exhortación, y consolación"» (1 Cor. 14:3) (o.c. p. 1.180). Cierto que tal y como lo enseñaba Pablo, el don de profecía, según se estilaba en época apostólica, cesaría, y que efectivamente, «esta declaración [paulina] ha sido ya cumpli-

Insistiendo así en que la palabra de Dios ha sido clausurada en su expresión escrita (el Antiguo y el Nuevo Testamentos), pero negando que ésta sea la final clarinada de Dios a la iglesia y al mundo, pretenden los teólogos modernos de corte neo-liberal que Dios continúa aún «hablando» indefinidamente en el devenir histórico y, por supuesto, mediante los «profetas incómodos» —para emplear una airosa frase avilana.

La razón de ello la ofrece nuestro autor al decir que la Sagrada Escritura,

> *en cuanto memorial, acumula la significación del pasado, y en cuanto profecía se abre para ser dicha mejor y más plenamente. En cuanto «memorial» implica una «acumulación» histórica y de sentido... En cuanto «profecía» implica una apertura o posibilidad de «ensanche» al contacto con la realidad que le permite un nuevo «acoplamiento» con ella. Da entonces, una respuesta a la situación histórica sin clausurar la búsqueda del sentido, y abriendo una nueva perspectiva. La Palabra, consecuentemente, puede ser mejor y más plenamente dicha; esto significa que lo hasta ahora dicho aún no ha terminado de decirse y que, consecuenetmente, algo queda siempre «a flor de labio» profético, a punto de ser dicho, como «en la punta de la lengua» profética y divina. Y esto que va a ser dicho, de hecho no será dicho sino al contacto con una nueva situación...*[144]

---

da históricamente en este mundo» (Bonnet-Schroeder, *Comentario del Nuevo Testamento*, p. 291). Pero quizá porque, como dicen estos autores, «la comunión perfecta con Dios será la más elevada profecía», aun cuando la primera forma histórica haya cesado hace ya muchos siglos, se ha concedido a la Iglesia la gracia de poseer en su seno hombres y mujeres que, como los primeros profetas, están dotados de los dones necesarios para la edificación del cuerpo de Cristo.

144. R. Avila, o.c., pp. 65-66.

La base de aquella otra «razón» avilana, es que «lógicamente el acontecer en cuanto pertenece al pasado y no puede ser abordado en cuanto tal, la única posibilidad que tiene de subsistir es a través de la subjetivación concretizada en la Palabra escrita para que pueda ser legada o transmitida (Tradición-entrega). Por tanto, los resultados de la subjetivación o interpretación profética —aduce— son la única "ventana abierta" sobre el acontecer pasado y sólo a través de ella nos es accesible. El Antiguo y el Nuevo Testamento son pues los ventanales que nos permiten contemplar un pasado irrepetible y que, sin embargo, forma parte de nuestros antecedentes y de nuestro proceso de gestación. A la vez constituyen una especie de *memorial eclesial* de lo hasta ahora encontrado sobre la significación del hombre y de su historia».[145]

Nada pues, tiene de extraño que Avila, negando al Nuevo Testamento el carácter de revelación *consumada, perfecta y final,* y reconociéndole la cualidad de ser sólo «lo hasta ahora encontrado» sobre el significado antropológico e histórico, concluya cándidamente que «en la medida en que va "condicionado" la significación histórica, va dibujando una línea que permite ir descubriendo y formulando el proyecto histórico del hombre en el cual, cada vez con mayor claridad, se hacen constatables los signos concretos de un proyecto divino (salvífico) traducido empíricamente en la inmanencia histórica, y consecuentemente, legible por la comunidad profética».[146]

Ni que decir tiene que esa «comunidad profética» está integrada por los «profetas incómodos» de la escuela teológica re-interpretativa. Son éstos —y sólo ellos— los que aguardan impacientes recibir «lo que falta» a la revelación divina; los que esperan ver la tan

---

145. Id., p. 65.
146. Id.

anhelada «humanización plena» convertida ya en «divinización total»;[147] los que luchan «a brazo partido» por «iniciar un proceso de humanización o liberación, pasaje pascual de condiciones de vida menos humanas a condiciones más humanas, [como] condición indispensable para la evangelización»;[148] los que, en fin, rechazan «enfáticamente la violencia», provenga de donde sea, pero que, no obstante, están dispuestos —lanza en ristre y a lo quijotesco— «a optar entre dos tipos de violencia si la disyuntiva (¡claro está!) entre la violencia física y la violencia institucionalizada permanece en pie».[149] Todo sea por «un orden social justo, sin el cual la paz es ilusoria», al decir de los sabios del Celam.

¿Y «los otros»? ¡Bah! Esos poseen una «mentalidad apologética, conflictiva y proselitista». Esos «otros» son «ciegos de remate» para advertir que «Dios ha comenzado a realizar su designio de salvación desde la creación del mundo (Mt. 25, 34 y Ef. 1, 3) [y que] por consiguiente la creación no es una introducción a la salvación sino el comienzo mismo de su realización». Es el «dogmatismo» lo que impide a esos «otros» ver que «la Paternidad divina es universal, [y que] Dios no es padre de unos pocos —los miembros de la Iglesia— sino de todos y por esto "quiere que *todos* los hombres se salven" (1 Tim. 2, 3) y [que] envió a su Hijo Jesucristo "para que se entregara por la redención de *todos*" (1 Tim. 2, 6)».[150]

Ahora bien: respecto a la profecía se precisa establecer con claridad inequívoca, no sólo su sentido sino su objetivo o propósito. Y esto tanto en la antigua como en la nueva economía. Porque entendemos que es de

---

147. Id., p. 68.
148. Id.
149. Id., p. 78.
150. Id., p. 73 y ss.

ahí, precisamente, de donde nace la confusión en que han caído y en la que están sumidos pensadores católicos y protestantes.

En primer lugar, es forzoso aclarar que «era el plan de Dios el que hacía necesario el cumplimiento [de la profecía en la dispensación mosaica, aunque ello] no quiere decir que el cumplimiento haya tenido lugar sólo para cumplir una profecía y para manifestar así la omnisciencia y la omnipotencia de Dios... [pues] la profecía estaba hecha para el cumplimiento y el cumplimiento para la profecía».[151]

Se requiere también tener en cuenta que si bien «la profecía es una vista en perspectiva, con un primero, un segundo y a menudo un tercer plano, cada uno de los cuales viene a su hora, bajo la dirección de Dios que gobierna el mundo»,[152] nadie —autor o escuela teológica— debe sentirse autorizado a introducir criterios personales o «escolásticos» que pudieran ser creíbles o verosímiles, pero que no concuerdan o, peor aún, desentonan con la enseñanza bíblica o que se opongan, desvirtúen o no hagan justicia al sentido escritural.

Avila, y con él los que están empeñados en «redescubrir» en el texto bíblico principios y directrices ideológico-político-revolucionarias, deben aprender —para no errar —que «en general, cuando los autores del Nuevo Testamento hacen... uso del Antiguo, no estiman hacer una simple aproximación de análogas circunstancias, ni una aplicación arbitraria de la cita; sino que reconocen en los hechos recordados del Antiguo Testamento un sentido típico y profético que es realmente cumplido por los acontecimientos del Nuevo Testamento que relatan (y que) para ellos, el sentido histórico primero no era el esencial, sino la significación mesiánica que estaba en la mente divina».[153]

---

151. Bonnet-Schroeder, o.c., p. 65.
152. Id.
153. Id., p. 66.

148

Creemos, por otra parte, que Dios «pre-dice» la historia, y en ese sentido más que «hablarnos» en los acontecimientos —como piensa Avila— confirma su palabra en ellos. «Yo soy el que anuncio lo que está por venir» (Isa. 44:7; 46:10). «No hará nada el Señor Jehová sin que revele su secreto a sus siervos los profetas» (Amós 3:7). Sin embargo, concedemos al autor la creencia de que existe una «discontinuidad» entre la economía mosaica y la dispensación evangélica. En lo que no estamos de acuerdo es en que exista también tal discontinuidad entre esa economía de la gracia y la época actual. Esta época —como todas las que nos han precedido desde Cristo a la fecha— se incluye bíblicamente en la era cristiana, como se incluye la parte en el todo.

Queda, empero, como real paradoja de toda discusión bíblico-teológica, que «la verdad espiritual es de tal índole, que son los que "hacen la voluntad de Dios" quienes conocen la doctrina (y en particular el sentido y propósito de la profecía). En otras palabras, [que] el descubrimiento de la verdad espiritual se obtiene a condición de adoptar hacia la vida cierta actitud que es enteramente incompatible con un modo puramente teórico de existencia».[154]

Quizá sea ese un reto muy arriesgado que ciertos pensadores pudieran no estar dispuestos a aceptar. Pero esa es la única disyuntiva bíblica a quienes creen sincera y firmemente en la trascendencia del destino humano, y no se conforman con reducirlo a la inmanencia intramundanal.

---

154. J.A. Mackay, o.c., cap. II, p. 47.

3
Evangelio, masas y minorías

J. L. Segundo

I

Con el título *Masas y minorías en la dialéctica divina de la liberación*,[1] Editorial La Aurora ha recogido una serie de conferencias dictadas por el religioso uruguayo Juan Luis Segundo, S. J., durante las Cátedras Carnaham de 1972, en el Instituto Superior Evangélico de Educación Teológica, de Buenos Aires, la Argentina. La obra integra así a la serie *Cuadernos de contestación polémica*.

La invitación hecha a un sacerdote católico por una institución protestante iberoamericana, así como la publicación en forma de libro de la reflexión teológica de éste por una empresa editoria evangélica, no constitu-

---

1. J.L. Segundo, S.J., *Masas y minorías en la dialéctiva divina de la liberación*, Editorial La Aurora, Bs.As., 1973.

yen hoy y de por sí una novedad;[2] pero sí ponen de manifiesto un hasta cierto punto «espíritu de comprensión» entre el catolicismo y el protestantismo en esa área del mundo, tal y como fue aspiración v esperanza de los organizadores y participantes del Concilio Vaticano II.

Es así que al ofrecer al público de habla castellana la obra que será objeto aquí de algunos comentarios, la casa editora sudamericana haya creído necesario destacar, en una breve nota introductoria, que «lo polémico, la innovación, lo heterodoxo o simplemente aquello que busca dar nuevas formas a las afirmaciones tradicionales, son CONTESTACION de la verdad oficial, respaldada institucionalmente», y que por ello mismo juzga necesario, o por lo menos útil, dar cabida a «títulos de perfil controversial».

La editorial pues, entiende que «todo pensador cristiano responsable tiene el derecho a hacerse oír, aun cuando su punto de vista no coincida totalmente con los resultados adquiridos por las generaciones anteriores a él». Establecida esta premisa, se arguye en su apoyo que la obra del jeusita, como otras que forman parte de la citada serie apologética, es «alimento para un diálogo vivo de los cristianos, y entre cristianos y el mundo, [y como tal aspira] a renovar el pensamiento teológico, a colocarse fuera de las líneas tradicionalmente aceptadas». Desde luego y con todo lo positivo que se le atribuye al libro de Segundo, la empresa hace la salvedad de que éste —la obra— no representa necesariamente su posición frente al tema que se discute en él.

----

2. En efecto, en época tan relativamente lejana como el año 1943, los organizadores de las cátedras Carnaham invitaron al sacerdote católico fray Conrad Pepler, O.P., cuya disertación sobre *La fe de la Edad Media* fue recogida con las de otros cinco oradores en una edición inglesa de 1943 y en una castellana de La Aurora en 1951, con el título *Corrientes de interpretación de la Biblia*.

Como se dice con acierto en la contraportada del libro, su autor intenta determinar si es factible «interrogar al Evangelio de una manera nueva, inédita, a través del concepto de hombre-masa, sobre un punto Iglesia en relación con masas y minorías»; después aborda «el problema del aporte específico cristiano al compromiso político» y, finalmente, con unas «críticas y conclusiones generales».

Hay en la obra del sacerdote lo que podríamos describir como «axial interrogante», cuya *clave* se impone determinar a fin de que aquélla no quede en lo enigmático o en lo jeroglífico. Nos referimos a la pregunta siguiente: «¿Tienen los cristianos algo específico que llevar como aporte a la lucha común de todos cuantos quieren más justicia, más solidaridad, más amor, en la decisivo para la iglesia [y también] cuáles son las perspectivas de una realización social y política del Evangelio hoy». Segundo comienza su proyecto con una «conceptualización de masas y minorías»; pasa luego a «las exigencias evangélicas frente al hombre-masa»; sigue con las «concepciones de la universalidad de la realidad socio-política de nuestro continente» ibero-americano?[3] Esta interogante se complementa con esta otra: «¿Existe un aporte específicamente cristiano y, por otra parte, decisivo, en la lucha política por la liberación del hombre?»[4]

Segundo, interpretando fielmente lo que podría ser una objeción o, por lo menos, una observación oportuna y pertinente del cetor, reconoce la urgencia que se tiene —sobre todo en el contexto socio-político iberoamericano— de que se vaya a la sustancia sin rodeos ni eufemismos, es decir, a lo que parece ser (o efectivamente es) el problema más perentorio de la comunidad humana hoy: la *liberación* de toda hegemonía o predomi-

---

3. Id., p. 74.
4. Id., p. 75.

nio extranjero; de toda dependencia neo-imperialista; a la supresión de toda dictadura o despotismo internos.

Sin embargo, el jesuita excusa su «método expositivo» concediendo inicialmente el juicio del lector —sea que éste lo considere como «falta de pedagogía», o lo atribuya «a la responsabilidad de remontar a las alturas que parece llevar consigo esta clase de exposiciones».[5] Pero la del autor es una concesión retórica y nada más. Un párrafo más abajo dirá que «en realidad existe una razón más simple que explica, si no justifica, el orden seguido» en la exposición y análisis del tema. Esa «razón más simple» consiste en demandar, urgidos o apremiados por el carácter «masivo» de nuestra naturaleza, una respuesta inmediata a los problemas de la existencia; en vez de «seguir las complicaciones y la larga reflexión que una solución más rica exigiría». Según lo admite, no obstante, que no se ha «probado *a priori* que los vericuetos teóricos se identifiquen con las soluciones más ricas» y que él denomina «minoritarias» por oposición a las «masivas».[6]

Dadas las «razones» esgrimidas por nuestro autor, y aceptándolas siquiera sea transitoria y retóricamente, nos permitiremos seguir su exposición y análisis, deteniéndonos sólo en aquellos puntos del camino que a nuestro juicio merezcan o requieran —dentro de los fines que nos hemos impuesto al preparar este libro— una reflexión, una crítica, un parabién o una mera discrepancia. Estas se harán, desde luego, en el limitado marco de que ahora disponemos. En ese propósito vol-

---

5. Id. Obviamente, el autor alude así a las Cátedras Carnaham, en las cuales —como en otras conferencias similares—, se estila de ordinario una «teología» cuyo método exegético-hermenéutico, erudito y a veces grandilocuente, conduce con frecuencia a esos «vericuetos teóricos» que tanto y tan notablemente difieren con la profunda sencillez expositiva que caracteriza la palabra de Cristo, a la que se quiere penetrar y glosar.

6. Id., pp. 74-75.

veremos a la discusión sobre la *pregunta axial* a que hacíamos referencia líneas arriba; porque como también decíamos constituye, según creemos, la *clave* de la obra del jesuita.

Segundo comienza, en efecto, estableciendo una «conceptualización de masas y minorías». De *introito* destaca la importancia vital, «esencial», que el tema tiene para el cristianismo. Mas se queja —también de entrada— que, «paradógicamente», éste parezca haberlo ignorado durante veinte siglos.[7] Se refiere él a la *gracia de Dios en Cristo* o, más propiamente, a la dimensión universal de esta gracia a la luz de la enseñanza paulina y, por supuesto (aunque no la menciona específicamente) de la más nueva o moderna reflexión teológica liberal.

El autor advierte acerca de la insistencia apostólica —concretamente la de Pablo— de presentar «la oposición tipológica Adán-Cristo». Esta se expresa por el contraste o antagonismo entre la consecuencia degradante y condenatoria de la *rebelión* adámica, y el efecto salvífico de la *obediencia* cristiana, de Cristo: «Adán —dice el autor —comunica a todos el pecado y la muerte, Cristo, *igualmente a todos* ("todavía más", dice Pablo), la justicia y la vida».[8]

Se pregunta luego, Segundo, cuál es o debe ser el papel de la iglesia cristiana —entendida en el sentido amplio de todas las denominaciones dignas de ese nombre— «en ese ahora comenzado por Cristo... en esta victoria de Cristo sobre Adán, en este "todavía más" de la difusión de la vida y la justicia, opuesta a la difusión, a partir de Adán, del pecado y de la muerte».[9] Responde él que «aun sin tener en cuenta (por no pertenecer al texto auténtico de Marcos [16:16] la con-

---

7. Id., p. 7.
8. Id.
9. Id.

dición restrictiva "el que crea y sea bautizado será salvado, el que no crea será condenado",[10] y aun admitiendo que las palabras post-pascuales de Jesús no deben entenderse en el mismo sentido que las pre-pascuales, queda el hecho de que tanto Marcos como Mateo están de acuerdo en que, según el espíritu de Jesús, la tarea de la Iglesia consiste en ir por el mundo haciendo adeptos, es decir creyentes».[11]

Inmediatamente después de «acceder» a la validez teórica e histórica de la misión evangelizadora de la iglesia, el jesuita se formula una serie de preguntas obligadas y pertinentes para los fines de una mejor —más lúcida y objetiva— inteligencia de esa tarea eclesiástica, con los efectos o derivados del triunfo del Hombre Jesucristo sobre el hombre Adán: «¿Qué relación tiene —dice— la victoria de Cristo, al lograr comunicar a

---

10. Se advierte la perniciosa tendencia de ciertos autores modernos —que no es, objetivamente, la de Segundo— de negar lo que a todas luces fue y ha de ser la obra fundamental de la Iglesia de Cristo: la predicación del Evangelio, apelando al manido expediente de la «inautenticidad» de la *Gran Comisión* tal y como aparece en Marcos 16:9-20. Un ejemplo de esta clase de escritores soberbios y desaprehensivos, lo hallamos en J.G. Davies, que en su obra *Diálogo con el mundo,* pretende desvirtuar la obra evangelística de la Iglesia, arguyendo, con no excusada autosuficiencia, que «misión no es simplemente obediencia a un mandato divino, a un precepto del Cristo exaltado, cuya autenticidad puede ser cuestionada; [sino] la incorporación activa del hombre en el designio de Dios» (p. 14). Desde luego, entendiendo por tal «designio» el compromiso político con los oprimidos, reales o irreales. Cierto es, por otra parte, que las palabras finales de Marcos (vv 9-20) fueron añadidas posteriormente ante la posible pérdida del original; pero ello no empece —ni podría ser un pretexto o una excusa— para que se quiera, menospreciando sin duda el testimonio concordante de Mateo y Lucas, y el no menos importante y abrumador de todo el contexto neotestamentario, desconocer fortuita, arbitraria o prejuiciosamente la pertinencia, la urgencia y aun la necesidad de la evangelización del mundo.

11. Id., pp. 7-8.

todos la vida y la justicia, con el hacer adeptos de la Iglesia? ¿Se identifica simplemente?...»[12]

Consciente de que la iglesia apostólica identificaba la salvación de Cristo y el ingreso a la familia de Dios, Segundo concluye que «sería pedir demasiado a la Iglesia primitiva el exigirle que no identificara sin más este nuevo nacimiento de cada convertido en el bautismo con la victoria de Cristo;[13] el nuevo nacimiento de todos los hombres en Cristo con el nuevo nacimiento de los adeptos por la conversión, la fe y el bautismo».[14] Advierte que, no obstante, «ya entonces era estrictamente contradictorio afirmar al mismo tiempo la victoria total de Cristo sobre Adán, *en todos los hombres*, hasta en los resultados respectivos de la justicia y del pecado (Rom. 5), y por otro lado afirmar la condición restrictiva, totalmente ausente en la difusión del pecado: la exigencia de ser adepto, de poner un acto propio de conversión y de fe».[15]

A Segundo no sólo resulta «contradictoria» la actitud que atribuye a la iglesia apostólica, sino ambigua e incomprensible. Por ello se pregunta con aparente buena lógica, que «si Adán involuntariamente nos hace pecadores, ¿cómo puede ser tan total la victoria de un Cristo que quiere que voluntariamente seamos creyentes?» De ahí su queja y, en cierto modo su asombro, de que «esta contradicción [haya] vivido latente durante veinte siglos de Iglesia».[16]

El autor advierte en Karl Barth el primer teólogo importante en reconocer esa «contradicción flagrante,

---

12. Id., p. 8.
13. El autor, siendo católico romano, reconoce en el bautismo un factor decisivo o imprescindible para la conversión; pero esta ordenanza no rebasa los límites de lo simbólico. No es la *realidad*, sino la *figura* o «parábola» de la conversión verdadera y del cristianismo auténtico.
14. Id., p. 8.
15. Id.
16. Id.

[que lo lleva] hasta el punto de romper no sólo con la tradición católica, sino aun con la luterana, y excluir el acto de fe, o simplemente la fe, como condición de la justificación, para hacerla noticia de la justificación, pero no justificación, conocimiento de la justificación, pero no condición restrictiva de la justificación dándole así a ésta su total universalidad».[17]

Sin embargo, rehuyendo deliberadamente interesarse en la «solución» aportada y ofrecida por Barth a la «contradicción flagrante» y milenaria en que ha incurrido y aun «vivido» la iglesia cristiana, Segundo se embarca directamente en la explicación del «por qué» de esa antinomia eclesial. Dice, en efecto, que no obstante sus divisiones intestinas, «todas las confesiones cristianas buscaron transmitir el Evangelio y provocar la conversión y la fe, *suponiendo*, sin determinar demasiado el *cómo*, que esa actividad pastoral contribuía eficazmente a la "superabundante victoria" de la gracia sobre el pecado, de Cristo sobre Adán. [Presunción o supuesto] —dice— con el que Barth mismo estaría de acuerdo.[18]

II

Ahora bien: creemos que el «error» o la inadvertencia del autor católico surge de una confusión exegética latente aunque no evidente de inmediato por la sutileza con que se presenta. Se refiere a la «involuntariedad» en que, según él, la descendencia adámica se convierte en pecadora, por oposición a la índole «voluntaria» de la conversión cristiana.

Segundo invade aquí un terreno oscuro, misterioso, enigmático. Objetivamente, en efecto, parece que el linaje de Adán está de antemano condenado a la condi-

____

17. Id., p. 9.
18. Id.

ción pecaminosa, sin que medie un solo acto deliberado, volutivo, voluntario, de parte de ninguno de sus componentes. Adán pecó —se dice— y, a consecuencia de ello, todos —sin excepción— hacemos pecadores y practicamos el pecado. Esa es la «explicación» de un problema que, no obstante, queda aún insoluble en la conciencia humana.

Pero si hay tal misterio en esta historia —dirá alguien—; si la condición del ser humano está rodeada y aun envuelta en una atmósfera tan espesa y enrarecida, tan nebulosa y esotérica, ¿en qué sentido es un «yerro» la apreciación del jesuita? Lo es, en primer lugar, en no reconocer sólo, de buena gana y humildemente, el misterio insondable de la transmisión de la naturaleza adánica al género humano; más bien implica ese hecho en una alegada «contradicción» en que, a su juicio, ha incurrido la iglesia —prácticamente todas las denominaciones cristianas. Dicho de otro modo: para el autor no puede ser «total», completa o absoluta la victoria del Cristo sobre el pecador Adán, si se exige del hombre un acto voluntario de fe y conversión a Dios, que Adán mismo no demanda para que seamos pecadores. Tal es la contradicción que advierte en la prédica del *kerigma* cristiano y apostólico.

No hay, empero, tal antinomia. Lo que hay es *misterio*, esto es, un elemento inaccesible e incomprensible a la mente finita del hombre. Es el designio divino que el hombre no intuye. Uno de tantos por los que Pablo exclama: «¡Oh, profundidad de las riquezas de la sabiduría y de la ciencia de Dios! ¡Cuán insondables son sus juicios, e inescrutables sus caminos! Porque, ¿quién entendió la mente del Señor?» [19] Es esa misma comprensión de lo incomprensible de los ordenamientos eternos lo que hace confesar a Eliú ben Ba-

---

19. Rom. 11:33-34 y ss.

raquel: «Dios no da cuenta de ninguna de sus razones... Habla Dios; pero el hombre no entiende».[20]

Sin embargo, el «error» o la inadvertencia de Segundo no consiste sólo en no admitir con humildad el elemento misterioso que envuelve la transmisión de la pecaminosidad a la descendencia adánica. Se advierte, además, en la separación tácita o implícita que hace del hombre Adán del resto de los hombres. Es decir: en ver el primer hombre como una criatura totalmente única, absolutamente aislada, solitaria, responsable ella sola de sus actos buenos o/y malos, sin conexión alguna con sus hijos. Lógicamente, le parece una flagrante contradicción el que si la humanidad toda *tiene que* —sin quererlo ni proponérselo— sufrir las consecuencias del pecado adánico, se demanda a esa humanidad, esto es, a todos los hombres, un acto voluntario de fe en Dios para ingresar en la familia cristiana, cuando no han tenido que ejercer ninguno para pertenecer a la adánica.

Se dirá, sin embargo, que el autor no niega ni desconoce el hecho *real* de la transmisión de la naturaleza adánica a la humanidad; que su única objeción es que se diga que Cristo demanda del hombre lo que Adán mismo no le exige; y que es esta circunstancia la que describe como *contradictoria*. Pero esa observación razonable, lógica, no lo es más que en apariencia. Porque el pretender que Adán nos «convierte» en pecadores sin la aquiescencia nuestra —sin un acto volutivo y espontáneo de nuestra parte, es aislar a Adán de su descendencia; hacer de su pecado un acto intrascendente, cerrado e nsí mismo, que por un giro del «destino» o un juego de la «suerte» trascendió a su único ejecutor y cayó como una terrible e insoslayable maldición sobre la raza humana. Y es más: es imputar a Dios el haber hecho trascender lo que de suyo y originalmente

---

20. Job. 32:13-14.

no tuvo trascendencia. Porque si Adán nos condena, fatalmente, a ser lo que no queremos —pecadores— entonces la disyuntiva es obvia y única: o su pecado verdaderamente trasciende su propia persona, o Dios no ha actuado con justicia. Pero, ¿atribuiremos a Dios despropósito alguno? ¿Somos *más* justos que El?

El autor parece ignorar, por otra parte, que Dios no ve a Adán como un ente absolutamente separado o separable de su linaje; que él ve en el primer hombre a todos los hombres; que los envuelve o comprende en aquél y los juzga como *un todo* en el padre de la humanidad. Y si es cierto que el hombre es él y su obra, entonces no es posible separar la raza humana, como «obra de Adán, de su progenitor. Cada hombre, en el juicio infinitamente sabio del Creador, es una copia fiel, una reproducción, una réplica de Adán. Más aún: cada hombre es un Adán. Por eso, cuando condena al primer hombre por su pecado, la sentencia comprende también a su linaje como parte integral suya, de Adán. La Escritura dice que «Dios hizo *al hombre* perfecto, pero *ellos* buscaron muchas perversiones» (Ecl. 7:29). En otras palabras: Dios ve a Adán como una gran familia: no como un ente aislado y desconectado. El *misterio* aquí está en *el por qué* de juicio divino. Y ya dice la Escritura que «las cosas secretas pertenecen a Dios» (Deut. 29:29). Henos ahora ante una de ellas.

Por otra parte, la transmisión de la naturaleza adánica fue un «*acto voluntario*» del padre del género humano. En consecuencia, el legado que como descendencia suya recibe el hombre de su padre Adán, es efecto o producto de una *deliberación,* de una voluntad: no es algo fortuito o accidental. Adán fue pre-advertido de las consecuencias inevitables e irreversibles del pecado. *Sabiendo,* pues, que la *muerte* era el primer y más grave efecto de la desobediencia al Creador (si bien él no experimentaría en sí mismo ese muerte hasta que se produjera la caída; ni tenía noción o conciencia alguna del profundo significado de esa experiencia hasta ese momento crítico), sabiéndolo, repetimos, *decidió* —libre y soberanamente— hacer lo que juzgó mejor o satisfacía su orgullo «en embrión». A resultas de ello, incurrió en abierta rebelión y, finalmente, se halló él mismo *en pecado* delante de su Hacedor.

La conducta de Adán no fue una simple e inocente «contravención»; fue una tremenda y temeraria *infracción* de la ley divina inscrita en su propia conciencia y, como tal, un acto voluntario que trascendía a su autor, es decir, que afectaba fatalmente a su descendencia o linaje. No es, pues, por casualidad que Pablo, al referirse a la actitud que determinó la caída del hombre, emplee términos tales como «transgresión» y «desobediencia», cuya connotación jurídica o deliberativa no podría negarse fundadamente; como tampoco podría desconocerse la índole esencialmente voluntaria de la obra expiatoria de Cristo (Heb. 12:2), cuya *obediencia* el apóstol contrapone a la *desobediencia* de Adán (Rom. 5:20).

Ya se explica, entonces, por qué decíamos que Segundo ha incurrido en un «error» o inadvertencia, cuando atribuye un carácter «involuntario» a la manera en que los hombres reciben la herencia pecaminosa de su padre Adán. Pero advertíamos, además, que el autor cae en una «confusión exegética» al deplorar que la vocación cristiana —la oferta o la demanda de Cristo al hombre— sea de naturaleza esencial y manifiestamente *voluntaria*.

El entiende que tal exigencia, si bien no mengua la potencia salvífica del amor de Dios en Cristo, o reduce la universalidad de la Redención del hombre, resulta al menos confusa, enfadosa o difícil de conciliar con la fe que Jesús reclama o espera de cada individuo. Esa *oferta* o *demanda* del Salvador —según el ángulo desde donde se mire el mensaje evangélico— la muestra el autor en contraste con la alegada «involuntariedad» de la herencia pecaminosa adámica. Pues como dice él: «Adán... no necesita tener a los hombres bajo el dominio del pecado y de la muerte...».[21]

¿Qué, pues, decir, respecto a esta objeción u observación del sacerdote? Diremos, en primer lugar y a riesgo de repetir lo que en cierto modo ha venido a ser lugar común en los círculos cristianos, que la respuesta *libre* y *voluntaria* del hombre al Evangelio —sea positiva o negativa— está en el ordenamiento divino de las cosas. Hay autores modernos —siempre los ha habido— que se quejan por la alegada «melosidad» de que dicen dan muestra quienes entienden que la vocación cristiana es inicialmente un amoroso, sincero y desinteresado apelativo del Salvador al hombre pecador y perdido. En un trabajo anterior mencionábamos, a título de ejemplo, el caso de A. W. Pink, quien en su obra *Los Atributos de Dios,* expresa enérgicamente su disgusto porque los defensores de la «oferta evangélica» han concebido un «dios» ficcioso producto de un «sentimentalismo sensiblero» (p. 34).

No dudamos que haya algo de verdad en la objeción de Pink. Al contrario: sabemos que a veces, inspirados por «un celo de Dios no conforme a ciencia», como diría Pablo,[22] no pocos ministros del Evangelio cuya sinceridad nadie osaría poner en tela de juicio, incurren de ordinario en una clase de «oferta melosa» o sensiblera que ndada tendría que envidiar a la empleada por cualquier mercader interesado en «salir» de su mercancía de cualquier manera y a como dé lugar. Pero reconocer esto no implica desconocer lo otro.

Creemos, en efecto, que el Evangelio se presenta en la Biblia como «oferta» y/o como «demanda», sin que, por supuesto, osemos dar a esta frase una acepción mercurial o económica. La *oferta* y la *demanda* evan-

---

21. J.L. Segundo, o.c. p. 8.
22. Rom. 10:2.

gélicas no son cosas distintas o excluyentes entre sí. Son más bien aspectos varios de una verdad única. Como «oferta», el vangelio aparece mayormente en el Nuevo Testamento, pero no exclusivamente en éste. Ya en el Antiguo figura como una poderosa y cálida solicitud al pecador. Isaías, por ejemplo, llamado con justicia el evangelista de la antigua economía, apela con vehemencia y vigor al alma sedienta, para que acuda a la fuente viva y mitigue su sed devoradora.[23] O cuando exclama: «¡Consolaos, consolaos, pueblo mío, dice vuestro Dios».[24]

Pero este profeta del consuelo y del regocijo públicos, se torna de repente en el pregonero de la justicia, al declarar con toda la solemnidad que la ocasión requiere: «¡Ay de la corona de soberbia...![25] ¡Ay de los hijos que se apartan...![26] ¡Ay de ti que saqueas, y nunca fuiste saqueado...![27] Acercaos, naciones, juntaos para oír; y vosotros, pueblos, escuchad. Oiga la tierra y cuanto hay en ella, el mundo y todo lo que produce. Porque Jehová está airado contra todas las naciones... las entregará al matadero».[28]

Ahora bien y como decíamos: la invitación como simpático y aun cortés apelativo a la conciencia humana, no es ajena al típico lenguaje evangélico. Al contrario. Comenzando por Cristo mismo, son célebres sus invitaciones a sus oyentes, discípulos, admiradores o

---

23. «A todos los sedientos: Venid a las aguas; y los que no tienen dinero, venid, comprad y comed. Venid sin dinero y sin precio, vino y leche. ¿Por qué gastáis el dinero en lo que no es pan, y vuestro trabajo en lo que no sacia? Oidme atentamente, y comed el bien, y se deleitará vuestra alma con grosura. Inclinad vuestro oído, y venid a mí; oid, y vivirá vuestra alma...» (Isa. 55:1.)
24. Isa. 40:1-2.
25. Id., 28:1.
26. Id., 30:1.
27. Id., 33:1.
28. Id., 34:1-2.

simples curiosos. De todas sus «ofertas» tal vez la más conocida es la que recoge Mateo en el capítulo once de su relato: «Venid a mí todos los que estáis trabajados y cargados, y yo os haré descansar. Llevad mi yugo sobre vosotros, y aprender de mí, que soy manso y humilde de corazón; y hallaréis descanso para vuestras almas; porque mi yug oes fácil, y ligera mi carga».[29]

Resalta en esta invitación la semejanza en el tono y aun en las palabras con la de Isaías. Indiscutiblemente: ninguna otra apelación bíblica revela tanto y tan bien la ternura, delicadeza y cariño del corazón cristiano. Pero no nos engañemos. Ninguna de esas cualidades y disposiciones anímicas del Salvador son mera sensiblería o emotividad excesiva. No hay en ella nada de sutileza, ardid o ingeniosidad; nada de halago, melindrería o ditirambo. Se advierte más bien un porte mesurado, noble, digno.

Por lo que toca a los apóstoles y predicadores de la iglesia prístina, una expresión paulina resume su actitud en este sentido: «Como si Dios rogase por medio nuestro; os rogamos en nombre de Cristo: Reconciliaos con Dios».[30] Sin embargo, tanto en el caso del Señor Jesús, como en el de sus discípulos, al tiempo que se apela con la mayor solicitud y espíritu cortés al corazón del hombre, se desatan juicios terribles y temibles anatemas ante una actitud de indiferencia, «neutralidad», oposición, o abierto rechazo.

Así, pues, ante la interrogante de un corazón solícito, dirá el Salvador: «Esforzaos a entrar por la puerta angosta; porque os digo que muchos procurarán entrar, y no podrán».[31] «Porque ancha es la puerta, y espacioso el camino que lleva a la perdición, y muchos son los que entran por ella; porque estrecha es la puer-

---

29. S. Mateo 28-30.
30. 2.ª Cor. 5:20.
31. S. Lucas 13:22-30.

ta y angosto el camino que lleva a la vida, y pocos son los que la hallan».[32]

Ante la ofensa de que se resienten los fariseos, responde él con un categórico: «Dejadlos; son ciegos guías de ciegos; y si el ciego guiare al ciego, ambos caerán en el hoyo».[33] Y finalmente, ante aquellos que horrorizados por un acto macabro de Pilato, esconden tal vez en la profundidad de sus conciencias el secreto gozo de santidad y justicia propias que los haría «distintos» o «diferentes» a las víctimas del gobernador romano, Jesús no pudo ser más claro, enfático y enérgico: «Si no os arrepentís, todos pereceréis igualmente».[34] E igual conducta siguieron los apóstoles.[35]

Se ve, entonces, que el Evangelio como oferta e invitación, juicio y demanda, no es extraño al Antiguo ni al Nuevo Testamento. Por ello decíamos que el que así sea está en la disposición divina de las cosas. La pregunta —la que intriga e inquieta a nuestro autor— está aún por ser contestada. En efecto: ¿por qué apela Cristo a la voluntad, a la decisión, a la resolución del corazón humano? ¿Por qué no nos salva, digamos, a la manera en que lo hizo con Lot, a saber, a la fuerza y contra su propio anhelo y voluntad? [36]

No es necesario ser exegeta erudito y ni siquiera muy «despabilado» espiritualmente para comprender el *porqué* de la voluntad divina en este aspecto. Pero pensemos: ¿sería razonable que aquel que ha rescatado del fuego al hombre perdido, le recordara su deber de ser agradecido? ¿Fuera lógico esperar que el salvador se acercara al salvado y le dijera: «Sé agradecido; es tu deber»? ¿O si deseando entablar una amistad sincera con el rescatado, tratara de forzar la puerta de la

---

32. S. Mateo 7:13-14.
33. Id., 15:12-14.
34. S. Lucas 13:1-5.
35. Hech. 18:5-6 y ss.
36. Gén. 19:16-23.

166

casa de éste, al recibir el portazo de la indiferencia o de la ingratitud? ¡Claro que no! Y si en este caso hipotético no es razonable esperar tal comportamiento del «salvador», ¿hemos de esperarlo del *Salvador*?

Dios, pues, *quiere* que el ingreso a la familia divina sea la respuesta espontánea —absolutamente libre y voluntaria— a su oferta de salvación, paz y perdón; quiere hombres conscientes de su deber y urgidos de vida eterna: no *robots* u hombre-mecánicos, por más ingeniosos y «obedientes» que éstos sean.

Ello no significa, desde luego, que el Señor se desentienda totalmente del problema y que lo deje a nuestro propio arbitrio. Es tal su gracia y condescendencia, que ha enviado al Espíritu Santo para convencer, persuadir y ablandar el corazón de piedra de los hijos de Adán; para iluminarnos y orientarnos, revelarnos y encaminarnos a la Verdad —Cristo Jesús—.[37] Si el hombre, pese a toda esta disposición y cuidado, insiste y persiste en la maldad, ¿sería también «razonable» esperar de Dios una paciencia inagotable? ¡Lejos sea! ¿No dice la Escritura que su Espíritu no contenderá co nel hombre para siempre?[38] ¿No se reserva para los inicuos e ingratos «una horrenda expectación de juicio, y de hervor de fuego» que ha de devorarlos?[39] Ciertamente: «Nuestro Dios es fuego consumidor» y «horrenda cosa es caer en manos del Dios vivo.»[40]

Por esa razón se ha dicho que «la Bondad, como aquello que Dios quiere, consiste primariamente en aceptar [la] suprema verdad [de que Dios se ha revelado en Cristo] creyendo, en el más completo sentido, en Jesucristo, como el Verbo. Pero como la Verdad suprema es personal, el asentimiento del intelecto y el consen-

---

37. S. Juan 6:37-65; Heb. 6:4-5.
38. Gen. 3:6; Salmos 103:9; S. Mateo 12:19.
39. Heb. 10:26-27.
40. Id., 10:31; 12:29.

timiento de la voluntad se fundan en el acto de fe cristiana. Así que lo que el hombre cree y lo que hace son indisolublemente una misma cosa, hasta donde su fe sea real».[41]

¿Puede, pues, decirse con buena lógica y mejor exegesis, que la interpretación de la iglesia cristiana al Evangelio *esencial,* y su actitud correspondiente a esa interpretación han sido, son o puedan ser efectos de una falta de discernimiento espiritual; de una arbitrariedad teológica, o, como lo cree Segundo, de una mera «suposición» exegética? De ninguna manera. No es, desde luego, que la iglesia o el cristiano crea que con su reflexión bíblica y con la anunciación evangélica esté en alguna forma «contribuyendo» —eficazmente o no— a completar lo que de suyo es perfecto y superabundante. No. Uero es que su misión evangelizadora es la consecuencia directa e ineludible de su correcta interpretación del Mensaje. Es todo.

El apóstol Pablo, por ejemplo, escribiendo a romanos, corintios, gálatas, colosenses, tesalonicenses, etc., se esfuerza en destacar la perfección y la naturaleza concluyente y definitiva de la Revelación. Sin embargo, cuando se dirige al obispo Tito, colaborador suyo en el ministerio cristiano, le da el consejo siguiente: «Tú habla lo que está de acuerdo con la sana doctrina... Exhorta a los siervos a que se sujeten a sus amos, que agraden en todo, que no sean respondones; no defraudando, sino mostrándose fieles en todo, para que en todo *adornen* la doctrina de Dios nuestro Salvador».[42]

La pregunta obligada es: ¿Cómo esperar que la conducta piadosa del creyente en Cristo *adorne* o perfeccione lo que de suyo está perfectamente acabado? ¿Qué

---

41. J. A. Mackay, *Prefacio a la teología cristiana,* cap. V, p. 114, Editorial La Aurora, Bs.As., 1957.
42. Tito 2:1-9-10.

diríamos de un hombre que ante una obra maestra de Rafael o Miguel Angel, Goya o Picasso, se tomara la libertad de dar «unos retoques»? ¿O de otro que se juzgue tan capaz de «pulir» o «podar» lo que es producto del genio shakesperiano o cervantino? Y sin embargo, el cristiano puede, con su devoción al Señor, «adornar» la sana doctrina... y nadie podrá decir que «el pobre hombre ha perdido la cabeza». Tal sucede con la evangelización: no añade nada, *sustancialmente,* a la gracia divina; antes bien, la reconoce como digna de problamarse y aceptarse por la fe.[43]

III

Segundo ha cuestionado la interpretación tradicional del Evangelio y la misión correspondiente a ésta por parte de la iglesia cristiana. La actitud del autor no ha sido en ningún modo fortuita, pues está íntimamente ligada a su planteamiento posterior inmediato sobre *masas y minorías* y la relación de éstas con el mensaje cristiano. Podría decirse que su prevención inicial se hace forzosa para introducir adecuadamente y sin violencia —esto es, como elemento transitorio— la discusión de lo que es la espina dorsal del libro.

Así, pues, intrigado por la tarea «proselitista» de la iglesia, y partiendo del «principio protestante» de Paul Tillich, a saber, «la protesta divina y human contra toda absolutización histórica», Segundo juzga necesario que se reconozca —aunque sea con «extrañeza»— que tal *principio* no sólo es «una dimensión esencial del Cristianismo, [sino] totalmente opuesta a [la] tentativa pastoral de elevar a lo universal la tarea de buscar adeptos, [ya que] los capaces de protestar no constituyen precisamente la universalidad de la masa».[44] Le parece

---

43. 1.ª Tim. 1:15.
44. J.L. Segundo, o.c. p. 14.

que de esta manera «estamos otra vez en la misma e inicial contradicción que [trata] de profundizar. Y [que] en la medida en que aun la Iglesia Católica Romana reconoce cada día más su interno —y externo principio protestante, la contradicción vale también para ella».[45] Luego aduce:

> *Están, pues, todos los cristianos, frente a este dilema: o hemos comprendido mal como se insertaba la Iglesia en la victoria universal de Cristo, o, si lo hemos comprendido bien, frente a los «libres consumidores» de la religión [de que habla Estruch] buscamos todos, de una manera o de otra, sin mayor esperanza, una reducción del mensaje cristiano que pueda hacer que todos los hombres consientan voluntariamente en ser cristianos, reducirlo hasta que sea una mercadería que pueda ser consumida sin dificultad por todo el mundo, reducirlo y reducirlo a muerte para eso; hasta un punto que permita dar al cristianismo si no un monopolio imposible, por lo menos un valor capaz de intervenir en ese mercado con posibilidades de éxito. En realidad, no era posible escapar a este planteo vago, insuficiente, en la medida en que el problema era colocado entre el cristianismo y cada individuo. El individuo libre no permitía plantearse siquiera el problema de saber si el mensaje cristiano estaba destinado por Cristo mismo a todos y a cada uno de los individuos humanos. A priori, parecería que sí. A posteriori, por culpa nuestra o no, el cristianismo continuaba siendo rechazado por la inmensa mayoría de los hombres, aun en sus momnetos de victoria aparente. Sólo en nuestro siglo el problema puede plantearse en términos prometedores...*[46]

---

45. Id., pp. 14-15.
46. Id., p. 15.

Hecha esta observación, el autor pasa ya a la conceptualización propiamente dicha de *masas y minorías*. Partiendo de San Agustín, pasando por Marx, Lenin y finalmente Ortega y Gasset, llega él a la conclusión de que el alegado «proselitismo» o búsqueda de adeptos del cristianismo es una actitud *masiva* y, como tal, contraria al «principio protestante» de Tillich. ¿Qué entiende el jesuita por actividad masiva y en qué sentido puede aplicarse el término «masivo» a la misión evangelizadora tradicional?

En primer lugar, Segundo adhiere al criterio leninista sobre lo «masivo espontáneo». Según este principio, «frente a cualquier problema humano la ley del menor esfuerzo elige la solución más simple por oposición a la más compleja». La advertencia de ese comportamiento en el proletariado europeo de su tiempo, fue lo que llevó a Lenin a «modificar» la creencia —o más bien la ilusión— marxista sobre la supuesta «aptitud» e «idoneidad» de la clase obrera para desatar la revolución, triunfar sobre la burguesía y arribar felizmente, mediante etapas sucesivas —socialismo, comunismo, etc.—, al paraíso de la sociedad sin clases y por tanto, sin explotadores ni explotados.[47]

Segundo cree, entonces, que la llamada «ley del menor esfuerzo» puede explicarse no sólo sociológicamente, como lo hizo Lenin, sino mediante el principio de *entropía*, aceptado unánimemente por la química, la física y la biología: «válido para todas las actividades de los cuerpos y, por ende, también para el hombre».[48] Luego, «simplificando y abreviando al máximo», explica el sacerdote los tres sentidos o facetas fundamentales del citado principio:

---

47. Id., p. 21.
48. Id., p. 25.

Primera: la energía es constante, ni se pierde ni se aumenta con la actividad o con la evolución. En ningún momento de ésta existe un aporte de energía «nueva». Segunda: la energía de los que llamamos cuerpos superiores, como los animales más complejos o el hombre con su psiquis, no es mayor que la de los inferiores. Simplemente está distribuida de otra manera más compleja, de modo de privilegiar ciertas funciones a despecho de otras —por ejemplo, la función cerebral—. Tercera: existe una tendencia general a la degradación de la energía. Es decir, la misma energía, con la actividad, se transforma en formas de energía más simples y, a la larga, inutilizables, como el calor (que se difunde y así, desde el punto de vista de su utilidad humana, se pierde) ... Este principio de la entropía, aplicado a la actividad humana da como resultado el hombre-masa.[49]

Para ilustrar esta «ley» o «principio», el escritor recurre al proceso organizativo molecular: Dice, en efecto, que

la energía de una molécula puede organizarse de una manera sumamente simple, por ejemplo, la molécula de un trozo de piedra, o de una manera sumamente compleja: la molécula de una planta o de un animal. La antropía nos dice que la energía es constante (esto es, que la piedra o que el animal, disponiendo de otra manera su energía, pierden ciertas cualidades). Pero la antropía nos dice, sobre todo, que si la molécula viva es mucho más compleja y más rica —a largo plazo— la tendencia a la degradación de la energía irá contra la probabilidad de esa sín-

---

49. Id., pp. 25-26.

tesis más compleja y rica. En otras palabras, que la cantidad de energía convertida en vida es numéricamente hablando, mínima comparada con la energía «degradada» de la materia inorgánica. Lo inorgánico será lo masivo; la vida, minoritaria. La vida es una síntesis más rica, con posibiliaades más mediatas.[50]

De ahí deriva el autor toda una «teoría del comportamiento masivo-minoritario» digna de encomio. Dice, en efecto, que «lo mismo ocurre dentro de la vida. La complejidad y la riqueza se traducen en "menor esfuerzo", en masas. Se trata de una ley económica. Con una energía limitada no se pueden hacer lujos. La mayor parte de las energías de que disponemos tendrá que asegurar las funciones esenciales mediante síntesis fáciles, mecánicas, automáticas, para que por lo menos se pueda dar al lujo de las síntesis ricas y difíciles una parte, pequeña, eso sí».[51]

Recurre luego al ejemplo del hombre que al regresar a su domicilio encuentra la casa minada o invadida por un ladrón. Su alternativa es: ir a la policía, o entablar un «diálogo» con el malhechor. El que asuma una u otra actitud se deberá —dice él— a una «amplia capacidad de maniobra [del hombre] para distribuir su propia energía». Si resuelve denunciar el caso al destacamento policial, está recurriendo a la «posibilidad simple, barata desde el punto de vista enérgico». Si «dialogo», hará uso de la «posibilidad mucho más compleja [y] mucho más cara en energía, en tiempo, en complicaciones posibles». Asumiendo la primera actitud, el padre de familia trata al delincuente como tal, «ignorando su persona específica». Si asume la segunda, indaga «el por qué [de su con-

---

50. Id., p. 26.
51. Id., p. 27.

ducta], qué otras posibilidades tendría éste de ganarse la vida, [o si no] contribuir para que la sociedad cambie y este hombre tenga otro panorama vital».[52]

Segundo afirma después que

> *aunque el hombre sea teóricamente libre, cualquier científico admitirá que en un caso así se puede prever, cuantitativamente, que la inmensa mayoría de las personas reaccionarán de la primera manera, es decir, preferirán la síntesis fácil. Aunque más no sea para gastar su tiempo y sus mejores energías con los miembros de su familia y no dialogando con un ladrón desconocido. En otras palabras, el precio mismo de la libertad en los planos en que queremos verdaderamente ser libres, consiste en automatizar, en mecanizar el resto de nuestra actividad según la línea del menor esfuerzo. [Ello significa] que todos (y no un grupo especial) somos masa, actuamos con comportamiento de masa, en la mayor parte (cuantitativamente) de nuestra actividad, y eso lo exige la misma ley de economía de la energía. Elegimos para esa parte masiva de nuestra vida, no elegir, esto es, seguimos espontáneamente... las síntesis, las soluciones más simples e inmediatas.*[53]

En definitiva: todos llecamos dentro de nosotros mismos al «hombre-masa» de que habla el jesuita. Este es claro al insistir en ese punto: «La masa —aduce, en efecto— no está constituida por un grupo de hombres, y la minoría por otros, a no ser que nos refiramos a un plano muy determinado de la actividad humana (como por ejemplo, el de la política, o el de la significación

---

52. Id.
53. Id., p. 28.

última de la vida). Globalmente hablando no existen masas y minorías, sino conductas masivas y minoritarias en cada hombre».[54]. Es de esa manera que el autor, resumiendo los rasgos definitorios del «hombre-masa» —una especie de «doble» del «viejo hombre» de la doctrina paulina—, ilustra y concretiza la de su yo abstracta «conducta masiva»:

> *La economía de la energía, en todos los dominios del universo exige que, cuantitativamente hablando, la mayor parte de las actividades se realicen siguiendo la línea del menor esfuerzo, esto es, eligiendo, frente a los problemas, las soluciones más mecanizadas, las más simples e inmediatas. Cuando ubicamos esto en el plano humano tenemos la noción de «masa», de conducta masiva, que abarca la mayor parte de nuestra existencia de manera necesaria; de lo contrario no podríamos vivir. Sin excluir la posibilidad de que una persona esté totalmente «masificada», lo normal más será encontrar que los hombres economizan «masivamente» energía en muchos planos de su existencia para obtener síntesis más ricas y eficaces a largo plazo en un plano determinado: el amor conyugal, la familia, la política, la profesión... En «ese» plano no será un hombre más...[55]*

Segundo dice, además, que «a causa de esta economía de la energía, las ciencias sociales pueden, hasta cierto punto, establecer leyes, con alta probabilidad, aun en lo que concierne a actitudes humanas en principio libres». De hecho, aduce, si la sociología no se basara en la masa cuantitativa carecería de todo sentido. Así pues, arguye que

---

54. Id., pp. 28-29.
55. Id., p. 28.

a causa de esta... economía de energía, las posibilidades de progreso de toda minoría están ligadas a un aumento de nivel de lo masivo, es decir, que la minoría no puede progresar por sí sola, sino sólo elevando los comportamientos de las masas, de modo de proporcionar la base generalizada de energía para que la minoría pueda realizar síntesis más ricas y eficaces. Esto quiere decir que ninguna minoría puede desarrollarse de manera egoísta, sino en íntima relación con la masa, reconociendo la necesidad de los mecanismos masivos y las posibilidades de mejora de dichos mecanismos. Esa relación, además, no puede consistir únicamente en llamar a los elementos posiblemente minoritarios que «duermen» en la masa. Tienen que consistir en una elevación, en una automatización de nuevas cosas y mejores a nivel masivo... Esta es la ley histórica —y si se quiere, ontológica— de toda la evolución.[56]

Fijada pues, la conceptualización de *masas y minorías* o, más propiamente, de «hombre-masa» y de «conducta masiva», pasa nuestro autor al capítulo dos de su obra. En éste analiza «las exigencias evangélicas frente al hombre-masa». Consciente de que tras su reflexión anterior debieron quedar pendientes «infinitos problemas y puntos oscuros —lo que estima «normal»—, el sacerdote «se atreve a suponer... que una pregunta, por lo menos, puede haber quedado más clara y haber adquirido sentido»: hela aquí: «El evangelio de Cristo, ¿esperaba una realización *masiva*? O, dicho de otra manera, cuando Jesús enviaba a sus discípulos a predicar y hacer adeptos por el mundo entero, ¿pensaba que un mínimo por lo menos de su mensaje podría resultar

---

56. Id., p. 29.

convincente para la humanidad entera y que lo normal
hubiera sido que los hombres hubieran adherido en su
totalidad a esa predicación o no?».[57]

La pregunta del autor es mera retórica. No se formula desde un plano de *ignorancia* respecto a la *respuesta posible*, sino desde un ángulo supuestamente
cognoscitivo. Segundo cree, pues, tener reservada la
contestación —la segura, la certera, la inequívoca— al
problema. Por ello no tarda en sacarla a relucir a los
ojos del lector, «suponiendo» —esa es la palabra que
emplea— que el enigma que suscita la interrogante se
ha esclarecido por los argumentos esgrimidos en el primer capítulo:

> *Supongo que la pregunta puede haber que-
> dado más clara porque, a nivel de individuos
> y no de masas, la pregunta, por más decisiva
> que sea para la pastoral, no tiene sentido es sí
> misma: ¿Preveía Jesús la conversión de todos y
> cada uno de los individuos al cristianismo? Una
> vez más, la pastoral ya existente puede, para
> justificarse, responder que sí o no a semejante
> pregunta. Pero difícil será encontrar en el mis-
> mo mensaje evangélico una respuesta coherente.
> Precisamente porque no se plantea ese proble-
> ma.[58]*

IV

¿Qué decir? En primer lugar, que aunque es cierto
que no hay nada en el Nuevo Testamento que autorice
a creer y preconizar un «universalismo» (en el sentido
de una «salvación total, global; forzada o voluntaria)
sí no puede haber duda de que la universalidad del

------

57. Id., p. 31.
58. Id.

cristianismo sería el resultado del a evangelización universal. Sin embargo, esa universalidad venía determinada, no por la obra evangelística en sí, sino por la naturaleza universal del Mensaje; por su alcance global y general que haría imposible —teóricamente al menos— reducirlo a la categoría de patrimonio exclusivo de ninguna casta, raza, sociedad, cultura o civilización. De modo que la expansión mundial de la iglesia cristiana obedece al carácter universal del Evangelio; no a la inversa.

Ahora bien: ¿puede demostrarse que la Escritura, no previendo una conversión «masiva» —general, universal— sí previó la expansión mundial de la iglesia y con ésta de la Fe? La respuesta es *positiva*.

En su célebre *Sermón profético*, Jesús dijo expresamente a sus atónitos discípulos: «Será predicado este evangelio del reino *en todo el mundo,* para testimonio *a todas las naciones*; y entonces vendrá el fin».[60] Esta predicación, desde luego, no *supone* la conversión total sino la expansión general del cristianismo. Lo que está en plena armonía con su carácter universal («todo el mundo»... «a todas las naciones»).

Aprendemos, además, que la misión eclasiástica no sería «convertir» al mundo(al individuo ni a la sociedad) sino *testificar* de Cristo. En este «testimoniar» al mundo («a todas las naciones») no es preciso ver una «conversión general», masiva, como forzoso efecto o resultado. La gente podría responder al Mensaje en forma individual o colectiva; pero el testimonio no supone neecsariamente que la *respuesta* sea en una forma o en la otra, aunque sí que la alternativa era ineludible e ineluctable: «Si a mí me han perseguido —dijo Jesús a los suyos— también a vosotros preseguirán; si han guardado mi palabra, también guardarán la vues-

---

60. S. Mateo 24:14 y ss.

tra».[61] Esto era *lo más* y *lo menos* que podían saber los pregoneros del Evangelio.

Pero nuestro autor se formula —y formula— otra pregunta: «¿Será posible que el Evangelio se plantee el problema de una realización cristiana no ya individual sino masiva?» Y responde de inmediato: «Yo creo que sí y por eso pienso que el descubrimiento de la problemática —profunda— del comportamiento masivo del hombre es capaz de formular una pregunta a la cual la Revelación, si bien se mira, responde».[62] ¿Cuál es, pues, esa «respuesta evangélica»? El contesta: la *charis* —gracia— cuya revelación, exposición y desarrollo hallamso en los escritos de Pablo.

No se crea, sin embargo, que hay aquí una antinomia implícita entre la objeción previa del autor al cadad que atribuimos al criterio secundano en lo que respecta a la doctrina bíblica de la gracia? Radica, esencialmente, en la misma que advertíamos ya en la reflexión de Juan Alfaro y de Rafael Avila:[63] *el universalismo de la salvación cristiana.* En otras palabras: el pretender que la gracia de Cristo, siendo de alcance general, total, abarca o comprende por ello mismo a la *generalidad* de los hombres, sin excepción o acepción. Establecida esta premisa y desde este contexto teológico, no sólo se objeta la obra evangelística de la iglesia en su carácter tradicional, sino que se le asigna a ésta la gloriosa misión de proclemar a todo el mundo la realización universal de la redención cristiana —de todos y cada uno de los hobres.

Como este aspecto de la discusión ha sido ya, creemos, debida aunque no extensamente debatido,[64] no nos detendremos en él. Enfocaremos más bien lo que

---

61. S. Juan 15:20-21.
62. *Supra.*
63. *Supra.*
64. J.L. Segundo, o.c. p. 33.

—teológicamente, al menos— sí parece original del rácter «masivo» de la misión eclesiástica, y este último y aparentemente «novedoso» punto de vista. Aquí lo verdaderamente raro —no necesariamente *original*— es la interpretación o, más bien, la «re-interpretación» de Segundo a la doctrina apostólica de la gracia. En este punto sigue él la tendencia prevalente hoy en los círculos «vanguardistas», en que se mueve, agita y conforma el pensamiento teológico católico-protestante. Por ello decíamos que la reflexión secundaria en este aspecto será novedosa pero no peculiar.

¿En qué consiste, entonces, la «rareza» o la novesacerdote católico. Nos referimos al criterio, muy suyo, de que siendo la salvación universal («masiva», general o total), pero constituyendo la supuesta «conducta masiva» de todos los hombres un obstáculo casi insalvable (no sólo para la realización individual y el progreso social, sino para el conocimiento mismo de la universalidad de la *charis* cristiana), debe asignarse a una «minoría» eclesiástica (presuntamente «liberada» de esa «ley» o principio), la ingente y casi quijotesca tarea de «preparar» las masas para su liberación total y su ingreso definitivo al ámbito, esfera o dimensión escatológica cristocéntrica.

El autor arriba así a esta conclusión creyendo hallar apoyo en algunos textos extraídos del Evangelio, y corroborando su creencia en tal sentido con el criterio más «científico» que teológico de Seigmund Freud. Cree ver, en efecto, en el «más yo os digo» con que Cristo resaltaba los principios y preceptos de la ley mosaica y condenaba las adulteraciones que de su espíritu hacían los dirigentes religiosos de Israel, la *clave* o piedra de toque para entender el carácter «anti-masivo» del Evangelio.

Lo *masivo,* según Cristo —dice el autor— sería amar a los que nos aman, bendecir a los que nos bendicen, hacer bien a los que nos favorecen, orar por los que nos tratan cortéstemente. Lo *minoritario* o anti-masivo sería asumir una conducta en dirección contraria. Ve en este sentido de la doctrina evangélica «lo original propio de Jesús, lo que Jesús añade, lo original de él con respecto a todo lo que se ha dicho» hasta ese momento histórico.[65]

A Segundo le parece muy significativo —y sin duda lo es— que Cristo mismo no empleara nunca el término *gracia*, al menos teológicamente.[66] Lucas solo pone en labios del Salvador una palabra que las versiones ordinarias de la Escritura traducen «gracia», aunque la llamada *Biblia de Jerusalén* (la castellana y la francesa) cae en lo que el autor describe como la «tentación católica».[67] Esta consiste en reemplazar la palabra *gracia* por el término *mérito,* cuya connotación jurídica en el sentido de o merecido, de lo que se es acreedor o digno, no conviene a la gracia y sería —en el pasaje de Lucas y en los más amplios de Pablo donde el término aparece con profusión— la antítesis de la *charis,* de lo gratis, a saber, del don.[68] Luego añade el religioso:

> *La aventura de la gratuidad, ese «más» que Cristo exige (es cierto que no lo exige a modo de ley...), es una aventura un poco loca, si calculamos las consecuencias más simples y más inmediatas. E nefecto, se trata de dar la otra me-*

---

65. Id., p. 32.
66. Id., p. 34.
67. *Mérito* —dice Barcia— deriva del substantivo latino *mertium,* que equivalía a servicio, como leemos en Cicerón: *Magna sunt Lamiae non dico officia, sed merita* (deudor soy a Lamia, no digo de buenos oficios, sino de *méritos...* de verdaderos servicios). De modo que en latín *meritum* era sinónimo de *officium* y de *beneficium,* mientras que en castellano lo es también de *merecimiento* y de buena obra. (*Sinónimos castellanos,* pp. 322-323, Ed. Sopena Argentina, Bs.As., 1961).
68. J.L. Segundo, o.c. p. 33.

*jilla, de amar a los enemigos (reales), de no re-
clamar cuando uno ha sido robado, sino de dar
más aún, de prestar cuando se sabe que no se
recobrará lo prestado... Aunque Jesús no haga
de todo eso un precepto legal, es evidente que
hace de ello una orientación muy definida que
tiene que distinguir a sus propios adeptos. Es
lo propio de Jesús, lo que Jesús añade, lo original de él con respecto a todo lo que se ha dicho [a ese estadio del proceso histórico].[69] Guar-
dando el sentido original de la palabra griega
[gracia] podríamos traducir más literalmente
[la pregunta retórica del Maestro]: «Eso, ¿qué
"gracia" tiene?» Y la prueba está en que Mateo
en los pasajes paralelos pregunta: «eso, ¿qué
tiene de "extraordinario"?» Es interesante el pa-
ralelismo entre «gracia» y «extraordinario» y,
por lo tanto, entre «mecanismo» y «ordinario».[70]*

Ahora bien: reconociendo con Joseph Ratzinger que
«es cierto que Dios divide la humanidad en dos grupos,
"los pocos" y "la muchedumbre"», y que «esta división aparece constantemente en la Escritura,[71] Segundo
se apresura a advertir que, no obstante, ello «no significa que Jesús, con sus exigencias, se desentienda de la
muchedumbre, sino que en la salvación de todos, des-
tina un papel diferente a la minoría e insiste sobre el
papel de lo extraordinario en el rescate y la valuación
de la muchedumbre, como el mismo Ratzinger tratará
de mostrarlo».[72]

Es así que el autor, natural y casi imperceptible-
mente, nos introduce en el *meollo* mismo de su obra:
la aplicación práctica de su conceptualización de *masas*

---

69. Id., p. 35.
70. Id.
71. Id., p. 36.
72. Id.

y minorías al ámbito religioso o espiritual. Pretende él, en efecto, que pasajes tales como S. Mateo 14:22; S. Marcos 10:45 y S. Lucas 12:32, aportan la esencia y la base sobre la cual edificar toda esta teoría que hemos venido exponiendo y ligeramente comentando. Advierte luego que Ratzinger —con el que está esencialmente de acuerdo— «deja escapar muchos pasajes sumamente importantes de los Sinópticos, donde la condición *sine qua non* para el seguimiento de Cristo consiste en aceptar la complicación presente y la mediatez de la solución».[73]

Se refiere Segundo, posiblemente entre otros pasajes del Evangelio, a los de S. Mateo 16:24-25 y S. Lucas 9:23-24. Aquí mismo, notando la implicación aparente «elitista» de tal interpretación de las porciones bíblicas citadas o aludidas, el autor se adelanta a decir que, efectivamente, «todos estos pasajes lo confirman después de lo expresado. Pero es necesario tener presente... que el término peyorativo de "elitista" debería reservarse no a aquello que es propio de minorías, sino a una forma de actuar de esas minorías en que pierden de vista o minimizan su función con respecto al resto, es decir, a la masa. En una palabra, cuando se desentienden de la muchedumbre».[74]

Habiendo, pues, establecido que las exigencias de Cristo para una «conducta minoritaria» no significa que éste «se desentienda de la muchedumbre», le es fácil afirmar además y a continuación que «en ese sentido —a saber, el elitismo entendido como una forma minoritaria de actuar que se olvida o se opone negativamente a la *masa*— el evangelio no es *elitista*, [aunque] ciertamente es minoritario».[75]

---

73. Id.
74. Id.
75. Id.

Vayamos por partes. ¿Puede derivarse de los pasajes citados por el autor —o de cualesquiera otros del Nuevo Testamento— un «elitismo» a la manera en que él lo hace? En otras palabras: ¿es posible entender o colegir de porciones como, por ejemplo, S. Mateo 22:14, o S. Lucas 13:32, que Cristo «destine» o asigne «un papel diferente a la minoría e [insista] en el papel de lo extraordinario en el rescate y la valuación de la muchedumbre»? Nada hay en esas y otras porciones afines de donde sea posible arribar a tales conclusiones; a no ser, desde luego, violentándolos y tergiversándolos al máximo. No existe absolutamente ningún fundamento bíblico o teológico *serio* para establecer —aunque sea «hasta cierto punto» como lo quiere el jesuita— que los Sinópcimos «respondan» negativamente a la idea de que el Evangelio esté «destinado a una realización masiva».[76]

No podemos ahora dedicar toda la atención que sin duda requieren los pasajes citados por el autor. Nos conformamos con decir que no pueden ser —ninguno de por sí ni todos juntos— *basamento* de su reflexión ostensiblemente. a-bíblica. En vista del escaso espacio de que disponemos, entonces, fijaremos la mira en un aspecto del pensamiento del religioso que no siéndole tampoco peculiar u original, constituye hoy, sin duda, una de las más sugestivas «tentaciones» de la neoteología católica-protestante: *la re-interpretación del concepto de mundo.*[77]

---

76. Una aclaración se hace aquí necesaria: al referirnos al mensaje evangélico como «destinado a una realización masiva», de ningún modo significamos que Cristo o sus apóstoles esperaran una conversión *masiva* del género humano. Aludimos, eso sí, al *alcance universal* del Evangelio, sin tener en cuenta cuál sea o pueda ser la respuesta de los hombres a la predicación de la Iglesia cristiana.

77. Véase, v.g., *Diálogo con el mundo*, de J.A. Davies, Editorial La Aurora, Bs.As., 1967.

184

V

Los que de un modo u otro hemos estado al corriente de por lo menos parte del curso de la teología vanguardista desde el Vaticano II a la fecha, advertimos también la tremenda confusión en que han caído en este punto católicos y protestantes. Cada día surgen nuevos y novedosos criterios «teológicos» acerca del sentido bíblico del mundo. Varios en contenido y forma, estos conceptos tienen empero el denominador común de ser fruto primero o serondo de un fútil empeño de conciliar lo que de suyo es absolutamente irreconciliable.

Tal desvarío doctrinal es inevitable —y en cierto modo excusable— si tenemos en cuenta que a veces es el resultado del menosprecio al consejo apostólico que nos insta a «no pensar más de lo que está escrito»;[78] y, en no pocos casos, consecuencia directa o indirecta de haberse adoptado la «filosofía» del perezoso, la cual consiste en juzgarse «más sabio que siete que le den consejo».[79]

Segundo pues, comeinza fijando la importancia que tiene para la exégesis modernista el término *mundo*, según se lo empleo en los escritos joaninos. Es tan significativo —dice—, que «todos los otros términos claves: luz, vida, juicio, verdad, novedad, etcétera, se sitúan como mementos y se comprenden dentro de ese camino, de esa lucha de toda la vida que opone, ya desde el prólogo..., el Verbo al *mundo*, en una relación sumamente rica y difícil de captar».[80]

No se crea, sin embargo, que el reconocimiento de la importancia del vocablo *mundo* es razón suficiente para que su comprensión del mismo armonice y acople

---

78. 1.ª Cor. 4:6.
79. Prov. 26:16.
80. J.L. Segundo, o.c. p. 37.

con el concepto bíblico del término. Al contrario, pretendiendo, por una parte, que «la concepción posterior del cristianismo como un mensaje de moral individual y de redención individual debe parecernos como una seria deformación», cree el sacerdote que «el pecado del mundo consiste... en la structura por la cual las acciones del hombrc le stán ocultas al mismo hombre en su verdadero sentido».[81]

Arguye entonces que «el pecado que el Hijo de Dios viene a quitar, venciéndolo, es "el pecado del mundo" en singular (Jn. 1:29). Ese pecado singular y universal no es un acto libre: es un estado de esclavitud: "Todo el que hace pecado (siempre en singular) es esclavo del pecado" (Jn. 8:34). Y lo que libra de ese pecado, incompatible con un acto particular de infringir la ley, que no esclavizaría, es "conocer la verdad" (Jn. 8:32)... Podría traducir, sin temor a equivocarnos, que el pecado alienante del mundo es la "ideología"».[82]

Aduce, en efecto, que siendo la obediencia de la verdad la única manera de reconocer a Cristo, según S. Juan, aquel que tal hace —el que «tiene una praxis verdadera»— se opone «sintomáticamente» al *mundo*, que huye, en su praxis, de la luz para que "no se critique su praxis" (Jn. 3:19 y 20)». En esta parte de su reflexión el autor introduce una pregunta que sirve de punto de partida, de arranque, para una explanación adecuada de su concepción o re-interpretación del concepto escritural de *mundo*: «¿qué es ese *mundo*, ese cosmos que se opone a Cristo [y al que "hace la verdad" en obediencia a El]?».[83]

---

81. Id., p. 38.
82. Id.
83. Id.

Citando el conocido pasaje del Evangelio de Juan,[84] Segundo intenta contestar su propia interrogante:

Podríamos decir que el primer «mundo» designa simplemente un lugar. El segundo «mundo» tiene ya un significado más complejo: son los hombres que debían recibirlo, puesto que a él le debían existencia. O sea que se trata de un mundo exigido por Dios. El tercer «mundo» presenta ya un primer carácter negativo: son los hombres, pero se añade que no aceptaron esa exigencia. El versículo muestra un rechazo colectivo, por lo menos en su aspecto cuantitativo. Sin embargo, los dos párrafos siguientes [del pasaje], nos ayudan a comprender más este rechazo. Por de pronto, no ha sido total: existen «los suyos», los que lo han conocido. Sin duda, el pueblo de Israel, el pueblo de Yahvé (sic). Y el proceso se repite. El Verbo da un paso más y viene a los suyos, colectivamente también, no lo recibieron No obstante, una vez más, hubo entre ellos quienes lo recibieron, según el versículo siguiente. ¿Qué significa todo esto? Sin duda que, refiriédose al mundo, el rechazo fue cuantitativamente tan superior que se dice del «mundo» como totalidad lo que corresponde, estrictamente hablando, a su gran mayoría. El rechazo de «los suyos» tiene las mismas proporciones y general a misma expresión: aunque algunos lo hayan recibido, «los suyos» globalmente lo han rechazado.[85]

---

84. «En el mundo estaba, y el mundo por El fue hecho; pero el mundo no le conoció. A lo suyo vino, v los suyos no le recibieron. Mas a todos los que le recibieorn, a los que creen en su nombre, les dio potestad de ser hechos hijos de Dios» (S. Juan 1:10-12).

85. J.L. Segundo, o.c. p. 38.

Tras este enfoque del problema, el autor insiste en que el rechazo de Cristo, en cuanto ha sido «proporcionalmente» mayoritario, «justifica el que se diga del *mundo* o de "los suyos" que se han opuesto al Verbo, ya que semánticamente las excepciones no cuentan».[86] Sin embargo, queda en él la duda aparente de si la hostilidad del «mundo» contra Cristo ha sido sólo «un hecho estadístico», o si se trata más bien de «algo estructural, como parece indicarlo —dice él— además de la elección de la palabra, el resto del Evangelio, al aplicar el término *mundo* no ya a los no-judíos, sino a los mismos que se oponen a Jesús dentro de su pueblo».[87]

Aduce el sacerdote que «para contestar a esta pregunta [se precisa] rescatar una sorpresa diluida en un lenguaje familiar». ¿Cuál es esa «sorpresa»? Hela aquí: «Jesús ataca a sus adversarios por la curiosa razón de *ser del mundo*. Como si pudieran no serlo. O como si él y sus discípulos no lo fueran (*cf.* Jn. 8:23, 7:14 y 15:19)». ¿Qué quiere ello decir? O, para expresarlo con las palabras de Segundo: «¿Qué significa, pues, el mundo en el lenguaje de Jesús?» Veamos su ingeniosa respuesta:

> *El primer elemento que hallamos para responder a esta pregunta es la noción de incapacidad, de impotencia. «El mundo no puede odiaros...» (Jn. 7:7); «No podéis venir... vosotros sois de este mundo» (Jn. 8:21-23); «El mundo no puede recibir el espíritu (sic) de verdad» (Jn. 14:17). Con esta clave muchos otros textos referentes al »mundo» nos abren su sentido. El rechazo del mundo de que nos habla el prólogo [de S. Juan] aparece así como una constante y*

---

86. Id., pp. 38-39.
87. Id., p. 39.

188

no sólo como el resultado de una simple estadística. Incapacitado para reconocer a Cristo, el mundo como tal, como estructura, no es objeto ni siquiera de la oración de Jesús: «No ruego por el mundo» (Jn. 17:9). El mecanismo que les internó a esa incapacidad no atiende a la verdad y a sus embajadores... De ahí procede el que Jesús atribuya al mundo con toda seguridad, actitudes y motivaciones constantes, que serían inexplicables si se tratara de un individuo libre: El mundo «no ve, no conoce» (Jn. 14:17); «no ve» (Jn. 14:19); «da su paz» (Jn. 14:27); «os odia porque no sois suyos» (15:19)... Estas actitudes no deben «admirar»: son propias, constitutivas del «mundo» (1 Jn. 3:1).[88]

En nuestra obra inédita *La rebelión de Coré*, creemos haber considerado el tema del *mundo*, tanto desde el punto de vista de la neo-teología, como desde una base bíblica, con la que aquél no siempre y casi nunca concuerda. A riesgo, sin embargo, de repetirnos o ser eco de reflexiones recogidas en dicho libro, discutiremos aquí algunos de los puntos del pensamiento secundano sobre e ltópico. Sería, pues, conveniente y práctico, «comenzar por el principio»: *el sentido de mundo.*

Hemos visto que para el autor jesuita el término, tal y como aparece en los escritos del apóstol Juan, tiene varias aceptaciones. Sin duda es así. Un erudito cristiano, el doctor C. I. Scofield, en sus notas explicativas del Nuevo Testamento, expone en forma admirable por lo acertado y conciso, las diversas connotaciones del vocablo «mundo» en los Evangelios y en el resto de los libros neotestamentarios. Dejemos, entonces, que sea este estudioso de la Escritura el que nos aclare el uso de la palabra en los escritos apostólicos:

---

88. Id., pp. 40-41.

La palabra griega «cosmos» significa «orden», «arreglo», y para los griegos, «belleza»; porque orden y arreglo, en el sentido de sistema, se hallan a la base del concepto griego de belleza. Cuando este término se usa con referencia a la humanidad, o sea el «mundo» de seres humanos. es la humanidad organizada en familias, tribus, naciones, etc., lo que se indica. La palabra para referirse a la humanidad no organizada y en esta caótico —la mera masa de hombres— es «thalasa», la «mar» de seres humanos (ej. Apc. 13:1). En cuanto a «mundo» (cosmos) en el sentido ético de maldad, véase Jn. 7:7. [Tal y como se emplea el término en S. Lucas 2:1) —«oikoumene»— significa] la esfera del dominio romano en su más grande extensión, esto es, de las grandes monarquías mundiales de los Gentiles (Dn. 2, 7). Esa parte del mundo es por consiguiente, de manera peculiar, la escena de los eventos proféticos.[89] *[En resumen: la palabra] «kosmos» se refiere al «orden» o «sistema» bajo el cual Satanás ha organizado a ʼa humanidad incrédula de acuerdo a sus principios cósmicos de fuerza, orgullo, egoísmo, ambición y placer (Mt. 4:8, 9; Jn. 12:31; 14:36; Ef. 2:2; 1 Jn. 2:15-17). Este sistema mundial es imponente y poderoso, con ejércitos y flotas armadas, y muy a menudo, aparentemente religioso, científico, culto y elegante; pero estando lleno de rivalidades y ambiciones comerciales y nacionales, se sostiene en toda crisis grave solamente por la fuerza armada, y se halla bajo el dominio de principios satánicos.*[90]

---

89. El doctor Scofield, al comentar el pasaje de S. Lucas 2:1, indica además que «éste... es digno de notarse en cuanto a que define el uso corriente [del término en el] Nuevo Testamento», a saber, *oikoumene* (ecuménico).

90. *Dios te habla* (N.T. anotado), pp. 958-1.032.1.298.

Obviamente, el doctor Scofield nos ha despejado el camino considerablemente. La pregunta, pues, que se impone aquí es la siguiente: ¿Puede un teólogo —Segundo o cualquier otro; católico, hebreo o protestante—, luego de esta exposición esencial y fundamentalmente bíblica; puede alguno, repetimos, confundirse a tal punto que no advierta el sentido *ético universal* del término *mundo*, tal y como lo emplean los autores del Nuevo Testamento? Pero entiéndase bien: no estamos abogando ni pretendiendo siquiera que se olviden o menosprecien las otras connotaciones del vocablo *mundo*. Lo que aspiramos es a que, reconociendo el fundamento escriturario de estas acepciones, no se desconozca el que a todas luces los trasciende en esencia, significado y profundidad: *el moralético*.

Sin duda, el *mundo* bíblicamente considerado aparece ya como inepto para el bien —ya como estructura e ideología; ya en fin, «como constante y no sólo como el resultado de una simple estadística».[91] En este aspecto del problema estamos completamente contestes con el autor católico. En lo que no lo estamos —ni podríamos estarlo— es en su obvio y no excusado afán de reducir el término *mundo* a lo meramente *ideológico* y estructural, entendido el término ideología en su acepción marxiana.

Cierto es, como advertíamos ya, que Segundo no niega ni desconoce la implicación ética y moral del término *mundo*. El dice, en efecto, que éste «no sólo» significa «estadística» y, por supuesto, *«no sólo»* se reduce a lo ético-moral. Pero en su empeño por hacer preponderar y prevaler el sentido político, a saber, estructural e ideológico que atribuye o reconoce el vocablo, incurre en cierto tipo de exégesis que bien pudiera describirse como «audacia teológica». Tal es, por ejemplo, su afirmación de que el *mundo* —como ideolo-

---

91. J.L. Segundo, o.c. p. 40.

gía— «no es objeto ni siquiera de la oración de Jesús», por su «ineptitud» para discernir cristianamente el mensaje evangélico.

VI

La base de este supuesto teológico cree él hallarla en la oración intercesora de Cristo («no ruego [Padre] por el mundo»), que aparece en el capítulo diecisiete de S. Juan. La interpretación o, mejor decir, la torpe exégesis que de éste y otros pasajes del Evangelio formula el escritor, pone una vez más de manifiesto hasta dónde puede llegarse cuando no se atiende al sentido común, o se pretende «pensar más de lo que está escrito».[92] ¿Es posible, pues, deducir del ruego del Nazareno una absoluta incapacidad, una especie de parálisis moral crónica del *mundo,* aun sea en la acepción «ideológica» del término? Ciertamente, no.

Echemos, entonces, una ojeada al pasaje joanino donde aparece la oración del Salvador. Se trata de la más bella, profunda y a la vez sencilla y sincera oración que labio alguna haya pronunciado jamás.[93] Jesús

---

92. Esta exhortación paulina —varias veces citada— no debe entenderse, desde luego, como un veto al pensamiento y a la reflexión. El apóstol sólo quiere prevenir una propensión muy perniciosa en todas las épocas, críticas o apacibles, de la Iglesia cristiana: el querer ver en la Escritura lo que en ella no se enseña ni se insinúa o, peor aún, ir más allá de la intención o sentido del texto bíblico para buscar apoyo a criterios personales que nada tienen que ver con la palabra de Dios. Pero Pablo, que era tan cauto en este sentido, no pudo ser tan hermético como para no dejar alas al pensamiento. Por eso es suya esta recomendación: «Examinadlo todo, retened lo bueno» (1.ª Tes. 5:21). Y esta otra: «Todo lo que es verdadero... en esto pensad» (Fil. 4:8-9).

93. «No hay en la Escritura —dice Luthardt— ni en las literaturas de los pueblos, nada que iguale la sencillez y la profundidad, la grandeza y la intimidad de esta oración» del Salvador (citado por Bonnet-Schroeder, en su *Comentario del Nuevo Testamento,* tomo II, p. 312).

intercede por los suyos ante el Padre celestial. Le ruega encarecidamente que los guarde, santifique y unifique en el amor del Santo Espíritu; que sean *uno*, como *Uno* es Dios en esencia, santidad, verdad, voluntad, poder, amor. Luego dice el Señor: «Yo ruego por ellos; no ruego por el mundo, sino por los que me diste; porque tuyos son».[94]

«¡Qué alegato íntimo y amantísimo! ¡Cómo no habría de ser oído!»[95]

Y sin embargo, ¿puede colegirse de las palabras del Redentor una absoluta ineptitud del mundo para asirse a la verdad que santifica? ¿Es posible ver en ellas una insólita prevención de Jesús hacia el mundo que él mismo «vino a salvar»?[96] Arribar afirmativamente a estas conclusiones sería, más que fatal, indigno de Dios. ¿Cómo, pues, entender el significado de esta expresión («n oruego por el mundo»)?, ¿cómo discernirla? Dos estudiosos de la Escritura la interpretan así:

> *Jesús dice a Dios que, en este momento supremo, ellos (los suyos, sus discípulos más íntimos) llenan su pensamiento y por ellos solamente ruega, «no por el mundo». Desconociendo el sentido tan sencillo y tan íntimo de esta palabra, varios exégetas han visto en ella una exclusión absoluta y una condenación del mundo. Esta opinión está en contradicción directa con el espíritu y con el ejemplo de Jesús, que nos ordena orar por los que nos ultrajan y persiguen (Mat. 5:44), y que a su vez oró por sus verdugos (Luc. 23:34). En la oración sacerdotal misma, comprende «al mundo» entre los que, un día, le conocerán... (v. 21).[97]*

---

94. S. Juan 17:9.
95. Bonnet-Schroeder, o.c. p. 316.
96. S. Mateo 18:11.
97. Bonnet-Schroeder, o.c. p. 316.

Bonnet y Schoreder, rechazan además el criterio de Lutero en ese sentido, que distingue entre «los hombres que deben ser convertidos de en medio dl mundo y por los cuales hay que orar, y el «mundo» tal cual es, tal cual se muestra, enemigo y perseguidor del evangelio». Lutero creia que «por ese mundo, Jesús no nos dice que oremos como tampoco él mismo ora». Sin embargo, como advierten los citados expositores, «una distinción semejante es... enteramente ilusoria porque en nuestra ignorancia no podemos trazar con certidumbre la línea divisoria entre amigos y enemigos del Cristo (Mat. 13:29). Y aun si lo pudiéramos, la conclusión que saca Lutero sería falsa». Por ello se acogen al criterio de Calvino,[98] por entender que «ese sería ciertamente el sentido más natural de las palabras de Jesús, si fuera necsario buscar en ellas una revelación de los misterios de la salvación».[99]

Es precisamente porque Jesús entiende el *mundo* —en su sentido ético, moral— como un adversario de la Verdad, que llega al punto de personificarlo. Y esa es la razón, además, de que lo «humanice» al atribuirle «actitudes y motivaciones constantes», como dice Segundo. Actitudes y motivaciones, por otra parte, que sí se explican, aunque no se reduzcan a la reacción negativa de un *mero individuo* ante el mensaje evangélico.

Resumiendo pues, este aspecto de la discusión, diremos que: 1) el *mundo*, en su sentido bíblico, tiene varias acepciones (fundamentalmente *tres*), y se precisa, por ello, distinguirlas y no confundirlas; 2) que sin ol-

---

98. El punto de vista de Calvino es el siguiente: «Debemos [como cristianos] orar por todos los hombres creados a la imagen de Dios, pero la oración de Jesucristo,a aquí referida, tenía una razón especial que no podemos imitar; El no ora en el sencillo sentido de la fe y de la caridad, sino como en el seno del santuario celestial, y teniendo ante sus ojos los juicios de su Padre que nos son ocultos en tanto andamos por la fe.» (Citado por Bonnet-Schroeder, o.c., p. 316.)

99. Id., pp. 316-317.

vidar la connotación dieológica o estructural del término, se reconozca y se le dé preeminencia al moralético-espiritual; y 3) que si se admite como válida (bíblicamente hablando) una acepción del mundo como *constante* y no meramente «estadístico», se reconozca también la significación del rechazo *universal* del Evangelio; lo que, empero, no podría interpretarse en términos absolutos.

Si así se hace, lógicamente se desvirtuará el criterio del autor católico, según el cual la alegada incapacidad ética del *mundo* para recibir positivamente al Salvador, «procede de un mecanismo social» —«determinado», dice él— que lo hace «a los ojos de Cristo, una totalidad acabada, fija, previsible, esencialmente conservador [y de] carácter circular, opuesto a toda novedad... ideología conservadora [que] engaña estableciendo un circuito cerrado en donde todo está fijado: el deseo, el amor, el conocimiento».[100]

Y una vez se rechacen estas pretensiones «teológicas», se procedería igualmente con sus consecuencias socio-políticas por las que se pretende atribuir a una tal «ideología conservadora» el carácter de «homicida», denunciado por Cristo mismo como consustanciado a la naturaleza indeciblemente pecaminosa del diablo.[101] Ello no implica, desde luego, que no haya sistemas sociales que con harta frecuencia constituyen una expresión política de los designios satánicos, como advierte el doctor Scofield.

De igual manera nos conduciríamos con los efectos espirituales y éticos que se derivan de la reflexión secundana, es decir, la limitación del «pecado fundamental» a «la negación política de la historia», que él cree advertir en la «estructura cerrada» o conservadora;[102]

---

100. J.L. Segundo, o.c. p. 41.
101. S. Juan 8:44.
102. J.L. Segundo, o.c. p. 44.

en vez de concretizarlo —no reducirlo— al estado de incredulidad y rebeldía contra Dios de los individuos —de todos los hombres.

VII

Fijémonos ahora en un punto del pensamiento de Segundo tocado de soslayo en la primera parte de la discusión anterior: su afirmación de que «la concepción posterior del cristianismo como un mensaje de moral individual y de redención individual debe aparecernos como una seria deformación» de la sana doctrina apostólica.[103] Esta creencia está íntimamente ligada al aspecto antes analizado, y principalmente a la no menos ilusoria del autor, en el sentido de que «el pecado del mundo consiste... en la estructura por la cual las acciones del hombre le están ocultas al mismo hombre en su verdadero sentido».[104]

Nótese en ciertos escritores liberales y progresistas un afán —una fobia casi— hacia lo *individual*. Esa preocupación, a ratos excesiva, les lleva a asumir posturas si no declaradamente anticristianas (a algunos sí), al menos muy extrañas, insólitas, dudosas. Un ejemplo que ilustra bien lo dicho lo hallamos en Rafael Avila, una de cuyas obras *(Teología, evangelización y liberación)* tuviéramos ya ocasión de considerar en este libro.

Este autor, en efecto, pretendiendo que el *capitalismo* ha sido «deshauciado» tiempo ha por la sociología, y que debe por ello ser reemplazado «a como dé lugar» por el *socialismo*; cree ver en la apelación individual del mensaje evangélico la «víctima» sobre la cual desatar todas sus iras.[105] De este modo, haciendo profesión de «profeta incómodo», ridiculiza que se haya incurri-

---

103. Id., p. 38.
104. Id.
105. R. Avila, *Teología, evangelización y liberación*, pp. 45-46.

do en lo que él denomina «privatización del pecado»; por lo cual también se «privatiza la redención y [se] privatiza lo que debo racer para salvar*me*: la moral. *Mi* pecado, *mi* redención, *mi* purificación. El pecado privatizado —aduce— queda camuflado en la intimidad de la conciencia y se obnubila la dimensión histórica del pecado del mundo. La redención privatizada pierde también su carácter histórico y se torna ultramundana, la vida entonces es tan sólo una "prueba", una "mala posada"... La moral privatizada pierde su dimensión social y se divorcia de la política, divorcio germen de la piadosa "separación de lechos" entre la fe y la vida, [que es] uno de los más graves errores de nuestro tiempo».[106]

Podemos admitir, no obstante, que en el ámbito de lo socio-económico-político cada quien piense lo que mejor juzgue o le convenga o le interese. Si autores y pensadores, profesando un socialismo a ultranza, entienden que el capitalismo ha caducado y debe ser sustituido por «algo nuevo» y novedoso, están en pleno derecho y en absoluta libertad de creerlo y preconizarlo y aun cristalizarlo. Pero ese derecho y esa libertad —que no vacilamos en reconocer y respetar— no son ni podrían ser razón o motivo suficiente para que se pretenda —ignorando la verdad bíblica o tergiversándola— llevar el socialismo al cristianismo o, lo que sería peor aún, suponer «descubrir» en las páginas de la Biblia un tal «socialismo» que la iglesia cristiana deba adoptar, promover o implantar.[107]

---

106. Id., pp. 85-86.

107. A Avila, como a otros autores del vanguardismo teológico, le es fácil endilgar a los que creemos en la individualidad del mensaje evangélico los más zahirientes sambenitos, tales como «mentalidad proselitista...», «apologista conflictivo...», «docetistas...», «pietistas...», etc., y tachar y estigmatizar como nacidos «en el oscuro rincón de una interioridad espiritualista...», «visión dualista del hombre...», «modalidad del catarismo», etc., los esfuerzos del «socialismo evangélico» (id., p. 86).

Hecha pues, esta necesaria digresión, pasemos ya a considerar de cerca la objeción del escritor jesuita sobre la supuesta o real «deformación» del cristianismo posterior al mensaje evangélico original o prístino que, según dice, ha sido reemplazado por lo que él peyorativamente llama «moral individual» y «redención individual».[108] Repitamos aquí que no hay en este giro de la reflexión secundana ninguna antinomia con su criterio de que el Evangelio es «antimasivo» por naturaleza. En este caso él más bien se reflere a la «conducta masiva», a lo «masivo espontáneo» de que habla Lenin. En el que consideramos ahora alude Segundo al *carácter general* del mensaje cristiano, por oposición a su sentido y apelación individual.

Digamos, primeramente, que en cierto modo estamos de acuerdo con el autor. Lo estamos en el sentido de que el Evangelio no es individual (*individualista,* que sería el sentido propio a la luz del contexto secundano), en cuanto no ha sido destinado sino *a todos* los hombres. En es caso el Mensaje es *masivo* y *anti-minoritario* o anti-personalista (anti-individualista). Pero ello no significa, desde luego, que el Evangelio «responda» que él mismo, como tal, *no está* «destinado a una realización masiva», sino que ese sería el «resultado probable» de la actitud negativa de la generalidad de los hombres hacia el cristianismo.[109]

Dicho de otro modo: el comportamiento «masivo» hacia Cristo y su mensaje —*masivo* en el sentido leninista—, reduciría las posibilidades de la iglesia cristiana de alcanzar resultados positivos —reales y verdaderos— entre la masa humana, aunque no necesariamente su extensión mundial. La iglesia es una *realidad universal.* Lo ha sido desde la época en que el mundo estaba «confinado» al Imperio Romano. Y lo será, para

---

108. J. L. Segundo, o.c., p. 38.
109. S. Mateo 28:20. Ello no es óbice al nominalismo cristiano general.

emplear las palabras de Jesús, «hasta la consumación de los esiglos».[110] Esto así, pese y a pesar de las lacras «nominalistas» y «paganas» que como un infame baldón tendrá que llevar —y a ratos sobrellevar —hasta el retorno del Rey.[111]

Por otra parte, debemos atender cuidadosamente a la enseñanza apostólica, según la cual «Dios quiere que todos los hombres sean salvos, y vengan al conocimiento de la verdad».[112] Y a aquel hecho fundamental —no menos cierto— de que Cristo «murió por todos».[113] Si reparamos e nestas grandes verdades del Evangelio, será el mejor preventivo contra toda reducción clasista, racista, elitista, minoritaria e individualista del cristianismo. Porque la salvación de *todos* los hombres está en la voluntad divina («Dios quiere»), y en la base misma del cristianismo, a saber, el sacrificio expiatorio-vicario de Jesucristo («por todos murió»). Amén de ser también la más grande y perentoria necesidad de los hombres (están perdidos).

Pero ello mismo nos «inmunizará» también, bíblica y teológicamente, contra todo universalismo malentendido; contra todo «socialismo cristiano», ideológico; contra toda identificación injustificada y deformante de la verdad escritural, por la que aprendemos, no obstante, que «el que no tiene el Espíritu de Cristo, no es de él»;[114] y: «El Señor conoce a los que son suyos.»[115] Porque si «Dios quiere» la salvación de *todos,* ¿qué otra cosa puede significar sino que «no todos» son salvos? Si *todos* necesitan ser salvos, ¿qué cosa es sino que «no todos» *aún* lo son? Si es voluntad divina que *todos* conozcan la verdad en Cristo, ¿qué entender

---

110. Id., 13:24-30.
111. 1.ª Tim. 2:4.
112. 2.ª Cor 5:15.
113. 2.ª Cor. 5:14.
114. Rom. 8:9.
115. 2.ª Tim. 2:19.

sino que «no todos» la cooncen y, consecuentemente, viven aún en la ignorancia, en el error, en la mentira?[116]

Se nos dirá pues: el énfasis en esos pasajes del Nuevo Testamento no recae sobre los hombres que *necesitan* ser salvos, sino en Dios que *quiere* salvarlos; no en aquellos por los cuales Cristo murió, sino en Cristo que murió; no en quienes están urgidos de conocer la verdad, sino en Dios que anhela revelársela. Por tanto —se concluirá— nuestro enfoque está desubicado.

El hincapié en esos pasajes no recae *solamente* en los hombre que necesitan ser salvos (porque están *perdidos*); ni *solamente* en los que requieren conocer la Verdad (porque vagan en el *error*). El énfasis, *también y sobre todo,* recae sobre Dios y su voluntad, Dios y su Cristo. Pero ello no empece para que se reconozca que el énfasis está en cierto modo *compartido* con la necesidad espiritual, moral y aun física o material de los *no salvos* y por consiguiente *perdidos*.

Ahora bien: cuando negábamos la creencia de Segundo, de que el Evangelio «responde» él mismo que no está «destinado a la realización masiva», advertíamos que si ese no era el resultado no podía desvirtuarse que sí fuera el propósito, la voluntad, de Dios. Siempre, desde luego, entendiendo lo *masivo* como sinónimo de general, de mayoría (no necesariamente de totalidad, de absoluto). En ese sentido pues, se pone de lado el concepto leninista de lo «espontáneo masivo». Dios *quiere* que todos los hombres sean salvos y conozcan la verdad. Es su voluntad más sentida; su más sincero amor. Pero no su ley inexorable. Y es aquí, esencialmente,

---

116. «No os he escrito como si ignoraseis la verdad, sino porque la conocéis, y porque ninguna mentira procede de la verdad» (1.ª Juan 2:21). En tales términos, sencillos pero inequívocos, planteó el apóstol del amor la disyuntiva ineludible enunciada por Cristo mismo cuando dijo: «Yo soy la verdad (S. Jn. 14:6) y: «El que no es conmigo, contra mí es» (S. Mateo 14:30).

donde se precisa distinguir con rigor y propiedad entre el «querer» divino y el «querer» humano.

Cierto que la salvación de Dios en Cristo es de una dimensión universal, general. Pero Dios no trata con los hombres como si éstos fueran rebaños o manadas.[117] La salvación y sus beatíficas implicaciones son *para todos*; como para *todos* será el juicio de Dios. Pero en un caso como en el otro —en la salvación y en el juicio divinos— la aplicación es *individual*.[118] Pablo dice, por ejemplo, que «es palabra fiel y digna de ser recibida *por todos*: que Cristo Jesús vino al mundo para salvar a los pecadores». Mas, fiel al principio que hemos mencionado, aduce inmediatmente: «De los cuales *yo soy el primero*.»[119] Al escribir a los Efesios, dice que Cristo «se entregó a sí mismo [a la muerte] por ella» (la iglesia);[120] mas al dirigirse a los Gálatas, expresa: «El Hijo de Dios... me amó y se entregó a sí mismo *por mí*.»[121]

Con respecto al juicio divino —sin duda universal en su alcance— Pablo también dice: «*Todos* compare-

---

117. No pretendemos borrar aquí una figura bellísima de la Iglesia. Ciertamente: la comunidad cristiana es, a los ojos de Dios y de Cristo, la grey santa, la «manada pequeña», las «ovejas» del Pastor (S. Mateo 26:31; S. Lucas 12:32; 1.ª Ped. 5:2-3). Pero el que lo sea es sólo el resultado de la conversión individual progresiva. Así, cuando el Pastor sale en busca de la oveja perdida, no lo hace simplemente porque la manada ha quedado completa o «porque sea la de la grey», sino porque es oveja y es suya y la ama. (Véase S. Juan 10.)

118. El autor reconoce, en cierto modo, esta realidad; pues entiende que nadie que no sea el hombre, individualmente considerado, estaría en capacidad de aceptar o rechazar el mnesaje evangélico. Las instituciones humanas no podrían por sí mismas asumir ninguna actitud —positiva o negativamente— en lo que a Cristo respecta. Son los hombres, como artífices de ellas, los únicos aptos, por sus propios atributos, de responder en una u otra manera.

119. 1.ª Tim. 1:15.

120. Efe. 5:25.

121. Gal. 2:20 (véase también 1.ª Cor. 3:5-8-10-13; 4:2-5).

ceremos ante el tribunal de Cristo.[122] Porque escrito está: Vivo yo, dice el Señor, que ante mí se doblará *toda* rodilla, y *toda* lengua confesará a Dios. De manera que *cada uno* dará a Dios cuenta de sí.»[123]

Queda, pues, establecido que el Evangelio es *universal* en su alcance, pero *individual* en su aplicación y consecuencias. Queda igualmente descartada la suposición o creencia del autor, de que la liberación del pecado es «incompatible con un acto particular de infringir la ley, que no esclavizaría».[124] Porque la esclavitud es el *resultado* del acto deliberativo de pecar, designado en S. Juan 8:34 con el término «hacer» o practicar. Además, en S. Juan 16:8-9 el «pecado» del mundo —en singular también— es el pecado de la *incredulidad,* a saber, del rechazamiento deliberado, intencional, del hombre al Salvador; no meramente motivado por una condición de esclavitud moral-espiritual. Ese rechazo del Cristo es lo que da lugar al juicio punitivo del Espíritu Santo contra el mundo rebelde e incrédulo.

Siendo así —y lo es—, resultaría falsa la dicotomía entre «un acto particular de infringir la ley», y el estado de esclavitud en que vive el mundo —un hombre y todos los hombres Primero, porque así lo atestigua el pasaje que Segundo cita al respecto («todo el que hace pecado es esclavo del pecado» —S. Juan 8:34). Es decir: que es «todo aquel» no puede significar sino «cada uno» o cada cual. También sería falso su criterio

---

122. Reconocemos que la Escritura, particularmente las epístolas de Pablo, distingue claramente entre el juicio del mundo y lo que en el típico lenguaje paulino se designa como «el tribunal de Cristo» (2.ª Cor. 5:10). Pero en uno y otro caso la verdad queda obvia: el juicio es general, pero de aplicación personal o individual: «*Todos* compareceremos —dice el apóstol— para que *cada uno* reciba según lo que haya hecho...»

123. Rom. 14:10-12.

124. J. L. Segundo, o.c. p. 38.

de que el pecado individual o particular de infringtir el mandamiento divino «no esclavizaría»; pues la Escritura es clara al enseñar que «el pecado entró en el mundo por *un* hombre, y por el pecado la muerte, así la muerte pasó a *todos* los hombres, por cuanto *todos* pecaron».[125] Dicho de otro modo: *el solo pecado de un solo hombre, atrajo la esclavitud a todos los hombres; la máxima expresión de la cual es la muerte.*[126]

Dice además el autor, que lo que libera del pecado —en su dimensión socio-histórica— es la verdad.[127] Pero es que el conocimiento de la verdad en cuanto tal, está *condicionado* por el «querer hacer» la voluntad divina; a saber, correr en dirección diametralmente opuesta a la práctica del pecado o de la rebelión. La *praxis* es anterior a la *ciencia* de Dios; es la consecuencia de la fe viva y vivificante. Si bien, por otra parte, sólo están capacitados —son aptos e idóneos— para *hacer* (no meramente «querer hacer») la voluntad divina, aquellos que *ya* han conocido la Verdad. La norm apragmática la traza Cristo mismo: «El que *quisiere* hacer su voluntad (la de Dios), *conocerá* de la doctrina...»[128]

VIII

Hemos tenido ya oportunidad de advertir la tendencia o propensión de ciertos autores liberales, a achacar el mal social a los sistemas y, consecuentemente, liberar al hombre de toda o casi toda responsabilidad. Esta

---

125. Rom. 5:15.
126. Gén. 3:2; Stgo. 2:10-11. En Hebreos expresamente se dice: «[Cristo vino al mundo] para por su muerte destruir al que tenía el imperio de la muerte, esto es al diablo, y librar a todos los que por el temor de la muerte estaban durante toda la vida sujetos a servidumbre» (2:14-15).
127. J.L. Segundo, o.c. p. 38.
128. S. Juan 7:17.

actitud es efecto inevitable de un énfasis si no exagerado sí desproporcional en la dimensión comunitaria e histórica del pecado. Segundo, en este aspecto, no constituye una rara excepción. Al contrario: él también sigue la misma senda que en ese sentido han trazado otros pensadores católicos y protestantes.

Ya señalábamos cómo identifica él un aspecto doble de la naturaleza esencial del diablo —la mentira y el designio homicida— con la «ideología conservadora».[129] Cierto que, teóricamente, el profetismo neo-católico es contra toda forma o expresión política idolátrica. Pero, en el fondo, la crítica o la «protesta profética» enfila contra el *capitalismo*. El *socialismo* (especialmente el de corte marxista) queda al margen o se lo adopta abiertamente como «mística liberadora» (véase R. Avila, *Teología, evangelización y liberación*).

Según pues, esta peculiar «teología», el hombre es la «víctima inocente» de los sistemas. Estos, por tanto, son los únicos o al menos los mayormente responsables de la tiranía y del despotismo. Concretamente se dice del capitalismo —y con él de toda «ideología conservadora»— que destruye al hombre y su vocación histórica.[130] ¿Por qué atribuir a los sistemas —inocuos como son— toda o casi toda la responsabilidad por los males sociales? ¿Por qué liberar al hombre de su participación directa o indirecta en esa culpabilidad? Son

---

129. Los sistemas, si están concebidos y orientados al bien común —de todos y cada uno de los ciudadanos—, pudieran ser técnicamente deficientes, pero su propósito les otorga validez ética. Si su objetivo no es el individuo y la colectividad, entonces el sistema será necesariamente «malo». Porque es el propósito lo que da validez moral a los sistemas. Sin ese objetivo —esto es, sin ese requisito ético esencial— los sistemas son en sí mismos inocuos e indiferentes. Lo cierto es que sea cual fuere la intención del sistema, la responsabilidad recae *solamente* sobre los artífices del sistema: no sobre el sistema.

130. J.L. Segundo, o.c. p. 43.

muchas las «causas» y las «respuestas» que de ordinario se ofrecen. Mas en el caso de nuestro autor se debe, fundamentalmente, a su particular inteligencia y aplicación del principio entropológico a la conducta humana. Es decir: la manera en que ve en la ley leninista de lo «espontáneo masivo», el cumplimiento o el reflejo de lo que biólogos, químicos y físicos denominan «ley de entropía».

No es, por supuesto, que pretendamos aquí que esa ley entropológica deba quedar reducida a los fenómenos biológicos, físicos y químicos; esto es, en los planos inferiores de estas ciencias. Se sabe que tanto la economía como la sociología la aplican con *aparente* buen éxito. Pero es que creemos que la causa y explicación del hecho de adoptar la humanidad —como *masa* de hombres y mujeres— el principio de lo «masivo espontáneo» (por el que somos todos propensos a aceptar «lo más fácil y a desechar instintivamente «lo más difícil») no puede buscarse meramente en factores de índole sociológica, política o económica, sino en principios moraléticos y espirituales que rigen el universo.[131]

Decíamos que los sistemas —cualesquiera que éstos sean— son inocuos en sí mismos. Pero no explicamos de inmediato qué significamos con ello. Bien. la inocuidad de todo sistema social se pone de manifiesto en su naturaleza abstracta. Un Estado político —sea capitalista, sea socialista, sea fascista— es sólo un *medio* para un *fin*: el hombre individual y socialmente considerado. En este sentido *instrumental* es tan inofensivo como un cuchillo de carnicero. Su inocuidad viene determinada

---

131. Se hace oportuno señalar la observación de Carrel —premio Nóbel de Medicina— de que constituye una práctica inútil si no errónea el aplicar las leyes y principios de una ciencia a otra. Y resulta ilustrativo que cuando el sabio francés hacía tal advertencia se refería, precisamente, a la ley entropológica empleada por la química, la física y la biología.

por su finalidad, su propósito, su objetivo. En este caso está liberado de toda responsabilidad. Es un mero medio.[132]

Ahora bien: si el hombre —artífice del Estado y del gobierno como órgano del Estado— en vez de *usar* de éste como medio, *abusa* de él como instrumento de dictadura, tiranía o despotismo, el Estado no pierde o mengua su inocuidad e «irresponsabilidad» en el destino de la sociedad y de la historia: sigue siendo tan inofensivo como si se lo hubiera empleado como instrumental del bien común. Claro que la crítica o protesta profética on es sólo contra la estructura social *injusta*, sino contra la estructura *deficiente*. Pero en ambos casos el «pecado» se atribuye (debe atribuirse) al único real responsable: *el hombre*. El estado permanece inocuo, inocente, no responsable.

Es así que el socialismo, el capitalismo, el fascismo, el comunismo o cualesquiera de esos *ismos* producto de la inventiva humana, pudieran ser buenos y justos, deficientes e injustos, con sólo el sentido que el hombre —su creador— les dé y la aplicación que de ellos haga. Es también por esta razón que al referirnos a la utilización del principio entropológico en las ciencias sociales, políticas y económicas, decíamos que ambas han alcanzado «*aparente* buen éxito». ¿Por qué? Porque lo que estas ciencias «descubren» son sólo los *efectos*: no las *causas verdaderas* del mal social y de la conducta masiva. La causa es *una* en última instancia: *el pecado*. Esto es también *el por qué* objetábamos que se buscara con esperanza de éxito el sentido y la explicación de lo masivo espontáneo en el ámbito de lo sociológico, por oposición o distinción de lo moralético-espiritual que de ordinario subyace en todo mal social y político.

---

132. J.L. Segundo, o.c. p. 43.

206

Segundo, pues, incurre en un desliz de fondo cuando pretende reducir la misión de Cristo al mundo como orientada a «liberar» la humanidad de toda «estructura cerrada, conservadora, a-histórica, de una sociedad que se rehúsa a cualquier novedad».[133] Cierto que «Jesús no provoca un pecado nuevo [sino que] trae la luz sobre lo que se está haciendo ya».[134] Pero ello no significa que eso que «se está haciendo ya» cuando el Cristo hace su aparición en el escenario humano, sea meramente la implantación de sistemas políticos injustos o tiránicos. No significa eso *sólo*, claro está, como cree el sacerdote católico.

El Hijo de Dios vino al mundo «a buscar y salvar lo que se había perdido».[135] Pero eso que se expresa *en neutro* (lo que) no puede aplicarse sino a *todos y cada* uno de los hombres. En todo caso la existencia y permanencia del Estado tiránico o totalitario será visto como «proyección» o expresión de la maldad de los *individuos*: no de algún principio pecaminoso inherente a la naturaleza estatal.

Es verdad, entonces, que «Jesús no provoca un pecado nuevo» con su advenimiento al mundo. Pero no lo es *del todo* que el pecado —«lo que se está haciendo ya» en ese estadio histórico— sea meramente el «pecado ideológico» o político-estructural. El *pecado* que no lo es en comparación con el que se revela o manifiesta «a partir del mensaje y del testimonio de Jesús»,[136] no es aquel que se muestra «desnudo» por oposición al «que actúa disfrazado de ideología», como lo quiere el jesuita. El pecado que parece «inocuo» e insignificante si es comparado con el denunciado por Cristo mismo, es toda la conducta de los hombres desde Adán

---

133. Id., p. 45.
134. Id., p. 47.
135. S. Lucas 19:10.
136. J.L. Segundo, o.c. p. 47.

hasta El: es decir, la actitud de rebeldía contra Dios. Y el gravísimo e imperdonable pecado es el rechazo del amor de Dios en Cristo; la incredulidad, la dureza petrificada del corazón humano ante el Hecho de Cristo.[137]

Reducir el pecado del hombre —el *imperdonable,* en cuanto significa un rechazo total y definitivo de la Luz— a la mera «ideología»; o limitarlo a la simple expresión de ésta —el Estado totalitario y brutal—, quizá sirva como «cuento corto» para entretener el buen humor de los simples o disipar el *spleen* de los frustrados; pero de ninguna manera coadyuva a explicar el origen verdadero —la verdadera causa— del problema humano universal; ni aporta nada positivo a la solución *radical* —inmediata o mediata— de este gravísimo problema. Así, pues, si el hombre «maneja» la ideología egoístamente, nc es, como dice Segundo, porque «cree» en ella; sino precisamente por lo contrario: porque la niega. Creer en ella implicaría *usarla.* No creer, *abusarla.*

IX

Pasemos a otro punto de la reflexión secundana. Dice él que

> *hemos de suponer que existan infinidad de problemas a nivel masivo que deben ser resueltos a ese nivel y que fueron resultos a ese nivel antes y fuera del cristianismo. Tal vez lo admitamos teóricamente, pero pensamos que, después de Cristo, la «hora» del evangelio ha sido dada de una vez para siempre. ¿No será más realista, más lógico, pensar que... nos encontramos muchas veces —y ciertamente en América Latina— frente a problemas que sólo pueden*

---

137. S. Juan 3:18; Rom. 2:5.

208

ser *«económicamente» resueltos en forma simple, inmediata, es decir, instintiva y masiva? Y cuando esas situaciones no son sólo individuales sino sociales y políticas, ¿no habrá que concluir que el cristianismo, esencialmente minoritario, es sólo «uno» de los ingredientes de la respuesta, pero que existen otros, más urgentes... y para los cuales sería inútil buscar una especie de cristianismo barato, no-crítico, del hombre de la calle? Si ello es así, la pastoral deberá partir del hecho manifiesto de que el cristianismo no nos dice «todo» lo que hay que hacer...* [138]

Evidentemente, Segundo tiene y no tiene razón. O no tiene «toda» la razón. Haciendo abstracción de todo lo implícito o expreso en este extenso párrafo precitado, y fijando la atención en aquello que atañe a la validez, alcance y vigencia del cristianismo, podemos conceder que, en efecto, «el cristianismo no nos dice *todo* lo que hay que hacer». Ello no significa, desde luego, que admitamos el lugar que el sacerdote asigna al cristianismo como «sólo *uno* de los ingredientes de la respuesta» a los problemas «masivos» de Iberoamérica o de cualquier otra región del globo.

El cristianismo no dice todo lo que debe hacerse. Pero no porque haya faltado en Cristo o en sus apóstoles esa «previsión genial» que de ordinario se atribuye o reconoce a los grandes guías de pueblos. Si así fuera, razón tendría el autor al colocarlo entre «uno de los ingredientes» referidos. No es trata de imprevisión. Es que el Evangelio tiene su particular esfera, su propio campo de acción —el ético-espiritual— y en es marco *sí ha dicho todo cuanto hay que decir y hacer.* [139]

---

138. J.L. Segundo, o.c. pp. 48-51-52.
139. Véase Hebreos 1:1-2. Comentando S. Juan 16:13, dicen Bonnet y Schroeder: «Esta *verdad* es, en último análi-

El error del catolicismo —y de una parte considerable del protestantismo— ha sido desconocer esta enseñanza vital, fundamental, del Evangelio, y asignarle funciones y metas en el campo político, económico, social y cultural para los que el cristianismo —que es Cristo y no una mera doctrina o sistema— poco o nada tiene que decir o sugerir, al menos directamente. Pero si tanto el catolicismo como el protestantismo tradicionales han errado de la verdad en este aspecto, no menos erráticos se muestran quienes hoy, en esta época, pretendiendo ingenuamente que divorcian de estructuras arcaicas o injustas, religiosas y seculares, se han convertido en verdaderos malabaristas del pensamiento, en su afán de conciliar el Evangelio con su propia visión reformada, aberrada, no sólo de la Biblia, sino de la sociedad y del mundo.

Yerra, por otra parte, el jesuita, cuando describe como «muy fundada en la *letra* del evangelio», la actitud de quienes —sin negar la necesidad y aun la urgencia de cambios sociales radicales y básicos— creen «que todo cambio de estrutcuras temporales, económicas, sociales y políticas [es] inútil si no es precedido por la conversión del corazón de *todos y cada uno* de los que van a formar parte de ellas».[140] En realidad, en el ámbito liberal —católico-protestante— se ha llegado tan lejos es el desconocimiento de esta verdad evangélica esencial, que se refieren a la predicación del Mnsaje a

---

sis, Jesús mismo (14:6). Sobre esta promesa magníficamente cumplida desde el día de pentecostés, se funda la autoridad divina de las enseñanzas apostólicas. Resulta de ella también que no hay ya otra revelaciones de la verdad a esperar en la economía presente. Resulta de ella por último que la plaabra del versículo 12 no puede servir de fundamento ni a la teoría de la tradición romana, ni a cierto misticismo que pretende revelaciones del Espíritu fuera del testimonio apostólico» (o.c. p. 304). Una vez más sirve aquí de ejemplo la obra *Teología, evangelización y liberación,* de R. Avila.

140. J.L. Segundo, o.c. p. 57.

todos los hombres como una forma de «cristianismo que *deseaba obtener* la universalidad por el número de adeptos».[141]

No ignoramos, por supuesto, que la oferta evangélica —que es también su máxima exigencia— es esencialmente *utópica*. Y lo es desde que condiciona el cambio estructural al cambio conciencial. Esa es la ironía del Evangelio. Hasta ese punto ha llegado Dios a los hombres. No hay otra alternativa. Es la única manera de que desistan una vez por todas del necio empeño de buscar en la precaria «ciudad terrenal», la paz y la seguridad que sólo el «reino inconmovible» de Dios les puede proporcionar.[142]

En este tenor, y como ha dicho Mackay, «el principal interés y afán de la Iglesia, hoy como siempre, no es tanto el transformar las condiciones en que viven los hombres, cosa que en gran parte deben hacer las organizaciones seculares inspiradas en el espíritu cristiano, co moel regenerar a los hombres mismos.[143] Si es cierto que el estratega, a diferencia del simple táctico, es aquel jefe que no olvida jamás los objetivos últimos de una guerra, entonces el objetivo principal en la estrategia de la Iglesia no es un nuevo orden en la Iglesia o en el Estado, sino guiar a todos los hombres a una experiencia directa y personal del Dios vivo. La mayor necesidad de la Iglesia, como de la civilización, es la de hombres nuevos, la de santos cristianos».[144]

Sin embargo, a los teólogos liberales como Juan Luis Segundo, les es más fácil adoptar otra postura asumir

---

141. Id., p. 56.
142. Heb. 12:27-28.
143. Mackay, por supuesto, no está atribuyendo a la Iglesia cristiana —a ninguna que lleve ese nombre— la función regeneradora que sólo Cristo, por su Santo Espíritu, es capaz de producir en la conciencia egoísta del hombre. El, pues, no ve la Iglesia como «órgano» de la gracia regeneradora, sino como *vocero* de esa gracia.
144. J.A. Mackay, o.c. cap. VII, p. 182.

otros aires. Prefieren ver en la supuesta o real habilidad de una minoría oligárquica o elitista para mantener al puoble pasivo, resignado o «encantado»; o en la conducta masiva de que se vale tal o cual sistema político, el origen y la causa de la explotación popular. El *pecado* —que es, como hemos sostenido, la explicación verdadera y la verdadera causa del desorden individual y colectivo— apenas si se lo reconoce en la malda innata y aparentemente insoluble de «los menos»; poderosos, ricos y gobernantes.

Pero Segundo no está, teóricamente al menos, en total desacuerdo con la oferta-demanda evangélica. El acepta que «lógicamente debemos suponer que el cambio de estructuras, para ser verdaderamente importante, deb ir precedido de la conversión personal de una *buena parte,* de una parte de peso... de quienes van a inetgrar y a dirigir las nuevas estructuras». Se funda en el hecho evidente de que «la conversión... —necesariamente individual, porque no existe otro sujeto histórico capaz de conevrtirse "de corazón"— a Dios... cuando... es verdadera y se extiende sin perder su verdad... adquiere un "reflejo" político, reflejo que es la garantía de humanismo de los necesarios cambios políticos».[145]

Es a esta altura de su reflexión que el sacerdote introduce y aplica su peculiar criterio de que siendo el Evangelio «anti-masivo», y estando la *masa* de alguna forma incapacitada para responder por sí misma a las exigencias e imperativos de aquél, debe asignarse a la «minoría» cristiana —la élite «liberal» y «liberada» de lo masivo espontáneo— el mesiánico papel de preparar y liberar a todos los hombres, hasta que lo masivo desaparezca y todo se vuelva cristiano.

Es interesante observar los pasos que sigue Segundo para arribar a este punto del sendero. En el capítulo tercero de su obra se refiere él a las ideas básicas de

---

145. J.L. Segundo, o.c. p. 57.

tres concepciones modernas —«no clásicas»— que a su juicio obligan «a la pastoral [católica] a hacer una elección y a renunciar a una simple universalidad cuantitativa, [ante la realidad de] la oposición masa-minoría como una constante» que aquéllas tienen en cuenta decisivamente.[146]

La primera de esas concepciones «es la que sitúa la función universal del cristianismo en la conversión del corazón, es decir, en la conversión individual, [pero diferente] al cristianismo que deseaba obtener la universalidad por el número de adeptos, [en que] distingue una función masiva y una minoritaria y de una manera más o menos explícita, hablando de una conversión eficaz en todos los planos sociales, coloca al cristianismo en el sector de eficacia minoritaria.[147] A esta actitud, no obstante, la describe el sacerdote como «muy fundada en la lerta del evangelio»:[148]

> *El fundamento bíblico de esta posición es aún más claro. Jesús, actuando en medio del Imperio usurpador, y a pesar de la tentativa de los zelotes por acapararlo para su lucha liberadora política, se desinteresa tácita y expresamente de tal lucha para insistir en una mensaje de conversión religiosa cuyas exigencias no van más allá de las relaciones interpersonales... [En esta concepción] la conversión religiosa de una minoría cristiana crítica constituye un fermento y un fermento necesario de todo cambio político que pretende, de una manera o de otra, caminar hacia la utopía del Reino.[149]*

---

146. Id., p. 56.
147. Id., pp. 56-57.
148. Id., p. 57.
149. Id., p. 58.

La segunda concepción parece oponerse a la primera, «pero [es] igualmente consciente de hacer una distinción entre basas y minorías en nombre del cristianismo. [Esta] elige las masas contra las minorías». El autor advierte que «es inútil subrayar que esta tendencia se nota mucho más que la anterior en el contexto latinoamericano [y que para comprenderla] es menester darse cuenta de que al mismo tiempo respeta y no respeta [su] concepto de masas. En realidad —aduce— pasa sutilmente... de un concepto de masa a otro. Para comprenderlo puede ser útil examinar el caso del Movimiento del Tercer Mundo...»:[150]

> *Hay aquí una concepción que difiere profundamente de la anterior: la negación clara de una función exclusiva o primariamente religiosa de la Iglesia... [que] está puesta por Cristo al servicio de la liberación total del hombre y en tal liberación, cambio de estructuras socio-políticas y conversión indivdual son «interdependientes». Esto es, se condicionan mutuamente. Si ella es así, la Iglesia, como comunidad de creyentes, no puede quedar fuera, en un espacio religioso, de las opciones estructurales, aunque, por otra parte, su acción no se reduzca, ni mucho menos, a tales opciones. El fundamento bíblico que esta posición tiene en común con la llamada «teología de la liberación» es, a mi modo de ver, muy fuerte y profundo, aunque prácticamente ignorado por la teología europea...*[151]

Una tercera tendencia o concepción «tiene de común con la primera (la «literalista») el identificar la función eclesial con las posibilidades críticas de una

---

150. Id., p. 59.
151. Id., pp. 60-61.

minoría cualitativa. Y tiene de común con la segunda (la «liberadora») el no separar la función trascendente del evangelio de una función inmanente y política. A la inversa, difiere de la primera en que acepta la reciprocida destricta entre cambio de estructuras y conversión del corazón. Y difiere de la segunda en que no acepta el papel mesiánico, liberador, que ésta atribuye a la masa o, si se quiere, al "pueblo"».[152]

Ahora bien, el autor aparentemente no toma partido ante o con ninguna de estas tres concepciones. Pero al excusar su promesa de formular «una crítica» de cada una de ellas (pretendiendo que la tercera y última «es ya una crítica de lo que hay de unilateral e inaceptable en las dos primeros»),[153] se hace obvio que su «imparcialidad» en este caso es muy relativa. A esto hay que agregar la importancia que le merece la tercera tendencia, a la que dedica mayor atención y espacio. Por lo demás, es de esta corriente «teológica» de donde extrae el autor el principio «minoritario» que quisiera adoptara el cristianismo, si ha de asegurar una «verdadera» realización masiva.

Ya en las páginas anteriores, citando a Metz, ha declarado Segundo que «la Iglesia... debe insitucionalizar [el] carácter precario escatológico estableciéndose como una instancia de libertad crítica frente al desarrollo social, para recusar la tendencia de éste a figurar como absoluto».[154] Claro, el jesuita se cuida de decir que «si los cristianos ejercen su función desidolátrica y desabsolutizadora, lo harán en todas las posiciones

---

152. Id., pp. 62-63.
153. Es necesario señalar que Segundo entiende que la tercera concepción es una «síntesis de las dos anteriores, eliminando los aspectos que considera negativos: [ales como] la indiferencia de la primera hacia las estructuras y la falta de crítica de la segunda con respecto a los mecanismos masivos» (pp. 64-65).
154. Id., p. 55.

políticas que adopten. Desabsolutizarán las posiciones
de derecha cuando se sitúen a la derecha, y las de izquierda cuando se sitúen a la izquierda... La reconciliación vendrá justamenet de esa recíproca desabsoluti-
zación».[155] Pero como hemos dicho ya, esta legítima y
noble aspiración se diluye, esfuma y desaparece en la
niebla de la cáustica crítica del neo-profetismo parcia-
lizado en favor del izquierdismo y, desde luego, en oposición al derechismo.[156]

X

Sin embargo, es en el capítulo cuarto donde Segundo, al abordar «el problema del aporte específico
cristiano al compromiso político», expone con detalle
las razones por las que, según cree, el cristianismo debe
adoptar el principic «minoritario», por oposición al
«masivo espontáneo» leninista. Desde luego, a esta altura no podemos ya detenernos en todos los puntos que
hubiésemos de desear. Pero aunque razones de espacio
y tiempo nos obligan a mantenernos en muy reducidos
marcos, ello no empece para que dediquemos alguna
reflexión a dos o tres pensamientos del autor en ese capítulo y en parte del quinto y último donde expone sus
«críticas y conclusiones generales».

Bien. Al comienzo de estas notas decíamos que en
el libro de Segundo hay una pregunta axial, cuya *clave*
se imponía determinar a fin de que no quedara en lo

------

155. Al referirse a la tercera concepción que analiza, el
escritor cree necesario advertir en este sentido que «el término
"revolución", utilizado a menudo en este contexto teológico,
no es sinónimo de izquierda ni de socialismo» (p. 71). La única respuesta que se nos ocurre ahora es que si así es, una de
dos: los voceros del profetismo neo-católico-protestantes disi-
mulan muy bien su cristiano, o: simulan muy mal su socialismo.

156. Id., p. 66.

enigmático y jeroglífico. Esa es la interrogante que figura en la página setenta y cuatro: «*¿Tienen los cristianos algo específico que llevar como aporte a la lucha común de todos cuantos quieren más justicia, más solidaridad, más amor, en la realidad socio-política de nuestro continente*» *iberoamericano?*

El escritor católico niega razón a los que preconizan un «ausentismo» —pietismo— de la iglesia de toda actividad y compromiso políticos. Pero también rechaza el criterio del teólogo Hugo Assmann, según el cual «no hay tipo de "aliado cristiano" con su especificidad y su "aporte específico" aislable del resto» de los revolucionarios que hoy abogan y luchan por la liberación interna y externa en esa región y en todo el Tercer Mundo.[157]

Segundo no sólo se opone a la opinión de Assmann en este aspecto, sino que prácticamente se escandaliza de que «en ciertos círculos cristianos latinoamericanos» se haya seguido la misma creencia pesimista. «¿Cómo es posible —dice él— que *cristianos* comprometidos en las luchas por la liberación de los pueblos latinoamericanos hayan llegado a esa conclusión, por experiencia, de que no existe, o que no debería existir por lo menos *previo* a la lucha, un aporte cristiano específico?» Luego viene su pregunta, muy razonable, de que «si lo cristiano no aporta nada propio, específico, ¿quién sería cristiano y para qué?».[158]

El jesuita, pues, cree firmemente en el *aporte cristiano específico* a la liberación de los pueblos oprimidos y tiranizados. Pero él cree algo más: que el aporte es *fundamentalmente político* y previo a toda condición doctrinaria. «El mensaje cristiano nos envía —aduce— sin condiciones doctrinarias previas, al compromiso político, en el único proceso revolucionario y nos promete

____

157. Id., p. 82.
158. Id., p. 84.

que allí, y sólo allí, dentro de ese compromiso, podremos hacer de ese mensaje una lectura verídica. A los pobres (y sólo a los pobres y a los que luchan por ellos) se les anuncia el Reino de los Cielos.»[159]

El cree, en consecuencia, que «la *verdad* del mensaje cristiano no es... una verdad teórica de que se pueda disponer antes de la praxis, [sino] un "hacer la verdad"... por el que se ilumina el mismo horizonte teórico para enriquecer más aún la praxis liberadora». De este modo, aplicando aquí el principio «minoritario» que atribuye al Evangelio, afirma que «si aceptamos que el cristianismo es *una* manera histórica, y no *la* manera, dotada de eficacia ubicua, tenemos que reconocer que un cristiano ignorante de lo relativo de su posición postulará normalmente formas de trasnformación social ineficaces, idealistas, minoritarias».[160] Claro que entre éstas figura, de manera especial, la llamada «teología literalista», que aboga por la conversión *individual* como paso previo e indispensable para la *real* y *eficaz* transformación estrutcural —política, económica, social, cultural ya aun religiosa.

¿Qué hemos de decir ante estas creencias del autor? En primer lugar, que referido al ámbito político los seguidores de Cristo pudieran tener, según las circunstancias concretas, «algo específico» que aportar a la liberación. Pero ese «algo» no tendría de cristiano más que la pretensión de «serlo» de los aportadores. Por consi-

---

159. Id., p. 85.
160. Cierto, desde luego, que esa actitud cristiana apolítica no lo es *absolutamente*. Reconocemos que en no asumir ninguna postura militante, ideológica, hay en cierto modo una actitud política. Pero en todo caso esa sería también la «política» asumida o sustentada por Jesucristo: no hacer política. Motivos había en Israel cuando el Mesías hizo su aparición en Palestina. Razones patrióticas, religiosas y políticas abundaban para que como Maestro de multitudes aceptara el reto en esa arena. No lo hizo. Al contrario: siempre vio el «reto» como una sutil tentación diabólica a la que no debía acceder.

guiente, puede haber —y de hecho lo ha habido y lo hay en muy diversas formas y grados— una «aportación de cristianos» a la lucha revolucionaria. Pero no ha habido —ni podría haber a la luz de una sana exégesis— ninguna *aportación cristiana* a tal conflicto. Una contribución política de los «cristianos» no garantiza, necesariamente, el carácter *cristiano* de su aporte. De la misma manera, una falta de «aportación» en ese sentido no acusa, forzosamente, falta de *cristianismo* en quienes pretenden, no obstante, *ser cristianos*. Revelará, en todo caso, la falta de una tal «visión» o «expresión» cristiana: no más.

Al teólogo católico le agradaría ver en el cristiano «comprometido» la adoptación de una «desconfianza» ante los sistemas, que surgiría de la dimensión profética y social de su fe. Pero la desconfianza del cristiano *no comprometido* más que con Cristo, ante las diversas formas y patrones de organización política, le viene por intermedic de la Revelación —de «todo el consejo de Dios». Este le pone en guardia contra toda tendencia a *absolutizar* las estructuras sociales. Mas no limita o reduce esa propensión a las «masas». Ni la atribuye a la alegada «conducta masiva» de éstas.

La desconfianza cristiana frente o ante los sistemas y estructuras nacen del conocimiento —que le aporta la Revelación y la experiencia— de la fragilidad de la conciencia individual y colectiva y, además, de la más amplia y profunda inteligencia de que toda estructura de factura meramente humana lleva en sí misma el sello de lo fragmentario, de lo imperfecto y, sobre todo, de lo transitorio: que no necesariamente de lo ficticio y efímero.

Es por esa misma razón que el cristiano no comprometido —no «politizado»— se abstiene de adoptar posturas políticas. Asumirlas implicaría la «función idolátrica y absolutizadora» que nuestro autor rechaza y quiere evitar. No por la posición política comprometida en sí, desde luego, ya que ésta pudiera ser éticamente válida y políticamente legítima en sí misma; sino cuando con esa postura y ese compromiso se pretende —siquiera sea inconsciente y/o por vía de inevitable consecuencia— reemplazar del corazón de los hombres la esperanza de un «reino inconmovible», con alguna forma de sistema socio-político, aunque sea la perfección máxima de la «ciudad terrenal».[160]

Volviendo al punto del «aporte cristiano», no queremos dejar en el ánimo del lector la falsa idea de que si bien esta aportación, en cuanto sea político-ideológica, no puede derivarse con sana exegesis de la Escritura, pudiera significar que no hay una *respuesta* cristiana auténtica —y por tanto eficaz— a la falta de justicia, solidaridad y amor en el ámbito social y político iberoamericano. Negando la terrible disyuntiva en que de ordinario plantean el aporte del cristianismo y de la iglesia los voceros del radicalismo teológico; (a saber: si no se está *con los oprimidos,* se está —por comisión u omisión— *con los opresores*) afirmamos que el Evangelio sí tiene algo o mucho que aportar al problema socio-político de nuestro tiempo.

¿En qué, pues, consiste la *aportación cristiana* al problema social y político contemporáneo?

Ya en cierto modo hemos tocado este punto, cuando afirmábamos el carácter «masivo» —general, universal— del Evangelio, por oposición al criterio secundado de un «evangelio elitista» —y por tanto, «otro evangelio»,[161] al que la iglesia debiera adherir como fiel expresión de su vocación divina, según el autor. La *respuesta* cristiana, bíblica, a la ingente crisis que azota al mundo hoy es, paradójicamente si se quiere, la misma que ofrecía y en cierto sentido aportó al principio de esta economía o dispensación de la *charis* de Dios: *la transformación radical de la conciencia del*

---

161. **Gal. 1:8-9.**

hombre, en cuya lóbrega hondura se agazapa y oculta todo egoísmo y egolatría, origen y causa de lo fallido y frustratorio que han resultado, hasta ahora, todos los sistemas de factura humana.

Sin embargo, Segundo desestima esta aportación cristiana o, al menos, no le reconoce el valor y la trascendencia que sin duda tiene, que para el caso sería lo mismo. Así, pretendiendo que «la opresión se basa en las conductas masivas del sistema [capitalista], en el inmediatismo de la gente explotada»,[162] le parecen que «no es un procedimiento exegético válido el transponer sin más las categorías interpersonales en las que Jesús expresó la buena noticia y su exigencia de conversión, a una época, como es la nuestra, muy diferente, donde tanto el amor como el pecado toman dimensiones efectivas cada vez más sociales y políticas».[163]

De igual modo, desvirtuando la idea de que Cristo se desinteresara tácita o expresamente de la lucha política, para insistir únicamente en un mensaje de conversión espiritual o religiosa, cuyas exigencias no rebasaban las relaciones interpersonales negándola, decíamos, porque «no parece tan cierto, si bien se mira, que [Él] ... ni siquiera en su tiempo [haya puesto de lado] las dimensiones políticas de la salvación que... venía a predicar»; pretende entonces que Jesús sí abogaba por «un cambio radical de las estructuras religioso-políticas que oprimían al pueblo judío».[164]

Más aún: cree el sacerdote que Cristo preconizaba «una liberación que aludía en primer lugar a opresiones que ninguna conversión podría ciertamente eliminar». concluye, en consecuencia, que «Jesús *optó no tanto* por los oprimidos del pecado, sino por los pobres y [que] en nombre de ellos llevó adelante su

---

162. J.L. Segundo, o.c. p. 59.
163. Id., p. 61.
164. Id.

lucha contra el poder de quienes cargaban a la inmensa mayoría del pueblo con cargas injustas e insoportables».[165]

Tal vez podamos, siempre dentro del referido estrecho marco de que disponemos ahora, aducir algunas breves notas y observaciones a estos criterios del autor. En primer lugar, con respecto a su creencia de que no es exegéticamente válido «trasponer» el mensaje de conversión personal —que caracteriza la prédica cristiana y apostólica— a nuestra convulsionada época, podemos desvirtuarla con un solo ejemplo de Cristo mismo.

En efecto, en su célebre *Sermón profético*, que recogen los Sinópticos, el Salvador predice a grandes, precisos y admirables rasgos todo el acontecer mundial desde su época a la nuestra. Particularmente traza pinceladas muy exactas y dramáticas de la crisis general que habría de afrontar sin éxito posible la sociedad contemporánea. Al Señor le pareció, contrario a lo que opina y hubiera hecho en su lugar el autor católico, que ningún tiempo era mejor para ilustrar esta crisis que el que precedió el cataclismo de la época de Noé.[166] Dijo entonces que los días inmediatamente anteriores a su segundo advenimiento, serían semejantes a los de Noé antes del diluvio. He aquí las palabras del Maestro de Nazaret:

> *Mirad que nadie os engañe. Porque vendrán muchos en mi nombre... y a muchos engañarán. Y oiréis de guerras y rumores de guerras; mirad que no os turbéis, porque es necesario que todo esto acontezca; pero aún no es el fin. Porque se levantará nación contra nación, y reino contra reino; y habrá pestes, y hambres, y te-*

---

165. Id., p. 62.
166. Cristo se refiere también a la época de Lot como característica en lo ético, espiritual y político de la época crítica actual (véase S. Lucas 21:25-26; 17:25-36; 12:41-48).

rremotos en diferentes lugares. Y todo esto será principio de dolores. ntonces os entregarán a tribulación, y os matarán, y seréis aborrecidos de todas las gentes por causa de mi nombre.[167] *Muchos tropezarán entonces, y se entregarán unos a otros, y unos a otros se aborrecerán. Y muchos falsos profetas se levantarán, y engañarán a muchos; y por haberse multiplicado la maldad, el amor de muchos se resfriará... Y será predicado este evangelio del reino en todo el mundo, para testimonio a todas las naciones; y entonces vendrá el fin... Mas como en los días antes del diluvio estaban comiendo y bebiendo, casándose y dando en casamiento, hasta el día en que Noé entró en el arca, y no conocieron hasta que vino el diluvio y se los llevó a todos, así será también la venida del Hijo del Hombre.*[168]

Independientemente de que Cristo apelara a una época muy anterior a la suya 2348 a.C.), para referirse e ilustrar otra que media dos mil años de esta última; aparte de esto, se impone aquí una pregunta que se nos antoja básica: cuando el Señor recurre a la época ante-diluviana para describir la crisis contemporánea, la nuestra, ¿es su única intención indicar la analogía entre ambas sociedades? ¿O alude también y sobre todo a la semejanza en su trágico destino? Contestar *debidamente* esta interrogante es de vital importancia, si es que en verdad se quiere arribar a conclusiones sanas bíblica y teológicamente hablando.

---

167. Esta admirable y por demás precisa profecía cristiana, es a la vez un categórico mentís a la afirmación secundaria de que el Evangelio no previó en sus orígenes la posibilidad de su realización masiva.

168. S. Mateo 24:4-14-37-39.

XI

Si seguimos el ejemplo de Jesús —y sólo así— advertiremos que la prédica que insta a la conversión personal, individual, es absolutamente pertinente hoy como lo fue ayer y lo será mañana.

En efecto, la época en que vivió Jesús era semejante y diferente a la de Moisés o a la de Judas Macabeo, por ejemplo. ra semejante a la mosaica porque Israel, Su pueblo, estaba entonces bajo el cetro del César, como ayer lo había estado bajo el yugo del Faraón y después lo estaría bajo el asirio. Era análoga a la macabea, porque ahora estaba subyugado por Roma como ayer lo estuvo por Grecia. Era distinta a la época de Moisés y a la de Antíoco Epífanes, porque de la primera había transcurrido ya dos milenios, y de la segunda varios siglos. En ese sentido, era tan diferente como el tiempo de Jesús de Nazaret y el siglo veinte.

Ahora bien: ¿por qué Jesús, que en términos generales siguió la gloriosa línea profética hebrea de protesta y denuncia, creyó necesario enfatizar, no una conversión *nacional,* sino una *personal*? ¿Por qué?

Ya hemos leido que Segundo niega que Cristo se hubiera desentendido o desinteresado *del todo* de la dimensión social de la conversión. Pero si el énfasis de su prédica recayó esencialmente sobre las estructuras sociales establecidas en Israel —como cree el jesuita— obviamente Jesús empleó un método si no superficial sí inadecuado e ineficaz para la conversión o transformación radical de esas estructuras: en vez de atacar al fariseísmo, al saduceísmo, al herodianismo, debió atacar a fariseos, saduceos y herodianos; y en vez de enfilar su crítica contra éstos —meros servidores y secuaces del emperador— debió hacerlo contra Roma y el César. Porque era el César y Roma, en última instancia, los verdaderos responsables de que Israel, Su pueblo, estuviera sometido, oprimido y avasallado bajo las legiones del romano Imperio.[169]

A esto el sacerdote contesta que «lo que ocurre es que, por un anacronismo cultural, pensamos en las estructuras del Imperio Romano cuando nos referimos a las estructuras políticas del tiempo de Jesús. Pero tal vez —aduce— haya que comprender que las estructuras políticas reales y verdaderamente opresoras de los pobres tenían muy poco que ver con el Imperio Romano y sí con la teocracia judía interna contra la cual Jesús ciertamente constituyó un peligro, minando sus pretensiones, atacando sus jerarquías y pretendiendo un cambio radical de las estructuras religioso-políticas que oprimían el pueblo judío. Es decir, que no sólo predicó la conversión individual del corazón».[170]

Admitiendo, sin embargo, que la «teocracia judía interna» haya sido la verdadera responsable de la tiranía y la opresión sobre Israel, ¿por qué Jesús habría siquiera de mencionar la necesidad o la conveniencia de una tal conversión personal, individual? ¿Por qué no habría de ir, *directamente* y sin ambages, a la fuente misma del mal social? Ah, pero Jesús conocía muy bien el corazón humano. El sabía que lo que se describe como «mal social» —estructural-político— no es *causa* sino *efecto* del verdadero mal: el pecado que anida, gesta v pare en la conciencia del hombre —de todos y cada uno de los hombres. Por ello mismo, contrario a lo que dice Segundo, *no sólo* no predicó la conversión social, política, estructural, sino que, *además y sobre todo*, denunció la perentoria y más urgente necesidad de la conversión individual.

---

169. Roma y César eran los responsables de la situación israelita, pero sólo objetivamente. La Biblia es clara al enseñar y aun prever que la caída de Israel —tanto bajo Nabucodonosor, Artajerjes, Alejandro, Julio César, etc., sería, en última instancia, consecuencia trágica e inevitable del pecado individual y nacional.

170. J.L. Segundo, o.c. p. 61.

Cuando, por otra parte, Jesús establece el principio evangélico vital de que «no lo que entra al hombre es lo que lo contamina, sino lo que del hombre sale».[171] está echando las bases de toda su enseñanza ético-espiritual. Dice, en efecto, que tal es la verdadera contaminación, «porque de dentro, del corazón de los hombres, salen los malos pensamientos, los adulterios, las fornicaciones, los homicidios, los hurtos, las avaricias, las maldades, la lascivia, la envidia, la maledicencia, la soberbia, la insensatez. Todas estas maldades de dentro salen, y contaminan al hombre».[172] Por eso también decía que «el hombre bueno (el *convertido*, lógicamente) del buen tesoro de su corazón saca buenas cosas; y el hombre malo (el *inconverso*, naturalmente) del mal tesoro de su corazón saca malas cosas». Y ello así, además, «porque de la abundancia del corazón habla la boca».[173]

En esta «lista negra» y bochornosa de maldades que brotan del corazón humano como el lodo fétido del selvático pantano, conviene destacar *tres* que atañen directamente a la vida de relación, interpersonal y comunitaria, pero sobre todo en la esfera de lo político e ideológico: *homicidios, avaricia, soberbia.*

Estas tres palabras dicen mucho y claramente de dónde nacen, manifiestan y establecen los despotismos, dictaduras y tiranías; de dónde proceden los faraones, nabucodonosores, césares y napoleones. Por ellas aprendemos que si un Hitler invade el mundo e impone su sola voluntad en media Europa, es sólo porque ese hombre está bajo la más abyecta servidumbre del designio homicida, de la codicia, de la soberbia, de la vanagloria. Si hay un Zaqueo que expolia inmisericordemente a sus propios conciudadanos; que sirve al imperio ex-

---

171. S. Mateo 15:1-20; S. Marcos 7:14-23.
172. Id.
173. S. Lucas 6:45; id., S. Mateo 12:34.

tranjero y opresor y que sólo piensa en su propio provecho, es que él mismo está subyugado moral y espiritualmente a la temible férula del pecado.[174]

Ah, pero nuestro autor —fiel a su muy peculiar «teología»— cree ver en las palabras del Maestro —tan cristalinas y luminosas como son —connotaciones e implicaciones que no tienen... ¡ni podrían tener! Dice, por ejemplo, que es menester «confesar... que la exegesis, mal situada hermenéuticamente, ha sido muy poco sensible a la advertencia de Cristo de que las acciones humanas no llevan ya una etiqueta moral al llegar al hombre, sino que es del proyecto del hombre, de lo que sale de su corazón, de donde proviene la calificación de moral de una acción. "Dar la otra mejilla" no es, por lo tanto, una acción ya previamente designada como buena para cada vez que se recibe un golpe» —dice.[175]

Pero esta «exegesis» peculiarísima falla en forma estrepitosa. Porque todos los pecados y maldades que Cristo enumera en el pasaje citado, contaminan al hombre «porque están en él, en su corazón... y no solamente porque salen del hombre». Desde luego, «Jesús emplea esta manera de hablar para hacer oposición a esas cosas exteriores que entran en el hombre y no pueden contaminarle» moral y espiritualmente.[176]

Si fuera como cándida y puerilmente cree Juan Luis Segundo, seguro que Jesús no hubiera dicho que el pecado de adulterio, por ejemplo, no sólo es tal cuando se hace manifiesto, cuando «se descubre» o hace ostensible a la vista pública, sino cuando se concibe, se anida en el corazón y en la mente.[177] Asimismo, no hubiese enseñado que si matar, según la ley mosaica, es pecado, también lo es el enojarse contra su prójimo y

<hr>

174. Id.
175. S. Lucas 19:1-10.
176. Bonnet-Schroeder, o.c. p. 387, tomo I.
177. S. Mateo 5:27-28.

llamarle «necio» o estúpido a su hermano, es decir, *matarlo moralmente*.[178] Y sabemos que estas cosas, que pueden expresarse y de ordinario se expresan, con frecuencia no pasan de ser más que engendros del mal en la conciencia nuestra, sin que lleguen, por así decirlo, a tomar cuerpo; a materializarse.

No hay, pues, lugar aquí para más. Es de lamentar que por razón de espacio y tiempo hayamos dejado otros puntos no menos importantes de la reflexión teológica secundana. Pero abordar el pensamiento de otros autores igualmente calificados es objetivo e imperativo que nos hemos impuesto en esta ocasión. Valga la excusa.

---

178. Id., vv. 21-22.

4
Mujer y liberación

J. L. Idígoras

I

Difícilmente haya hoy en el mundo tema más cálidamente debatido que el de la liberación femenina. Y no decimos con excepción del de la revolución social, porque no pocas líderes del feminismo creen que éste es sólo *parte* del movimiento revolucionario general e internacional. En lo que tienen razón.

Son torrente, en efecto, los libros y artículos periodísticos en que cada día se discute con mayor insistencia y profusión este problema contemporáneo. Consecuentemente —sea por la pasión con que los defensores del feminismo exponen sus ideas; sea por la importancia misma de. tópico—, constituyen legión ya los que se interesan, preocupan y aun se sienten llamados a ocuparse activamente en el debate.

Y no aludimos simplemente a las vehementes damitas que de ordinario encabezan y orientan los diversos grupos del feminismo mundial. Los hombres también, dado que el asunto de una u otra manera les atañe, se han sentido animados o en el deber de entrar en la palestra y exponer sus propios criterios al respecto. Por ello hablamos no meramente de *las* sino de *los* promotores y defensores del feminismo.

Los hombres, como sucede con las mujeres, están divididos en dos bandos: los que apoyan, secundan y defienden la justeza que atribuyen o reconocen a esa lucha; y los que se oponen, resisten y desautorizan las pretensiones de la mujer en tal sentido. Desde luego, entre uno y otro grupo hay una verdadera y muy extensa gam de medios tonos. Unos conceden cierta razón a los argumentos del feminismo; otros no vacilan en justificarlo aunque con alguna reserva que juzgan necesaria o prudente. Y en la medida en que esos criterios medio-tono se acerquen o alejen en dirección pro-feminista o anti-feminista, serán ubicados más a la derecha o a la izquierda del movimiento; más cercano de uno o de otro polo.

Como persona interesada en el problema, le hemos dedicado alguna atención desde hace ya un decenio. Hemos tenido la oportunidad de exponer en artículos de periódicos y revistas las ideas y conceptos que, a la luz de la Biblia y de la opinión científica más seria y autorizada, nos han parecido que arrojan un haz sobre el asunto y, mucho más, que aportan su adecuada y eficaz solución. No vamos a decir que hemos sido imparciales. En realidad, no podríamos serlo. Y no meramente por ser hombre y por tanto interesado. La razón es la misma por la que tampoco podemos ser neutrales o indiferentes ante el debate público. De hecho solemos atribuir un mérito muy relativo a la imparcialidad en éste como en otros casos en que van envueltos valores e intereses tan vitales.[1]

---

1. No hay aquí, como pudiera parecer, ninguna antinomia u oposición a la exhortación bíblica de actuar siempre con imparcialidad. El propio Pablo, de quien es el consejo (1.ª Tim. 5:21) no accedió «ni por un momento» ante aquellos

Ahora bien: entre la avalancha de libros y artículos que literalmente ha inundado el mercado y los predios teológicos católico-protestante en la actualidad, destaca una obra de mediana extensión pero de gran hondura espiritual y ética: *Mujer, religión y liberación*. Esta lleva la rúbrica del autor católico José Luis Idígoras.[2] Se trata de un trabajo serio, comedido, respetuoso, en el que se combinan en armoniosa síntesis la lucidez y expedición sin ligereza del escritor, y la profundidad y sobriedad sin afectación del pensador.

El libro está concebido en dos partes: en la primera Idígoras aborda idéntico número de problemas: la mujer y la religión. En la segunda el ministerio femenino en la iglesia. En esta última parte —como en realidad a todo lo largo de la obra— el autor refiere, alude o tiene en mente a la mujer y la religión en la esfera católica-romana; si bien y muy brevemente apela al ministerio femenino en el ámbito protestante, como mero ejemplo ilustrativo de determinados criterios suyos.

Idígoras logra, no sólo merced a su penetración, sino a su admirable poder sintético, «descubrir» una profunda analogía entre la mujer y la religión. Gran parte de su obra está dedicada a desenvolver este criterio y a deducir de él lecciones prácticas, sabias aportaciones o pautas adecuadas para una eficaz solución del problema religioso-femenino en nuestro tiempo. Sin embargo, dado el propósito que nos hemos impuesto y la limitada extensión material de que ahora disponemos, nos abstendremos del aspecto religioso, es decir, de aquello que en la obra atañe directa o indirectamen-

---

que se introducían en las asambleas cristianas para expiar su libertad en Cristo (Gál. 2:4-5). Es que, como decía Churchill, no se nos puede pedir que seamos imparciales cuando se está entre la espada y la pared... aunque él hablaba de otro asunto.

2. J.L. Idígoras, *Mujer, religión y liberación*, Ed. Paulinas, Bogotá, Colombia, 1974.

te a la religión en tanto guarda alguna semejanza o relación analógica con la mujer.[3]

<h2 style="text-align:center">II</h2>

Idígoras comienza su obra con una frase que da de introito la medida de la importancia y trascendencia del tópico que se propone abordar y, sobre todo, la tónica de fondo y forma que caracteriza su reflexión en torno del mismo: «El problema femenino —dice— es un problema eterno».[4] Con ello insinúa o enuncia ya, si no es que lo expresa claramente, no sólo la universalidad del tema, sino su perenne y al parecer insoluble complejidad y hondura.

Cierto también que en esta frase inicial se enuncia ya la postura asumida por el autor ante el problema. Esa posición no oculta ni excusa su parcialidad con aquellos que conceden al feminismo una cierta razón frente a la hegemonía varonil y particularmente ante el *machismo* —que representa una degeneración casi patológica dentro de la actitud general del hombre hacia la mujer. Así pues, dice de inmediato que ésta «ha sido un ser oprimido a lo largo de los siglos y no ha llegado aún a descubrir su propia identidad. Ha sido y, en gran parte, sigue siendo un ser alienado, desposeído de su propia realidad. Por eso, en esta hora de clamor universal de liberación, busca ella tambtién un camino que la conduzca a su verdadero destino».[5]

Hace ya poco más de una centuria que Severo Catalina y del Amo, en ese «gracioso, leve y al mismo tiem-

----

3. Aparte de las razones expuestas, hay una no menos estimable: que el problema religioso y las urgencias liberadoras del siglo ha sido en alguna forma considerado en los tres capítulos anteriores. .

4. J.L. Idígoras, o.c. p. 9.

5. Id.

po profundo tratado del alma» femenil —*La mujer*— advertía cómo la corriente de opinión en torno a ésta se ha bifurcado históricamente en dos causas: por un lado los que conciben la mujer como un ángel —todo luz, todo belleza—; por el otro, los que la reducen a demonio —todo negrura, todo fealdad.

Catalina nota que «entre la opinión que eleva a la mujer hasta los ángeles, y la que la deprime hasta los monstruos, cabe una multitud de pareceres [que] han servido de base a millares de comedias, de novelas, de cuentos y de máximas [en que] la mujer es *todo*: afirmación suprema. [O] la mujer es *nada*: suprema negación». Para él, en cambio, la «síntesis de las síntesis; [la] filosofía pura» está en la afirmación de que «la mujer... es la *mujer*».[6] Entiende, entonces, que esas «entusiastas apologías» y las «inventivas sangrientas» de que ha sido escenario el mundo «en todas las edades, en todos los siglos y en todos los países», ha de «explicarse por la diferencia de temperamentos y por las condiciones especiales de cada escritor».[7]

La postura asumida por Idígoras, con todo y parcializarse a favor de una liberación femenina que juzga necesaria, urgente, apremiante, perentoria y sobre todo *justa*, no podría ubicarse con justicia y verdad en el polo extremoso y extremista opuesto al otro polo en que la mujer se reduce a la *nada*. No. El reconoce la justeza del movimiento feminista, pero no se ciega o se vuelve indiferente ante sus fallas de origen, su mal de fondo, su deficiencia táctica o su ineficacia estratégica. en ello no sólo se muestra objetivo y científico, sino arriesgado y valiente.

Pero Idígoras no se limita ni contenta con advertir que desde el punto de vista de la liberación femenina,

---

6. Severo Catalina y del Amo, *La mujer*, pp. 18-19, Espasa-Calpe, S.A. Madrid, 19, 68.
7. Id.

«se trata de un problema hondamente humano... que afecta a más de la mitad de la humanidad». No se satisface con indicar o meramente insinuar que por cuanto «la mujer ha soportado en pasiva resignación su situación y su desposeimiento y se ha visto privada de muchos de sus valores», se precisa y urge un cambio radical que la desagravie; que corrija y enderece lo que hasta ahora ha permanecido injustamente torcido. Hay en su obra lo que podría describirse más que tesis como el cuerpo de su reflexión y la espina dorsal de su pensamiento. Dejemos, pues, que el autor mismo nos lo explique:

> *Que la mujer ha sido y sigue siendo un ser alienado es algo patente. Ha vivido en una cultura masculina y ha estado con frecuencia destinada a ser la posesión del hombre y responder en todo a sus gustos. Consiguientemente la educación y la formación femeninas se hacían de tal manera que lograra responder a lo que los hombres esperaban de ella. La mujer que así resultó pasó a ser el modelo ideal del femenino al que había que acomodarse. Las tareas y trabajos de la mujer se limitaban de acuerdo al deseo masculino y las modas y vestidos venían a confirmar esa imagen. La fuerte presión social custodiaba esa imagen, de la que nadie, salvo casos excepcionales, lograba sustraerse. El ideal femenino forjado por esa cultura masculina la reducía a un ser para otro. La mujer no era para sí, sino para el marido y para los hijos. Dejaba en cierto sentido de ser un fin y se colocaba de alguna manera en la línea de los medios. Su felicidad era la del marido y la de los hijos. Su meta hacer felices a los miembros de su familia, a costa de su propia felicidad. Y cuanto más se acercaba a esa meta, la mujer era más perfecta y realizaba mejor la misión*

que Dios le había confiado. De esa manera el ideal de la mujer era claramente despersonalizador, ya que la esencia de la persona consiste precisamente en ser un fin en sí y no reducirse en manera alguna a medio. Y en esa concepción que hemos señalado, la mujer cumplía tanto mejor su misión cuanto más vivía para la felicidad ajena.[8]

No extraña, entonces, que el autor, sustentando el criterio de que una cultura predominantemente «masculina» ha avasalladc y tiranizado a la mujer en el curso de la historia, las emprenda contra toda «galantería» de la condición femenina tradicional, que Catalina describe como «el trabajo de zapa que el vicio emplea para minar la virtud».[9]

Dice, en efecto, que «la cultura trató de recompensar a las abnegadas heroínas que renunciaban a su personalización. Y en todos los pueblos se trató de ensalzar la figura de la esposa fiel y de la madre amorosa. El esposo mostraab una agradecida veneración a la que renunciaba a sí misma por el bien de la familia. Y el respeto y la adhesión afectiva a la madre, como símbolo supremo de la bondad y del amor, se extendía por doquier. Y la misma recompensa venía a confirmar la destinación para otro de la mujer, ya que había de contentarse con el gozo de saber que su esposo y sus hijos se mostraba nagradecidos».[10]

La primera impresión que se tiene al leer estas líneas es de que el autor está plenamente identificado con el feminismo; que no deja margen a ninguna opción que no sea la liberación en términos y observaciones constituyen una parte importante de su dialéctica y del conjunto de pensamientos que integran su con-

---

8. J.L. Idígoras, o.c. p. 13.
9. S. Catalina, o.c. p. 58.
10. J.L. Idígoras, o.c. pp. 13-14.

cepción general del problema. Pero no son en modo alguno lo *esencial* sino *parte* del todo reflexivo.

Idígoras cree necesario discernir entre lo que él llama «resignación pasiva» y la «abnegación amorosa» en la mujer, cuando se trata de comprender y describir el problema de la condición de ésta en las diversas épocas, culturas y países. Dice, no obstante, que «si es cierto un evidente grado de alienación en el destino de la mujer hasta el presente, resulta muy difícil precisar dónde termina esa alienación y dónde comienza la abnegación amorosa que es capaz de llevar a la mujer a una auto-realización plena. [Porque] el hecho es que miles de mujeres han llevado su propia condición con alegría y sintieron que respondía a sus ansias y deseos más profundos. Una fuerza mística y religiosa le hizo sentir a la mujer la dicha de la auto-entrega y de la renuncia a una realización independiente».

Y como es el caso que «miles de mujeres de todos los tiempos se consagraron con pasión ilusionada a la vida y al bienestar de sus hijos y esposos, sin reclamar retribución alguna ni exigir una posibilidad de personalización autónoma», el escritor se pregunta: «¿Se puede llamar alienación a esa satisfacción feliz y a esa dedicación al otro desinteresada y altruista?»[11]

Nuestor autor entra así en uno de los aspectos más importantes e interesantes de su obra: la realidad de la resignación y la posibilidad de lo espontáneo.

Entiende que «la esencia del problema está en delimitar lo que en la mujer haya habido de alienación y lo que haya significado una abnegación amorosa y realizadora». Reconoce al ser humano una «misteriosa capacidad de realizarse en un cierto vaciamiento de sí mismo para enriquecimiento de otro al que se siente ligado por esa atracción dadora de sentido y dicha que es el amor». De ese modo se explica él la posibilidad

---

11. Id.

236

y aun la concreción de lo amoroso espontáneo en el caso de la mujer.[12]

Idígoras cree que «la autofinalidad de la persona se logra romper en el éxtasis amoroso que parece disolver ciertas fronteras y derivar hacia otro el interés, la dedicación y el cuidado». Por ello, se pregunta: «¿No han sido muchos los seres humanos que han llenado plenamente sus vidas y han sido modelos para la humanidad, precisamente en la entrega generosa a otros, que les negaban su persona y en sus bienes?» Y para corroborarlo apela al ejemplo supremo y único entre los hijos de los hombres: la madre. «¿No han sido precisamente las madres —dice —el modelo impresionante de esta devoción y no han sentido sus vidas más sublimemente realizadas en esa autodonación heroica que en otras muchas tareas más interesadas o grandiosas?» Concluye, pues, afirmando que «n ose puede, sin más, definir la alienación por la propia despersonalización al servicio de otro».[13]

III

Se ve, entonces, que tal vez y como observábamos el autor católico no es partidario a ultranza del feminismo y sí propicia «un camino aún más excelente», según el típico decir paulino:[14] el del amor. «Hay un ser para otro —dice Idígoras—, una abnegación idealmente amada e interiormente gustada que ha dado en la historia y sigue dando a la mujer la más plena y atractiva razón de vivir».[15]

Mas no nos nos engañemos. No hay en ello antinomia con su anterior afirmación de que «la esencia de

____

12. Id.
13. Id.
14. 1.ª Cor. 12:31.
15. J.L. Idígoras, o.c. p. 14.

la persona consiste precisamente en ser un fin en sí y no reducirse en manera alguna a medio». Y no hay contradicción, porque ya nos advierte el autor que existen dos formas básicas de humana realización: una independiente y otra dependiente. Ambas son legítima y pueden ser espontáneas; si bien de ordinario la generalidad procura la primera y sólo la excepción adopta la segunda.[16]

Idígoras distingue, sin embargo y como hemos dicho, entre «resignación pasiva» y «abnegación amorosa». También indicamos ya cuál es el sentido de estas frases en el pensamiento idigoriano. La primera es alienante, en cuanto es o puede ser expresión de la impotencia femenina para deshacer o neutralizar los efectos deshumanizantes que sobre el sexo más frágil ejerce la llamada cultura masculina. La otra es personalizadora, por cuanto es o puede ser expresión de la más espontánea y libre decisión del espíritu y del alma femenil.

Desde luego, el autor reconoce que si bien la distinción entre resignación forzosa (alienante) y libre entrega (amorosa) «es clara en teoría y aun en algunos casos prácticos patentes..., en las circunstancias de la vida hay incontables casos intermedios donde es muy difícil diagnosticar si se trata de la una o de la otra. Hay matices innumerables —dice —en las psicologías y en los objetos que hacen muy difícil precisar cuándo un hombre se realiza en una tarea que supone desprendimiento y autorrenuncia y cuándo se encuentra alie-

---

16. Creemos que el autor tiene cierta razón cuando distingue entre la realización individual y la matrimonial, que se concretiza en «un encuentro en que dos o más seres se comunican atraídos por sus respectivos valores, [por los] que logran una integración amorosa» (pp. 16-17). Pero ninguna realización personal puede ser absolutamente independiente, ya que ee todos los casos somos el resultado de una compleja combinación de factores individuales y culturales.

nado. [Pero] el hecho solo de que el ser humano sea capaz de realizarse en la renuncia y en la donación, en forma más eficaz que por su propia personalización interesada, es ya un misterio cuyas fronteras no se pueden precisar».[17]

Ahora bien, independientemente de este aspecto de la reflexión de Idígoras, hay otro no menos significativo al que dedica desde el principio muy seria atención, por estar íntimamente ligado al problema femenino general: nos referimos a la prevalencia histórica de formas culturales masculinas o masculinizantes, que han ejercido un increíble despotismo sobre la mujer.

El no sólo se refiere al hecho objetivo, observable «durante épocas interminables y oscuras [en que] la mujer ha soportado en pasiva resignación su situación y su desposeimiento y se ha visto privada de muchos de sus valores personales». Achaca también al varón el mayor grado de responsabilidad por esta humillante condición femenina; porque dice que éste «fue sin duda... quien más eficazmente contribuyó a esa sujeción alienante». ¿Y qué le ofreció en cambio? «Una aureola de dignidad, ligada no pocas veces a la religión, que trataba de aliviar su estado oprimido».[18]

Juzgamos que es ahí, es decir, en la atribución de la mayor responsabilidad al varón por la alegada alienada condición de la mujer, donde Idígoras —y con él no pocos autores— incurren no tanto en una injusticia cuanto en una casi absoluta falta de objetividad. Es, si hemos de ser benignos, un error en el que ordinariamente incurren diversos pensadores cuando pierden siquiera momentáneamente el sentido de las proporcions o la ley del promedio —tan importantes y útiles en

---

17. Id., pp. 12-13.
18. Id., pp. 10-11.

la vida de relación como el sano juicio y el sentido común.[19]

Y si es un error achacar al hombre la mayor responsabilidad por la injusticia que entiende se ha cometido tradicionalmente contra la mujer, no lo es menos el imputar al sexo masculino, en cuanto tal, la expresa intención de imponerse y tiranizar al sexo femenino. En ambos casos yerra el autor. En este sentido no sólo habla él de una hegemonía masculina y masculinizante, sino también de un «antifeminismo cristiano», bíblico, que nos parec un criterio extremoso y carente de fundamento histórico, en el marco sereno y equilibrado de la reflexión idigoriana. (Ya tendremos ocasión de volver sobre este punto específico.)

Nosotros, desde luego, sustentamos otro criterio. Creemos que el problema de la humillante condición en que históricamente ha sido sumida la mujer, debe explicarse a la luz de un contexto más amplio o general: *la condición moral-espiritual del hombre a partir de la caída en el Edén.* Si así se hace, pensamos, se verá que el asunto no radica tanto en que la mujer sea o haya sido «para otro», sino en la tergiversación histórico-cultural de ese concepto.

En realidad, el «ser para otro» está en el origen y en la naturaleza misma de la mujer. Al menos ese es el punto a que se arriba cuando el problema se aborda a la luz de la palabra bíblica. Como ha dicho bellamente Catalina: La mujer «está organizada para compadecerse y para sentir... ha nacido para amar, y para

---

19. En este sentido hasta el lúcido y sereno Catalina, no obstante prevenir él mismo acerca de la «indiscreción» de los extremos (o.c. p. 142), incurre en lo que quiere evitar, cuando al referirse a la opinión shakesperiana de que la mujer es manjar digno de los dioses cuando Satán no lo guisa; y no obstante reconocer que esta máxima «es verdad», se apresura a enmendarla diciendo que «no lo es menos que el diablo no entraría en la cocina si las más veces no le abriera el hombre la puerta» (p. 40).

amar puramente, por más que el hombre llene de asechanzas su camino».[20] Pero ese destino —ser para otro—, que juzgamos ha sido adulterado y deformado en el curso de los siglos, debe ser claramente definido en nuestros tiempos de agitada liberación femenina.

Esa definición se precisa y urge no sólo porque como dice Idígoras mientras el «problema [femenino] no se aborde seriamente y se busquen caminos de auténtica liberación, no se podrá hablar seriamente de un progreso real de la humanidad»;[21] y ni siquiera porque sea esa premisa obligada para encauzar por mejor derrotero el movimiento feminista internacional; o por lo menos enderezar el énfasis de aquellos grupos que representan extremas posturas dentro de la corriente liberacionista en el ámbito femenino. La definición —no necesariamente la re-interpretación— del «ser para otro» es un deber de conciencia y un desagravio a la doctrina bíblica al respecto.

IV

Decíamos que lo que se requiere no es una nueva interpretación del problema femenino, sino su adecuada definición. Y es así, porque como también señalábamos, el «ser para otro» se encuentra en el origen y en la estructura misma de la mujer. Esa es la enseñanza bíblica. Por ello también nos referíamos al sentido desagraviante y reivindicativo de la Escritura, que se deriva de una definición precisa del destino femenino.

En efecto, cuando afrontaba la invectiva farisaica que pretendía justificar la epiqueya en base a la cual se permitía al israelita repudiar a su mujer «por cualquier causa» (con lo que el sentido mismo de la Ley

---

20. S. Catalina, o.c. p. 120.
21. J.L. Idígoras, o.c. p. 9.

quedaba adulterado), el Maestro de Nazaret apeló al Génesis para demostrar a sus polémicos adversarios que su conducta era contraria a la voluntad divina, pues «al principio —les dijo— no fue así».[22] Es, precisamente, a ese *principio* al que es necesario ascender si es que se desea arribar a conclusiones válidas y honestas acerca del problema.

Tenemos, pues, en primer lugar, que cuando Dios piensa en la creación de la mujer, tiene en cuenta una onda, íntima y en cierto modo apremiante necesidad del hombre. Podría decirse con verdad que es esa urgencia masculina lo que inspira a Dios la creación de la mujer. El había dado su absoluta aprobación a la obra de sus manos. Con esa sabiduría infinita que le es propia y que en El sólo se encuentra, había declarado que todo lo creado «era bueno en gran manera».[23] Pero con ese mismo certero juicio, al contemplar la apacible soledad del varón, dice que «no es bueno que el hombre esté solo». Y entonces decide, partiendo de esa situación «no buena» (no necesariamente «mala») proporcionarle «ayuda idónea para él», para Adam.[24]

Creemos que es ahí, en esa última expresión del Creador, donde está la *clave* —la piedra miliar— para penetrar, comprender y resolver el problema de la alegada hegemonía varonil y la consiguiente enajenación femenina. La Escritura dice que, efectivamente, Dios hizo a la mujer «para otro». Este sentido va implícito no sólo en el destino femenino, sino en su propio ser —en su estructura y naturaleza.

La mujer debía ser «ayuda idónea» para el hombre. Es una verdad bíblica patente. El ser «para otro» es soberano designio del Eterno. Así fue «en el principio», cuando la sombra del pecado no había aún proyectado

---

22. S. Mateo 19:8.
23. Gén. 1:31.
24. Id., 2:18.

sobre la luz benigna y apacible del Paraíso. Y la mujer había aceptado su misión y su destino sin protesta: era un designio divino al que se acogía gustosa y agradecida.

Pero he aquí que el pecado invade el sacro recinto del Edén y el «ser para otro» pierde su sentido original, celestial. Ahora y desde entonces significará para la mujer el mero-objeto, la mera-diversión en aras del egoísmo masculino avasallador. El alma femenil dejará de ser complemento del alma varonil; la respuesta a su íntima necesidad: la plenitud de su corazón y de su mente. Y será reducida al mero-medio; a la infame condición de mero-vehículo de los fines egolátricos del varón. Mas ciertamente: en el principio no fue así.

Sin embargo, Idígoras no deja de reconocer en el pecado el elemento trágico y decisivo como factor alienante del alma femenina.[25] Pero el problema consiste en la unilateralidad con que aborda las causas y efectos despersonalizadores de la llamada «cultura masculina». s decir: en atribuir o imputar toda o casi toda la pecaminosidad al varón y, consecuentemente, liberar a la mujer de toda o cuasi toda responsabilidad por su propia abyecta condición. El pecado, pues, existe para el autor como fuerza poderosa, dominante y decisiva. Pero mayormente como expresión del egoísmo masculino. De ahí sus enérgicas embestidas contra la opresión del hombre sobre la mujer.

El problema, obvio es, no puede ser fácilmente resuelto. Su profundidad y complejidad son de tal naturaleza que a no pocos pensadores les ha parecido prácticamente insoluble, inexorable, indefectible. Parece claro, no obstante, que el atribuir la mayor responsabilidad al varón, en cuanto tal, no es con mucho el mejor camino para llegar a adecuadas conclusiones. Podría decirse al menos que en el mejor de los casos se arri-

---

25. J.L. Idígoras, o.c. p. 35.

baría a soluciones medias, cuando no del todo fragmentarias. Y lo que se requiere no son media-verdades, sino la verdad íntegra. Tal es la exigencia del complejísimo problema que ahora nos ocupa.[26]

¿Hallaremos la respuesta del problema en las milenarias páginas del Libro? ¿Arroja éste al menos alguna luz que permita orientarnos en medio de la lobreguez de estos tiempos tormentosos; que nos permita ver con claridad la *verdadera causa* del mal y no sólo sus efectos? Creemos que sí. Por ello mismo hemos hablado de la necesidad de volver al principio de su enseñanza milenaria acerca de los orígenes del hombre, la causa de su trágica caída y las diversas, agobiantes y temibles consecuencias de ese desorden cósmico.

La Escritura enseña, como ya dijéramos, que el «ser para otro» estuvo en la voluntad soberana de Dios al disponerse a crear la mujer como «ayuda idónea» para el hombre. Hay aquí, no obstante, algunos problemas al parecer insolubles a la mente humana. Desconocerlos o restarles importancia sería una osadía o una estupidez; pero negarlos podría ser una desgracia a la hora de abordar *vis a vis* el tema que nos ocupa.

En primer lugar, tenemos la divina declaración acerca de la soledad del hombre y la necesidad que había de suplirla y complementarla con la amorosa y simpática compañía de la mujer. Esta, como hemos dicho también, surgía a la vida como la más íntima y quizás apremiante necesidad masculina.

---

26. Hablando de la dificultad implícita en el tema femenino, dice Catalina: «La ciencia de la mujer se parece mucho al patriotismo y al desinterés; muchos hablan de ella y pocos la poseen; esa ciencia no es, como todas las otras, un sistema de verdades más o menos perfecto: es por sí sola el sistema de todas las verdades y de todas las negaciones; la síntesis de las síntesis» (o.c. p. 18).

Había Dios rodeado a Adán del mundo maravilloso del Edén. Mundo fabuloso de rosas y jazmines; de manzanos y granados; de fuentes vivas y de afluentes sonatinos; del trino de las alondras y del rugir del león; del majestuoso porte del águila, y de la tierna inocencia del ciervo; de la acuática habilidad de los peces, y del encanto multicolor de las mariposas. Con el hombre estaba el vigoroso pino y la acogedora encina; la diminuta hormiga y el corpulento elefante; la murmurante abeja y la escurridiza víbora; el áurea corriente del Pisón, el serpentino curso del Gihón, el torrente caudal del Hidekel y la prodigiosa fecundidad del Eufrates. Sobre su nazarea cabellera posaban felices los tenues rayos de la Selenita, la melancólica lumbre de las estrellas o el vivo fulgor del Astro Soberano. La paz lo inundaba todo; la luz lo animaba todo. La vida se expresaba en mil formas —todas divinas, todas celestes.

Y, sin embargo, Dios dijo que el hombre estaba *solo* y que esta soledad no era buena. Mas, ¿no estaba Dios con Adán? ¿No guardaba el Uno y el otro la más íntima, profunda, perfecta comunión? ¿No afirma la mística poetisa que «quien a Dios tiene nada le falta [porque] sólo Dios basta»? ¿No lo llena todo Dios? ¿No es El «el todo en todos»?[27] Si el hombre disfrutaba de su perfección, ¿en qué sentido era «no buena» la falta de una compañera? Si él no necesitaba nada —porque todo lo tenía—, ¿en qué sentido sería Eva su ayuda idónea?

Más aún: si para satisfacer sus urgencias anímicas y espirituales necesitaba Adán de sí mismo: ¿no era esa la suma expresión del egoísmo, de la más increíble egolatría y, en consecuencia, la negación misma del Creador cuya exigencia de honra y adoración no aceptaba excusas? ¿Sería por ventura que el hombre, en su

____

27. Col. 3:11; Efe. 1:23; 1.ª Cor. 15:28.

condición de criatura, era incapaz de absorber en sí mismo al Omnipotente? O bien: ¿no bastaba a Adán, absorbiendo en sí lo que de Dios pudiera o le fuera dable asimilar, satisfacer sus necesidades más íntimas? Y si él no podía ser satisfecho con lo que era capaz de absorber de Dios, ¿lo sería con Eva, es decir, con la asimilación de sí mismo?[28]

El problema, como se ve, es profundo, complejo y al parecer sin solución de continuidad. Sin embargo, ¿no será que no obstante lo dicho, siendo el hombre «imagen y gloria de Dios», y procediendo él y su mujer de Dios mismo, no debían encerrarse en sí, es decir, en la sola satisfacción de sí mismos; sino retransmitir al Creador —en el flujo y reflujo de su intercomunión con El; en la entrega íntima del ser de ambos— la gloria que de Dios tomaban por gracia?[29] Este «tomar para devolver» sería la expresión de un *ciclo vital* entre Dios y sus criaturas: no necesariamente un círculo vicioso.

Estas ideas no son ajenas a la reflexión idigoriana. Cierto que él acoge como válido el criterio de Gertrudis Von le Fort, de que «todo lo que tiene su centro de gravedad fuera de sí mismo (como la madre y la esposa, por ejemplo) es más o menos impersonal».[30] Es verdad que lanza fuertes aunque serenas andanadas contra la agresividad y el espíritu de conquista como factores característicos de la cultura masculina o masculinizante. Pero es también cierto que Idígoras acepta como buena y lícita la condición y el destino que la Biblia asigna a la mujer en su relación con el hombre.

Por supuesto, aquí y allá disiente el autor de fundados criterios bíblicos. Pero estas discrepancias no afectan seriamente lo esencial de la enseñanza escritu-

---

28. Gén. 2:23.
29. S. Juan 1:16; S. Marcos 8:34.
30. J.L. Idígoras, o.c. p. 29.

raria en lo que se refiere a los aspectos vitales de aquella condición y de aquel destino femeninos. Puede decirse que atañen más bien a asuntos secundarios y terciarios en el contexto general de la doctrina bíblica acerca de la mujer.

Hay algo, empero, que nos parece más complejo y difícil de resolver: la declarada aceptación que Idígoras hace del concepto de la mujer como «ser para otro»; y su sorprendente y no muy lúcida pretensión de que el hombre no obstruya y sí expedite el «camino genuino [que aquella ha de encontrar] de acuerdo a su carisma propio y peculiar».[31] El problema está en cómo armonizar, sin disonancias ni asonancias chocantes o repelentes, ambos criterios al parecer antagónicos y en algunos detalles paralelos.

Respecto al primer concepto —la mujer como «ser para otro»— Idígoras se muestra —después de una aparente tambaleante introducción del tópico, claro, vigoroso, profundo. Su reflexión es bíblicamente aceptable y más aún: halla en muchos aspectos fuerte asidero en los fundamentos de la Escritura. Por ello se opone y en cierto modo ridiculiza el criterio de Simone de Beauvoir, de que «en la colectividad humana nada es natural y que la mujer es uno de tantos productos elaborados por la civilización».[32] Con sana e irresistible lógica, desvirtúa y despacha rápidamente la [como ella dice] nunca habría existido el problema opinión de esta autora, al decir él que «si fuera así femenino. O no hubiera tenido la dimensión universal que hoy presenta».[33]

Pero Idígoras, como ya advertíamos, no menosprecia en modo alguno las críticas contra la tradicional actitud del hombre y específicamente contra lo que él describe como «cultura masculina» o masculinizante por

---

31. Id., p. 44.
32. Id., p. 21.
33. Id., p. 43.

su objetivo o por su consecuencia. Al contrario: para él «la alienación es un hecho».[34] Y no sólo eso: por nada excusa ni encubre la responsabilidad que atribuye al cristianismo y a los cristianos por haber permitido o dado ocasión —ya por su indiferencia, ya por su intención expresa o errada —a la terrible y abyecta condición de la mujer. Así, escribiendo de ciertos autores cristianos, dice él:

> *No pocas veces han sido instrumentalizados para mantener la actual alienación femenina. Y es que al exponer de diferentes formas la misión femenina de cooperación o de servicio, daban fácilmente la impresión de mantener el statu quo. La defensa de su tesis parecía a muchos prejuiciados contra el auténtico desarrollo femenino, justificar su condición oprimida y negar la urgente necesidad de un cambio decisivo. Al oponerse al mismo tiempo, a las tesis de las feministas más avanzadas, hacían inevitablemente causa común con muchos enemigos de la mujer. En este aspecto se ha acusado también con frecuencia a la Iglesia. Sus constantes avisos y advertencias contra los posibles abusos de los movimientos feministas no podían menos de dar la impresión de rechazo más o menos implícito. Y las mujeres que combatían en esa hora frente a adversarios muy poderosos no podían menos de desalentarse ante la falta de un apoyo decidido de las fuerzas religiosas.*[35]

Pero el problema se torna harto difícil. Porque Idígoras —no obstante su bien fundada crítica a lo que llama «postura masculinista» de ciertas autoras y agrupaciones feministas para las que «el esfuerzo prome-

---

34. Id., p. 13.
35. Id., p. 27.

teico de algunas mujeres extraordinarias [debe ser aplicado] sin más a todas las mujeres y señalarles un desleza y misión esencial»;[36] no obstante también oponerse tino que parece mostrarse contrario a su misma natura a la idea de una igualdad absoluta del hombre y la mujer por la que ésta quedaría «reducida a un varón disminuido ya sea en lo biológico o en lo psicológico»;[37] no obstante todo ello, plantea la inaplazable necesidad de que el hombre viabilice o despeje la senda de la mujer —su «camino auténtico», dice— que será a la vez la expresión de su propia peculiaridad y carisma femeninos.

Si, como dice el autor, «la mujer que busca su realización en el plano masculino... siempre se hallará desadaptada»;[38] si «es evidente que en el plano de la competencia abierta de lo masculino, como único modelo, la mujer se hallará siempre en inferioridad y con una trágica frustración en su misma existencia»;[39] si él mismo afirma que «tratar de buscar [la solución del problema] en el enfrentamiento mutuo por la lucha, es condenar a la mujer al fracaso y a la servidumbre... [y por ello] el único camino para la victoria femenina es que la contienda no se realice en el plano de la fuerza, sino que cada uno de los sexos concurra con sus peculiaridades al enriquecimiento mutuo... en el plano de la diversidad y del diálogo que respeta las peculiaridades opuestas, donde la mujer tendrá esperanzas de victoria»; si «lo demás no dejan de ser sueños de algunas exaltadas en violenta oposición al sentir profundo de la mayoría de las mujeres»;[40] si todo ello es así, ¿qué significado podría tener entonces, sino la negación absoluta o en gran medida de los argumentos

------

36. Id., pp. 43-44.
37. Id., p. 41.
38. Id., p. 37.
39. Id., p. 41.
40. Id., p. 42.

del autor, el exhortar al hombre a expedir o despejar el «camino auténtico» de la mujer, en el que ésta exprese su «carisma propio y peculiar»?

V

Se nos dirá tal vez que no hemos captado la intención del autor que éste de ninguna manera está proponiendo por un lado lo que resiste por el de otro; que se opone a la realización femenina en el ámbito de lo masculino; que rechaza la competencia por la igualdad entre ambos sexos; que descarta toda posibilidad de triunfo por parte de la mujer en esa lucha desigual; que afirma que de ese modo quedaría asegurada la victoria varonil y la consiguiente servidumbre femenina; que él más bien propone la concurrencia de uno y otro sexo al diálogo respetucso, mesurado, reconocedor de las peculiaridades de ambos y vitalizador de su mutua relación. Todo esto podría argüirse y no vacilaríamos en acceder en lo que sea verdad a todas luces.

Pero el problema es más hondo aún. Porque resulta que Idígoras, al abordar el tema de la misión femenina, y ante las dos vertientes que parecen principales, se resuelve por la que preconiza «lo esencial femenino», de Gertrudis Von Le Fort; al entender que es esa «la mejor solución» que pueda ofrecerse a la discusión y análisis del asunto. lE lector, empero, se preguntará con razón: ¿en qué consiste esa «tesis» y qué implicaciones tendría ante el criterio del autor acerca de la necesidad de despejar el «camino auténtico» de la mujer? A eso vamos.

Según lo expone Von Le Fort, en su obra *La mujer eterna*, y lo interpreta y acepta Idígoras, el destino de la mujer es «ser para la entrega». Esta idea matriz se explaya y explica en otras tres ideas básicas:

a)   El aspecto cosmo-metafísico de la mujer;
b)   su misión de cooperación y servicio; y
c)   la madre como expresión de su carácter anónimo.

El escritor dice que lo que la autora pretende en el primer punto es precisar el aspecto cósmico-metafísico de la mujer; lo femenino como misterio de su categoría religiosa. Esta característica se expresa así:

> *No es la mujer, sino el hombre y su obra lo que constituye el contenido de la vida histórica... La mujer aparece como la plenitud intemporal de un silencio palpitante que acompaña o lleva la voz de aquel. El hombre representa la situación histórica correspondiente; la mujer representa la generación. El hombre significa el valor de la eternidad del momento, la mujer el infinito del transcurso de las generaciones. El hombre es la roca sobre la cual se apoya el tiempo; la mujer es la corriente que la arrastra. La roca está formada, la corriente fluye; la personalidad pertenece en primer lugar al hombre, a la mujer le pertenece lo universal.*[41]

Acerca de la misión cooperadora y servicial de la mujer y su carácter anónimo expreso o manifiesto en la madre, dice lo siguiente:

> *Lo mismo la esposa que la madre representan la misión de cooperación y servicio. «Ese carácter auxiliar y cooperador se da igualmente en la creación biológica y en lo espiritual...» La mujer entregada al hombre, en cualquier forma que sea, le trae como dote la mitad del mundo. En la entrega de la mujer, como revelación*

---

41.   Id., pp. 28-29 y ss.

de esa otra mitad del mundo, se encuentra la participación femenina en la creación histórico-cultural del hombre. Entrega es revelación, pero velada». «Dios crea inexorablemente sólo en las dos formas del ser»... «La mujer como cooperadora oculta representa el anonimato de Dios; lo representa como un lado de lo creado; pero el hombre participa de él, apareciendo en la línea de .a mujer. En la obra conjunta de las fuerzas anónimas y de las reconocibles, se encierra la totalidad de lo creado... La madre expresa de manera aún más honda el carácter de lo anónimo y eterno de la mujer. «La madre es la imagen de la inmensidad terrenal. Por su felicidad como por su dolor pasan los milenios sin dejar huella. La madre es siempre la misma, es la retmenda abundancia, el silencio y la inmutabilidad de la misma concepción, de la conservación y el alumbramiento de la vida... La madre es la mujer intemporal, pues es inmutable... El papel de la mujer es el de conservadora... de los bienes seculares de su pueblo». «La cultura para ser renovada espera que el rostro de la mujer, la "otra mitad" de la realidad se haga visible frente al hombre creador.»[42]

He aquí, en apretada síntesis, la tesis de Gertruidis Von Le Fort, que el autor —pese a su aclaratoria de que no quiere identificarse con todas sus afirmaciones porque «algunas son tímidas y requieren corrección»,[43] acepta sin duda como «la mejor solución» del problema femenino. De esta resumida exposición Von Le Fort —y con ella Idígoras— arriba a la lógica conclusión de que el destino de la mujer «es ser para la entrega»,

____

42. Id.
43. Id., p. 28.

para otro. Esta idea generadora es absoluta y no deja margen a posiciones intermedias ni mediatizadas. La mujer nació a la vida «para otro» y *debe ser* para otro: su esposo y sus hijos, principalmente.

Sin embargo, tanto Von Le Fort como nuestro autor no advierten la antinomia implícita en su propuesta —o más bien su pretensión— de una renovación cultural que requiere y espera la participación femenina como algo indispensable e insoslayable. Cierto que para ambos «la misión de la mujer en la cultura deberá ser femenina y maternal», y que así debe aceptarse «como norma general y básica».[44] Pero ello no empezó, como a renglón seguido observa Idígoras, para que se excluya la posibilidad de que «algunas mujeres… como excepción, [realicen] tareas culturales con exclusión de esa función peculiar y característica de la mujer».[45]

La razón para que no se descarte esa legítima posibilidad de la acción femenina en el plano tradicionalmente varonil, la expresa Idígoras con estas palabras:

> *El espíritu está por encima de los condicionamientos biológicos y es capaz de una increíble variedad dentro de los mismos límites naturales. Pero esa excepción viene a confirmar la ley general de la misión femenina y maternal de la mujer en todos los planos de la vida humana que exige que la mujer sepa manneter su personalidad aun en las tareas más aparentemente masculinas. La riqueza femenina que complementa el varón en la familia, ha de extenderse también al campo cultural. También aquí la misión femenina es diferente y constituye un polo imprescindible sin el que toda producción humana resultará unilateral y empobrecida.*[46]

___

44. Id., p. 65.
45. Id.
46. Id.

Nuestro criterio, desde luego, es otro. Tiene que ser otro. Porque no creemos posible conciliar el destino de entrega de la mujer como esposa y como madre —que es una idea esencialmente bíblica— y esa cooperación que Idígoras le asigna en los planos de la realización cultural. Actividad que como él mismo dice se expresaría con exclusión de la función peculiar y característica de la mujer que es a la vez la «norma general y básica» para explicar y justificar —cristianamente, al menos —el destino femenino.

Se nos dirá, quizá, que el autor expone claramente el concepto de que «la mujer ha de ser esencialmente persona y un ser para sí, [aunque] al mismo tiempo ha de ser una madre, es decir, un ser para otro».[47] Aceptado. Pero es que, bíblicamente, no sólo la mujer sino el hombre mismo sólo es —puede *ser*— cuando ha logrado entregarse a otro —ser para otro espontánea, libre y desinteresadamente—. Y porque es así, —debe ser así— negamos el criterio de Idígoras de que al parecer es imposible una «síntesis perfecta» entre la personalización de la mujer y el ser para otro. La negamos, porque en verdad no existe tal «duplicidad de msiión» femenina. Se trata en todo caso de un sutil artificio del autor para conciliar lo que de suyo es inarmonizable. La misión del autor para conciliar lo que de suyo es inarmonizable. La misión de la mujer —su verdadero destino —está expresado en el *ser para otro*: fundamentalmente en lo conyugal, lo maternal y lo filial. Lo demás, como diría nuestro autor, «es sueño» de algún espíritu liberal exaltado.

VI

Pero Idígoras no niega, en cierto modo, este criterio; ni desvirtúa esta postura como «falsa» o «infun-

---

47. Id., p. 61.

dada». Recuérdese, en efecto, su opinión de que «hay una verdadera humanización en [la] despersonalización» del hombre religioso que «renuncia a su vida y aun a la posibilidad de seguir haciendo el bien, para darse sin medida por una cause altruista».[48] El piadoso, dice él, «por la experiencia profunda de su unión con los demás, es capaz de renunciar a sí mismo como fin incondicional para aceptar en su vida la dulce tarea de dedicación a ios otros».[49] Y lo que dice del hombre en cuanto ser religioso, lo afirma también de la mujer; no sólo en cuanto religiosa, sino en cuanto esposa y madre.

Así, por ejemplo, al analizar la analogía que advierte entre la misión femenina y la religiosa, dice el autor lo siguiente:

> *Sea cual sea la explicación que se quiera dar de la naturaleza femenina, es evidente que la maternidad ha de ocupar un lugar destacado. Si se prescinde de este elemento, se llega a negar la peculiaridad femenina y se convierte de alguna manera a la mujer en un varón más o menos capaz. La maternidad no significa para la mujer algo momentáneo y accidental, como puede ser para el varón la paternidad.[50] Va unida a una larga espera y exige después el cuidado minucioso y paciente del niño que todo lo*

---

48. Id., p. 18.
49. Id.
50. Es admirable la forma en que el autor rebate el criterio de Simone de Beauvoir (y con ésta a las promotoras del feminismo internacional) que según dice él «pinta la liberación femenina como un llegar a identificarse con el varón, una especie de mujer que sólo lo sería propiamente al dar a luz. Como si el sexo fuera —aduce— un mero accidente, al margen de toda vida fisiológica, psíquica y social y se pudiera limitar al momento de la generación o del alumbramiento» (p. 43).

*ha de recibir de la madre. No sólo la lactancia
prolonga esa dependencia de la mujer, sino, sobre todo, la educación... La madre es la verdadera matriz cultural para su hijo, que nace
de nuevo al orden del espíritu en esa nueva
matriz que lo ambienta y vivifica espiritualmente. Si la maternidad se repite, la parte de la vida
de la mujer dedicada a los hijos se hace considerable. Y en ningún caso se puede reducir a
una ocasión pasajera al margen del ser femenino de la madre... Esa dedicación de la madre a su hijo no puede hacerse sino a costa de
una despersonalización... Aquí se trata de un
ser que nada tiene y que todo lo reclama, un
ser que necesita mil cuidados de todas clases y
que exige una dedicación casi total. Se trata de
un encuentro desigual en que la madre da mucho más de lo que recibe con el consiguiente
desmedro para su persona. Encuentro que sólo
se podrá aceptar gustosamente en virtud de una
mística extraña al egoísmo.*[51]

Esencialmente, estos criterios son eco de los postulados bíblicos sobre la auto-entrega. Cristo, y después
los apóstoles, se esforzaron en señalar el lugar, la importancia y trascendencia de este espíritu abnegado como elemento vital del Evangelio. El Maestro la expuso
como el primer requisito, como la principal demanda
y exigencia de la vocación cristiana: «Si alguno quiere
venir en pos de mí —dijo —niéguese a sí mismo, y
tome su cruz, y sígame. Porque tod oel que quiera salvar su vida, la perderá y todo el que pierda su vida por
causa de mí y del evangelio, la salvará».[52] Por ello apela al ejemplo de aquél que dando su vida por el pró-

----

51. Id., pp. 76-77.
52. S. Marcos 8:34-35.

jimo, demuestra con el martirio la excelencia de su amor».[53]

La auto-entrega a los demás no sólo es el elemento esencial y vital de la vocación cristiana, sino ley máxima del Reino de Dios: «Sabéis —dijo en cierta ocasión a sus discípulos que disputaban por el lugar de honor en el reino mesiánico— que los que son tenidos por gobernadores de las naciones se enseñorean de ellas, y sus grandes ejercen sobre ellas potestad. Pero no será así entre vosotros, sino que el que quiera hacerse grande entre vosotros será vuestro servidor, y el que de vosotros quiera ser el primero, será siervo de todos. Porque el Hijo del Hombre no vino para ser servido, sino para servir, y para dar su vida en rescate por muchos».[54]

En el pensamiento y doctrina del apóstol Pablo se advierte también la misma preocupación por fijar claramente este elemento vital evangélico enunciado por Jesús. Escribiendo a los Romanos dice expresamente: «Amaos los unos a los otros con amor fraternal; en cuanto a honra, prefiriéndoos los unos a los otros… Bendecid a los que os persiguen; bendecid, y no maldigáis… No altivos, sino asociándoos con los humildes. Los que somos fuertes debemos soportar las flaquezas de los débiles, y no agradarnos a nosotros mismos.[55] A los Corintios escribe: «Y por todo (Cristo) murió, para que los que viven, ya no vivan para sí, sino para aquel que murió y resucitó por ellos».[56] A los Filipenses exhorta: «No mirando cada uno por lo suyo propio, sino cada cual también por lo de los otros… Porque todos buscan lo suyo propio, no lo que es de Cristo Jesús».[57]

---

53. S. Juan 15:13.
54. S. Marcos 10:42-45.
55. Rom. 12:10-14-16; 14:7-8; 15:1.
56. 2.ª Cor. 5:15.
57. Fil. 2:4-21.

Pablo veía una maldición en que todos propendieran naturalmente a buscar «lo suyo propio». El sabía que tal actiud era contraria al espíritu de Cristo, pues como había dicho en su magistral himno al amor, éste, cuando es auténtico, «no busca lo suyo».[58] Comprendía el apóstol que cuando un cristiano daba cabida al egoísmo en su corazón, su actitud llevaba implícito un descuido injustificable de «lo que es de Cristo Jesús». En cambio reconocía como unas de las más ricas bendiciones de la comunidad cristian, que cada cual procurara *también*[59] el bien del otro; pues de esa manera no sólo se buscab el bien de todos, sino la gloria del Señor, que es o debe ser el fin, meta o propósito último de todo el «quehacer» y el «no quehacer» del creyente.[60] Por ello decía: «Ninguno busque su propio bien, sino el del otro».[61]

Ahora bien: si hay alguien a quien apelan estos postulados neotestamentarios, es precisamente a la mujer. Porque ella, más que ningún otro ser humano, fue creada con el propósito expreso —con el soberano y divino designio— de ser para otros: para su marido e hijos. Cierto que ya hemos dicho algo en ese sentido; pero como aquí radica la base misma del tema que nos ocupa, se requiere insistir aún en él.

Creemos, pues, que la disposición a la auto-entrega es en la mujer una virtud connatural. Dios dispuso que así fuera en el orden natural de las cosas. Y lo hizo

---

58. 1.ª Cor. 13:5.
59. La exhortación apostólica no es la negación absoluta del procurar el propio bien. Se trata de establecer el principio de que el bien del prójimo debe estar siempre en la preferencia a la hora de una decisión entre su felicidad y la nuestra. Por eso dice Pablo, no que descuidemos nuestro propio bien, sino que además del nuestro procuremos «también» el de los otros.
60. Rom. 14:6; Col. 3:17-23.
61. 1.ª Cor. 10:24.

antes de la caída de Adán: cuando creó a Eva para su esposo y la sujetó a la voluntad de éste.[62] Luego de la caída Dios reiteró la autoridad del hombre sobre la mujer; pero lo hizo entonces como juicio punitivo por la desobediencia de va. El Creador dijo expresamente a ésta: «Tu voluntad será sujeta a tu marido, y él se enseñoreará de ti».[63] Dicho de otro modo: Dios no sólo ordenó la sujeción de la mujer al hombre cuando ambos eran inocentes, sino que la confirmó, en forma de juicio, contra la mujer cuando dejaron de ser santos y se convirtieron en pecadores.

Idígoras distingue, empero, entre «resignación pasiva» —efecto de la impotencia femenina— y «abnegación amorosa» —expresión espontánea de la potencia del alma; de la nobleza de espíritu en la mujer. La primera, dice, explica la tiranía y el despotismo ejercido históricamente por el varón contra la mujer. La segunda, es la razón de tanta prueba de amor, paciencia, dulzura, cuidado, calor, delicadeza de la esposa y de la madre.

Juzgamos, no obstante, que la dicotomía idigoriana es superficial o, cuando menos, muy útil. Lo más probable es que la resignación pasiva y la abnegación amorosa sean sólo el anverso y el reservo de una sola moneda; aspecto dúplice de una misma alma. O que la primera sea la versión secular de algo muy sagrado en la mujer: la espontánea auto-entrega al otro. Puede decirse, en todo caso, que sin esa disposición natural no existe ni se explica la «resignación pasiva» ante la alegada hegemonía masculina contra la mujer.

VII

Sin embargo, el autor está persuadido de que la resignación pasiva es la más vil consecuencia del egoísmo

---

62. Gén. 1:28-30; 2:18-21 y ss.
63. Id., 3:16-17.

masculino; mientras que la abnegación amorosa es fruto de la virtud femenina. Es un error. Ya hemos indicado que el problema no puede reducirse a ees estrecho marco, sino analizárselo a la luz de un más amplio contexto: el de la condición humana general.

Idígoras, como también advirtiéramos, no niega y sí reconoce el pecado como factor negativo y decisivo en las relaciones históricas del hombre y la mujer. Lo admite, por lo menos, cuando ve en la «religión establecida» como función cultural una muy íntima semejante con la condición del individuo, y una parábola de «la trágica escisión de lo humano en lo masculino y lo femenino que son vertientes —dice— de una realidad humana indisoluble».[64]

Pero aun admitiendo la gravedad del pecado como elemento decisivo, determinante, del dram humano; y aun expresándose en forma tan lúcida y precisa al respecto; como que se ciega y pierde el camino que conduce directa y ascendentemente al origen y causa de la tiranía que se alega ejerce el hombre contra la mujer —el llamado «sexo fuerte» contra el «sexo débil»—.[65] Ello le lleva a asumir posiciones extremas y a veces dudosas contra el cristianismo que él mismo profesa.[66]

------

64. J.L. Idígoras, o.c. p. 35.

65. A propósito de esta expresión común —«sexo débil»— es preciso señalar que la Biblia, de donde probablemente se extrae la frase, no habla de «sexo débil» femenino por contraste al «sexo fuerte» masculino. El apóstol Pedro exhorta a los esposos cristianos a dar «honor a la mujer como a vaso *más frágil*» (1.ª Ped. 3:17). El adverbio cuantitativo «más» indica obviamente que el hombre es sólo «menos frágil», pero no «más fuerte» que la mujer, no «fuerte» por oposición a la mujer «débil». Ambos son frágiles y por ello se requieren mutuamente para no naufragar en la vida conyugal.

66. Un ejemplo lo hallamos cuando arguye que se precisa «reconocer que los cristianos no hemos estado en primera fila en la lucha por los derechos justos de la mujer y que muchas veces las autoridades eclesiásticas con sus admoniciones y amenazas han servido más bien de freno a las aspiraciones femeninas de justicia» (véase p. 40).

De este modo, al referirse a la obra *La mística femenina*, de Betty Friedam, la describe como «una crítica ardiente contra una mística fomentada que ha llevado a la mujer, más en concreto a la mujer norteamericaan de la clase acomodada, a identificarse con el papel de ama de casa y renunciar a toda tarea ulterior que signifique una entrega constante y dedicada a la investigación o a la vida cultural. El fondo de su crítica —aduce— creemos que está plenamente justificado. Pues no se trata de una mística brotada espontáneamente del corazón de la mujer y que magnifica su vida, sino de una manipulación exterior y dirigida para recluir a la mujer en el hogar y cortar las alas que el movimiento feminista había tratado de darle».[67]

Así, pues, Idígoras está convencido de que «los tiempos han cambiado para la mujer», y que merced a las mayores comodidades que la técnica le ha proporcionado hoy «empieza a sentir su tiempo y su misión vacíos». Esto es mayormente cierto en la experiencia de aquellas mujeres que poseen formación académica y que, según él, «no pueden llenar su espíritu con vaciedades sin sentido».[68] De ahí su crítica al cristianismo por su responsabilidad en los esfuerzos para frustrar el anhelo femenino a una participación activa y destacada en la reorientación cultural y en la construcción de la nueva sociedad:

La contraposición entre lo masculino y lo femenino ha podido llevar no pocas veces a exclusivismos discriminatorios. El descubrir de antemano un prototipo femenino ha conducido

---

67. Dice, además, que «en la ideología de esa falsa mística femenina una una concepción estrecha de la mujer y de su misión, un temor a que pueda competir abiertamente con el varón, una presión ejercida muy sutilmente para que la mujer se mantenga encerrada en su confortable campo de concentración» (véase p. 45).

68. Id., p. 46.

frecuentemente a violentar las tendencias naturales de la mujer concreta que había de renunciar a sus ideales espontáneos en aras del ideal forjado por la sociedad en forma estereotipada. Así se ha utilizado la peculiaridad femenina, para excluirla de ciertas profesiones y tareas a las que muchas mujeres se sentían llamadas. Esta clasificación discriminatoria supone una negociación de la misión personal del ser humano que se ha de realizar en la libertad y por encima de los condicionamientos raciales y fisiológicos.[69] Por eso debemos rechazarla, al igual que todo marco de impositivismo que prejuzga la tarea o el destino de la persona.[70]

Ahora bien: sin negar o desvirtuar que expresiones diversas del cristianismo hayan propiciado —de por sí o en complicidad con fuerzas políticas o ideológicas seculares— la implantación de una cultura masculina, se precisa esclarecer —a la luz de la Escritura y de la experiencia histórica de la iglesia prístina— los diversos con-

---

69. A este propósito dice Alexis Carrel: «Las diferencias que existen entre el hombre y la mujer no provienen de la forma particular de sus órganos, de la presencia del útero, de la gestación o del modo de educación. Son de naturaleza más fundamental, determinadas por la estructura misma de los tejidos y por la impregnación de todo el organismo de substancias químicas específicas secretadas por el ovario. La ignorancia de estos hechos ha llevado a las promotoras del feminismo a creer que ambos sexos debían tener la misma educación, los mismos derechos y las mismas responsabilidades. En realidad, la mujer difiere profundamente del hombre». Por ello advierte que siendo «las leyes fisiológicas tan inexorables como las del mundo sideray [y que por ello] no pueden sustituidas por los deseos humanos [no hay otra alternativa]: estamos obligados a aceptarlas como son, [porque entre hombre y mujer] existen diferencias irrevocables que es imperativo tenerlas en cuenta al construir el mundo civilizado» (*La incógnita del hombre*, pp. 98-241-281).

70. J.L. Idígoras, o.c. p. 55.

ceptos, postulados y doctrinas bíblicos acerca de la mujer, su origen, condición, posición social y lugar en el ámbito evangélico o cristiano.

Digamos, en primer lugar, que a nadie escapa hoy el hecho de que en 'o que se refiere a la mujer —como en general en todo cuanto atañe al hombre y a su mundo— representa el cristianismo la reivindicación y la justicia. El advenimiento de Jesucristo significó no sólo liberación del hombre en cuanto varón, sino elevación de la mujer desde la más abyecta condición a la más respetuosa dignidad. Cristo, al vindicar la Ley divina con su vida y ejemplo, no sólo interpretó fielmente su espíritu, sino que rescató el alma femenina de la profunda degradación a que había descendido del hombre y de la sociedad antigua. Como ya mucho advertía el «poeta filósofo» Ramón de Campoamor, en su festivo prólogo a la citada obra de Catalina, «desde que Dios vino al mundo, las mujeres tienen también su mundo moral como nosotros los hombres».[71]

Y en efecto, Una simple ojeada al Nuevo Testamento bastará para persuadir al más escéptico de que en verdad nada como el cristianismo —antes ni después— retoma la perida nobleza de la mujer ni nada la eleva a los ojos de Dios y de los hombres. Como lo dice con palabras elegantes Severo Catalina,

> *El cristianismo, que ilustra y dignifica cuanto en la serie de los siglos toca, elevó también la naturaleza del amor. El amor de las pasadas edades había producido las Fedras y las Didos; el amor santo que brotó de la doctrina salvadora produjo las Magdalenas...[72] En la remota civilización del antiguo Oriente, la mujer ofrece los caracteres de la más humillante dependencia: la*

---

71. S. Catalina, o.c. p. 9.
72. Id., pp. 54-55.

*poligamia domina por todas partes. En la culta
Roma la mujer desciende en el termómetro de
la personalidad hasta cero, y aun más bajo de
cero. La doctrina celestial del Salvador del mundo devolvió a la mujer sus derechos; hizo de la
esclava, compañera, sancionó la unión con el
hombre de una manera solemne, y puso el cimiento a la nueva sociedad, que se alzó robusta
sobre las ruinas de la sociedad antigua. La historia del matrimonio y de la mujer forman la
historia de los verdaderos progresos de la humanidad; o, como si dijéramos, acompañan paso
a paso la historia del cristianismo.*[73]

Sin embargo, no se trató simplemente del «brote»
doctrinal que reconoce la dignidad y el valor femeninos.
A partir de Cristo la mujer deja de ser un objeto más o
menos útil, y se reintegra a su original condición de
esposa, madre y compañera. «En el Nuevo Testamento
aparece un gran lista de mujeres que con sus vidas y
acciones enmarcan la vida y el ministerio de Jesús. Entre ellas están: María, la madre del Señor; Elisabet, la
madre de Juan el Bautista; Ana, la anciana profetisa;
la suegra de Pedro; María y Marta, hermanas de Lázaro;
la samaritana; la suegra de Pedro; Juana, mujer de
Chuza; María Magdalena; María, esposa de Cleofas; la
mujer anónima que tocó el manto de Jesús; la sirofenisa;
la viuda de Naín, y otras más que "él había sanado de
espíritus malos y enfermedades" (Lc. 8:1-3). Todas estas mujeres, al igual que los apóstoles, acompañaban al
Señor, y son testigos de grandes hechos.»[74]

Idígoras no ignora estas realidades. Al echar una mirada retrospectiva a la historia pre-evangélica, y con-

---

73. Id., p. 87.
74. A.C. Vázquez, *Prticipación de la mujer en la vida
y obra de Cristo* (art.), *La Biblia en América Latina*, núm.
114, México, 1975.

264

templar a qué grados de humillación había descendido el alma femenina en el juicio y la estimación de sabios e ignorantes, se ve él obligado a confesar que, efectivamente, «el giro decisivo hacia la interioridad que aporta el evangelio no podía menos que redundar en favor de la mujer. El evangenlio, como aurora de la verdadera religión, supone una revalorización de la dimensión femenina... La bondad y ternura del Dios que predica Jesús tiene una predominante colaboración femenina. No se trata del Dios que crea la vida pujante y avasalladora. Es de alguna manera la Madre que acoge lo que queda rezagado y perdido en la marcha violenta de la vida. Es la Madre que muestra mayor predilección por los hijos más pecadores y abandonados...» [75]

VIII

No obstante la toma de conciencia que significa el cristianismo ante cualquiera otra doctrina pre o postevangélica y en lo que atañe a la mujer, conviene evitar a toda costa indebidas interpretaciones de esa realidad, que conduzcan a su vez a extremosos criterios, a dudosas exageraciones o a supuestos teológicos no autorizados por la Escritura, de los que juzgamos no logra evadirse a tiempo nuestro autor. Cierto que «la Biblia da un lugar de honor a la mujer». Pero ese reconocimiento básico «ni la subestima, no la exalta» exageradamente: «simplemente le da las prerrogativas de toda persona, en igualdad de circunstancias con el hombre, pues ambos son criaturas de Dios y complemente uno del otro».[76]

Debemos, pues, comenzar estableciendo la doctrina bíblica respecto a la condición de la mujer. Ya hemos dicho algo de ello, pero muy someramente. En sus oríge-

____

75. J.L. Idígoras, o.c. pp. 134 y ss.
76. A.C. Vázquez, art. cit.

nes la mujer fue expresión de la voluntad divina en la misma forma y medida en que lo fue el hombre: «Entonces dijo Dios: hagamos al hombre a nuestra imagen, conforme a nuestra semejanza... Y creó Dios al hombre a su imagen, a imagen de Dios lo creó; varón y hembra los creó».[77]

Es decir: para Dios no existe el hombre como ente único, como sexo, sino en tanto en un ser complejo: varón-hembra. Por ello también, cuando contempla al hombre en el Edén, piensa Dios que aquél está *solo* y necesita su imprescindible complemento y plenitud: la «ayuda idónea» del Génesis. Con razón pues, cuando el Creador, divino Anfitrión, presenta la mujer al varón, expresa éste —en una demostración única de inteligencia y buen juicio— el mejor y más bello elogio hecho jamás al alma femenina: «Esto es ahora hueso de mis huesos y carne de mi carne; ésta será llamada Varona, porque del varón fue tomada».[78]

Tal vez se pensaría que con la caída la mujer perdió su dignidad y rango para con el hombre, como éste había perdido la comunión y la gloria del Creador. Pero no fue así. No obstante su nueva condición pecadora, mantuvieron entre sí y para sí la misma original posición dispuesta y ordenada por Dios: a saber, el varón *cabeza* de la mujer, y ésta *compañera*, complemento sujeto a la voluntad de aquél. Emepero ambos perfectamente unidos per el sagrado vínculo del amor. Antes y aún después de la introducción del pecado en el mundo, el hombre dejaría a su padre y madre y se uniría a la mujer, logrando así una comunión tan íntima, profunda y perfecta, que ya no sería él ni serían dos, sino «una sola carne», un solo ser.[79]

Con el correr de los siglos el fundamento y la práctica de la vida conyugal serían desvirtuados, menos-

---

77. Gén. 1:26-27.
78. Id., 2:22-23.
79. Id., v. 24.

cabados y aun despreciados. Y aunque es verdad el juicio cataliniano de que con la ciencia femenina ocurre de ordinario lo que con el patriotismo y el desinterés (se habla mucho de ello y pocos la poseen), pensamos que nadie ignora, hoy al menos, cuál ha sido el víacrucis de la mujer universal durante milenios. Por eso soslayamos el entrar en pormenores del tema y concentrarnos en aspectos tal vez menos trillados del mismo.

Jesucristo primero, y los escritores del Nuevo Testamento después, no introducen lo que con propiedad y en verdad pudiera describirse como reintrepretación de la condición de la mujer. En este aspecto, como en otros de alguna manera relacionados con lo femenino, el Maestro y sus apóstoles no ofrecen una «nueva interpretación»: se imponen el deber moral de vindicar la Ley divina. La norma para este caso, y en todos los demás, la trazó el Señor mismo cuando dijo: «No he venido a abrogar la ley, sino a cumprirla».[80] Los discípulos, y con ellos todos los cristianos, han acatado este principio históricamente.

El apóstol Pablo, por ejemplo, es el escritor neotestamentario que con más amplitud y propiedad aborda el tema de la mujer y específicamente el de su condición. y no sólo de la mujer en cuanto tal, sino en su interrelación con el hombre como esposa y madre. No solamente restablece él la posición de la mujer respecto al varón sino la de éste respecto a la mujer, siempre a la luz de la Palabra. En su epístola a los Efesios, expone el concepto divino acerca del uno, de la otra y de ambos: «El marido es cabeza de la mujer.» [81] En su primera epístola a los Corintios se explaya más en este principio y aduce su fundamento bíblico: Porque «el varón... es la imagen y gloria de Dios pero la mujer

---

80. S. Catalina, o.c. p. 18.
81. S. Mateo 5:17.

del varón, y tampoco el varón fue creado por causa de la mujer, sino la mujer por causa del varón...»[82] Tenemos, pues, en primer término, la posición del hombre con respecto a la mujer.

Ahora bien: esa posición de «cabeza» y «fin» dado por Dios al hombre, a saber, ordenado por El en el mundo, no está exenta de deberes del varón para con la mujer. Al contrario: Pablo, y en general todos los escritores del Nuevo Testamento, asignan al hombre diversas obligaciones en la vida conyugal, en casi idéntica medida en que le fijan responsabilidades para con Dios y los hombres. Así pues, el primer deber del hombre para con su esposa es el *amor*. El apóstol de la gentilidad lo expresa de este modo: «Maridos, amad a vuestras mujeres».[83] En este sentido apela Pablo a dos argumentos decisivos: *a*) que «el que ama a su mujer, a sí mismo se ama»;[84] y *b*) que ese amor halla su ejemplo e inspiración en el amor inefable de Cristo, quien «amó a la iglesia, y se entregó a sí mismo por ella».[85]

El apóstol Pedro, por su parte, corrobora la doctrina paulina al exponer los diversos deberes conyugales en su primera epístola universal: «Vosotros, maridos... vivid con ellas sabiamente, dando honor a la mujer como a vaso más frágil».[86] Pero él recurre a otras razones que las de Pablo para instar al cumplimiento de ese deber primario del hombre. Dice, en efecto, que éste, al dispensar sus cuidados y delicadeza a la mujer, ha de hacerlo «como a coherederas de la gracia de la vida y, en segundo lugar, «para que vuestras oraciones no tengan estorbo» delante de Dios.[87]

El varón, pues, cabeza de la mujer. Como al debe amarla, cuidarla, protegerla. ¿Cuál será, entonces ,la

______

82. Efe. 5:23; 1.ª Cor. 11:3.
83. Id., vv. 7-8.
84. Efe. 5:25.
85. Id., vv. 28-33.
86. Id., v. 25.
87. 1.ª Ped. 3:7.

posición de la mujer para con el hombre? Nuevamente Pablo, haciéndose eco de la voz del Génesis, tiene la palabra: «Las casadas —dice— estén sujetas a sus propios maridos...»[88] En esta *sujeción* hemos de hallar no sólo la posición femenina respecto a la masculina, sino el primer gran deber de la mujer. El apóstol dice que ésta debe «respetar a su marido».[89] Pedro apela al histórico ejemplo de Sarah y al de «aquellas santas mujeres» que en la antigüedad «esperaban en Dios, estando sujetas a sus maridos». De Sarah dice que «obedecía a [su esposo] Abraham, llamándole señor».[90]

Pablo no sólo explica el principal *porqué* de este deber femenino. Aduce también otros no menos importantes y significativos. Es decir: él no solamente funda esa obediencia de la mujer en la condición de *cabeza* (jefe) y *fin* (objetivo) del hombre; ni en la mujer como procedencia y gloria del varón. Apena, además, a lo que podría ser descrito como «razones de fe»; a saber, la necesidad de una debida sujeción femenina, no ya, desde luego, como deber primario de la mujer hacia el hombre, sino como *medio* o vía de ganar la fe de los hombres en Jesucristo.

Así, en su ya citada epístola a los Corintios, cuando aborda el tema de los llamados «matrimonios mixtos», es decir, aquellas uniones conyugales entre cristiano e inconverso, ofrece el apóstol su más sano y prudente consejo: «Si algún hermano tiene mujer que no sea creyente, y ella consiente en vivir con él,[91] no la abandone. Y si una mujer tiene marido no creyente, y él consien-

---

88. Id.
89. Efe. 5:21.
90. Id., v. 33.
91. Se hace oportuno señalar que Pablo no está sancionando y ni siquiera insinuando la legitimidad de tales uniones. El más bien supone que éstas existen ya cuando se produce la conversión del cónyuge. Desde luego, hablamos de «legitimidad» desde el punto de vista de la ética cristiana: no desde el judicial-social.

te en vivir con ella, no lo abandone. Porque el marido incrédulo es santificado en la mujer y la mujer incrédula en el marido; pues de otra manera vuestos hijos serían inmundos, mientras que ahora son santos. Pero si el incrédulo se separa, sepárese; pues no está el hermano o la hermana sujeto a servidumbre en semejante caso, sino que a paz nos llamó Dios.» Sin embargo, añade: «Porque ¿qué sabes tú, oh mujer, si quizá harás salvo a tu marido? ¿O qué sabes tú, oh marido, si quizá harás salva a tu mujer?»[92]

El apóstol Pedro trata también el asunto. Dice, en efecto, que las mujeres cristianas deben sujetarse a sus maridos «para que también los que no creen a la palabra [de Dios], sean ganado sin palabra por la conducta de las esposas».[93] Y así como se exhorta al hombre a amar, cuidar y proteger su mujer —no sólo porque ese es su deber y él mismo se ama cuando ama, sino por el sublime y eterno ejemplo de Cristo; de la misma manera dice Pablo que las casadas deben sujetarse a sus esposos «como al Señor... como la iglesia a Cristo... como conviene en el Señor... como Sarah a Abraham...».[94]

IX

Pablo dice, por otra parte, que la mujer cristiana virgen se afana por agradar a Dios, mientras que la casada por agradar a su marido. Y aunque ve en ello una «diferencia» y tal vez cierta «ventaja» de aquélla sobre ésta, no insinúa siquiera que la condición de esposa sea inferior ni superior a la condición de soltera... ni viceversa. Es más bien cuestión de grados:[95] cuando

---

92. 1.ª Ped. 3:5-6.
93. 1.ª Cor. 7:10-16 y ss.
94. 1.ª Ped. 3:1.
95. Efe. 5:22-24; Col. 3:18; 1.ª Ped. 3:5-6.

la mujer acata en su vida la disposición, el ordenamiento divino de las cosas —su misión y destino— se verifica plenamente la palabra salomónica de que «el que halla esposa halla el bien, y alcanza la benevolencia de Jehová; pues «la mujer virtuosa es corona de su marido» y, siendo prudente, a saber, siendo de Dios y temiendo a Dios, edifica su hogar.[96]

No obstante, Idígoras cree que la condición tradicional de la mujer de «ser para otro», lleva implícita la humillación de «no ser para ella». Para el autor, la mujer permanece, por lo general y en diversas circunstancias, «en la línea de los medios», del mero-objeto. Ve en ello la tiranía del varón y, por efecto, la despersonalización del alma femenina que se entrega a sí misma en aras de aquél y de sus hijos.[97] Pero, obviamente, es un error. Porque si hemos de dar crédito a la palabra apostólica, de que el hombre que ama a su mujer «a sí mismo se ama», la abnegación cariñosa y espontánea de la esposa-madre se verá, no como una degradante alienación, sino como el cumplimiento del designio divino. A esto es preciso agregar —y no olvidar— que por el vínculo conyugal el hombre deja de ser un ente solo, aislado, único, y viene a ser «una sola carne» con su mujer.

No vamos a negar o a ignorar que la historia está llena de bochornosas excepciones. Es más: no vacilamos en conceder cierta razón a Idígoras cuando describe las diversas culturas históricas como predominantemente masculinas o masculinizante. Pero como también hemos dicho, la implantación de una «cultura masculina» es en gran parte la aplicación o el cumplimiento del juicio divino por el pecado de la mujer, de Eva.

Por otra parte, sin embargo, el carácter hegemónico y opresivo de la cultura masculina no es sólo un es-

---

96. 1.ª Cor. 7:3234 y ss.
97. Prov. 14:4; 14:1; 18:22; 19:14; 31:30.

cándalo, sino una contradicción en sí misma. Esta se opone a la ordenación natural por la que el cuidado que el varón dispensa a la hembra es —debe ser— el resultado inevitable de la propia estimación y del amor propio. Así lo dice Pablo: «El que ama a su mujer, a sí mismo se ama. Porque nadie aborreció jamás a su propia carne, sino que la sustenta y la cuida.»[98] Y aduce: «Cada uno de vosotros (los maridos cristianos) *ame* también a su mujer *como a sí mismo*; y la mujer *respete* a su marido.»[99]

Nuestro autor, sin embargo, deplora en cierto modo que la felicidad de la mujer haya sido y sea con frecuencia «la [felicidad] del marido y la de los hijos»; y que esa sea también la meta impuéstale por la «cultura masculina» y acogida sumisamente por la mujer como «misión de Dios» confiada a ella. Pero él olvida que sólo *se es* verdaderamente cuando se es *para otro*. No se haya, como cree él, una opción o una alternativa entre «ser uno mismo» y «ser para otro»; es decir, como formas varias de *llegar a ser*. La Biblia no plantea el *deber ser* sino como el *ser para otro*: el «ser solo» no existe en el ámbito bíblico.

Aun en la esfera fisiológica no se da la individualidad absoluta. «El alma no puede ser separada del cuerpo, la estructura de la función, la célula del medio, la multiplicidad de la unidad, o lo determinante de lo determinado... La individualida es real, sin duda. Pero es mucho menos definida de lo que creemos. Y la independencia de cada individuo de los demás y del Cosmos es una ilusión» Por ello ha sido harto comprobado en la experiencia humana que «la individualidad se fortifica o se debilita según las condiciones del ambiente [y] cuando estas condiciones son particulamente desfavorables se disuelve».[100]

---

98. J.L. Idígoras, o.c. p. 13.
99. Efe. 5:28 y ss.
100. A. Carrel, o.c. pp. 241-242.

Es por esa misma razón que el cristianismo plantea el *ser para otro,* no como disyuntiva, sino como *deber ser;* el «to be or no to be» shakespereano. Para el Evangelio «ser para otro» es *ser verdaderamente.* Pero «ser para sí» es el más trágico *no ser,* la nada. El máximo ejemplo aportado por el cristianismo es Cristo mismo: él «se dio a sí mismo» en ofrenda a Dios. Su vida toda fue un sacrificio de lor suave. Y aun su entrega al servicio del hombre no existe ni se explica sino como consecuencia y reflejo de su auto-entrega al Padre.

Hemos de decir, por otra parte, que normalmente se tienen conceptos extraños de la felicidad. De ordinario lo que los hombres tienen por tal no coincide con lo que Dios entiende es la felicidad. Para el hombre, felicidad es sinónimo de placer, disfrute, confort. Para Dios es procurar el bien ajeno con preferencia al propio y hasta concluir en la auto-entrega, como Cristo. La felicidad, en el concepto humano, es casi siempre fruto primero o serondo del egoísmo; la felicidad en el concepto divino casi siempre expresión de amor auténtico, verdadero.

Y decimos «casi», porque en toda acción humana objetivamente digna y noble, queda siempre un margen a la futilidad. Esto, que puede parecer extraño pero que no lo es, es claramente expuesto por el apóstol Pablo en su epístola primera a los Corintios. Según él, es posible que un hombre entregue su hacienda para alimentar a pobres y aun dé su cuerpo para ser puesto en la hoguera y, no obstante, en ambos casos carecer de la inspiración sublime del amor auténtico, por el que uno y otro gesto cobrarían significado y el donante el *ser real.*

Por más, empero, que la idea paulina nos asombre —y en verdad debiera aterrarnos— no puede negarse la posibilidad de que la obra de amor lo sea realmente. Es decir: aun dejando ese «margen a la futilidad» a que nos referimos, no debemos descartar absolutamente la expresión del amor auténtico. De otro modo ninguna obra tendría sentido; el amor mismo vendría a ser palabra hueca y la vida carecería de belleza, aroma y color. Por ello también sería ilógico que alguno que realmente ame se rehusara al servicio y a la abnegación cariñosa por los demás, y que en esa senda luminosa y ascendente no quisiera alcanzar el climax glorioso en la auto-entrega al prójimo, al hermano. «Nadie tiene mayor amor que éste —dice Jesús— que uno ponga su vida por sus amigos.»[101]

¡Si tendría él razón al decirlo!

La mujer, pues, que de suyo actúe así —como esposa, madre o esposa-madre—; es decir, que asuma con amorosa abnegación el destino divino en su propia existencia, *será realmente* y será feliz.

Idígoras no desconoce del todo esta realidad. El mismo reconoce que son legión las mujeres que en la historia de la humanidad «se consagraron con pasión ilusionada a la vida y al bienestar de sus hijos y esposos, sin reclamar retribución alguna ni exigir una posibilidad de personalización autónoma». Por ello se pregunta con sana lógica: «¿Se puede llamar alienación a esa satisfacción feliz y a es adedicación al otro desinteresada y altruista?... No se puede, sin más —concluye— definir la alienación por la propia despersonalización al servicio del otro.»[102]

La alegría tampoco está ausente de la amorosa entrega. Diríase más bien que, al contrario, con frecuencia es su causa, origen o expresión. Pero no se trata de una alegría que brota al conjuro de «una fuerza mística y religiosa», como la que atribuye el autor a la capacidad de auto-entrega de la esposa y de la madre. No hay nada misterioso, exotérico o mágico en este contento; como no lo hay en el amor que lo ins-

---

101. S. Juan 15:13.
102. J.L. Idígoras, o.c. p. 14.

pira. Ambos —el amor y la alegría— son flor y fruto divinamente cultivados en el corazón mismo del ser femenino. De igual modo la satisfacción y la felicidad —que integran con la alegría la más perfecta, y armónica trilogía— no son extrañas a la consagración al otro, al prójimo, sino sus más legítimas hijas. Podría decirse con verdad que las tres —alegría, satisfacción y felicidad— son perlas ambas de igual precio del buen cofre del corazón abnegado.

Es pues por ello que nosotros —como el autor— no vacilamos en hacer ciertas concesiones al feminismo. Y lo hacemos, no meramente como ardid retórico, sino en reconocimiento y vindicación de la justicia. Pero creemos que la lucha por los «derechos» de la mujer debe desenvolverse en el plano de lo puramente femenino. Es decir: que el esfuerzo y el énfasis de todo movimiento de esa naturaleza debiera encaminarse u orientarse, no a la obtención de una supuesta «igualdad» con el hombre, sino a la elevación de la mujer en cuanto tal.

Este objetivo no es ilusorio, utópico o mítico. Porque la mujer —merced a ese espíritu de abnegación que Dios puso en lo recóndito de su alma— es capaz de realizarse por esa vía. Esa es su meta y su reto. Aceptarlos como misión y destino suyos será la mejor y más elocuente demostración de que no se ha desatendido y sí se ha respetado es «misterio más hondo» de que habla Idígoras; ese misterio impreso, sin dua, en la ordenación divina de las cosas.[103] La mujer que así haga estará, como dice Catalina, venciendo la modestia, auxiliada por la prudencia, para no perder definitivamente la una ni la otra.[104]

---

103. Id., p. 11.
104. S. Catalina, o.c. p. 32.

X

Por otra parte, hemos hecho referencia al criterio idigoriano de que ciertos autores, al abordar el problema femenino contemporáneo, y no obstante expresar «en lo fundamental el pensamiento cristiano», dan de ordinario la impresión de que se proponen mantener el *statu quo* en la comunidad donde desenvuelven sus actividades intelectuales. Sabemos por experiencia propia lo que el autor dice. Por ello no nos sorprendería que estos comentarios fueran tildados de reaccionarios o, si se es más benigno, de veto a la liberación femenina.

Tampoco dudaríamos que el autor, no obstante su habitual mesura, incluyera este libro, o por lo menos esta parte de él, entre los ejemplos de esa «falsa mística femenina» a ia que esría preciso combatir, dice, si llegare a convertirse «en instrumento represivo que impide la personalizació de la mujer».[105] Y no sería extraño, porque él entiende que «es ingenuo pensar que la lucha por la justicia que va indsolublemente ligada a la renuncia de privilegios, se pueda realizar sin extremismos apasionados».[106] Somos del pensar, empero, que lo cortés no quita lo valiente.

Teniendo, pues, en cuenta esta circunstancia en cierto modo incómoda y efecto de la tensión del siglo, vamos a referirnos ahora a aquella parte de la obra idigoriana en la que se trata de «precisar de alguna manera lo que las vagas nociones de masculino y femenino pueden significar en un plano cultural». El entiende, en este sentido, que si bien «desde el punto de vista biológico, la diferencia de sexos es sencilla y los casos ambiguos escasos, [no tal sucede] cuando pasa-

---

105. J.L. Idígoras, o.c. p. 47.
106. Id., p. 41. Entendemos, desde luego, que Idígoras se explica así las explosiones de violencia inspiradas a veces por uno que otro movimiento feminista. Pero es obvio que él, no justificándolas, las excusa y condona.

mos al campo sicológico o cultural, [donde] la ambigüedad se hace norma y lo polifacético del mundo del espíritu limita el valor de toda clasificación precisa».[107] Así, acogiéndose a la opinión del psicólogo Paul Boufield, de que «en todo carácter humano se da la doble vertiente de lo masculino y de lo femenino», según la expresa en su obra *Sex and civilization*, Idígoras explica la índola bisexual de toda cultura histórica:

> *Las culturas... son la expresión de la diferentes actividades humanas. Aun cuando todas las culturas son el resultado de la colaboración estrecha de hombres y mujeres y en sus mismos resultados pueden considerarse siempre como bisexuales, por incluir esencialmente ambos elementos, podemos sin embargo calificar a unas justamente como masculinas y otras como femeninas. Y eso según los rasgos preponderantes y salientes que las caracterizan. La preponderancia de la aventura creadora, de una técnica audaz y emprendedora frente a la naturaleza, de un espíritu de conquista militar en la historia justificará la denominación de masculina a una cultura hecha siempre por hombres y mujeres. A su vez, la tónica respetuosa y cuidadora de todo, la actitud compasiva y amorosa con la vida, la preferencia de una paz conciliadora por encima de intereses dominadores hace que una cultura se designe como femenina, aun cuando sea el fruto inevitable de varones y mujeres en colaboración constante. No se trata de conceptos discriminatorios, sino de caracterización de los aspectos predominantes en una realidad polifacética.*[108]

---

107. Id., p. 56.
108. Id., pp. 56-57.

Juzgamos, sin embargo, que la cita que el autor hace de Bousfield, contradice esencialmente su criterio de una «cultura masculina» o masculinizante. Porque dado que hasta donde sepamos las culturas antiguas y modernas se han caracterizado por factores bisexuales; dado ello, es forzoso arribar a esta disyuntiva: 1) que la cultura masculina «pura» no ha existido nunca; y 2) que si ha existido alguna vez no pudo abstraerse del elemento femenino que caracteriza, según él, la bisexualidad cultural; no ya, desde luego, como efecto de la imposición masculina, sino como natural espontáneo de la cultura misma. En todo caso lo preponderante masculino o femenino en las diversas culturas es sólo admisible en términos muy relativos. Y lo mismo puede decirse de las llamadas «etapas de las culturas más bárbaras y masculinas, frente a otras más femeninas y condescendientes», de que habla el autor.[109]

Por ello mismo nos parece pueril el pretender tal dicotomía entre cultura masculina y cultura femenina; o al menos, querer ver la preponderancia de uno u otro factor —masculino o femenino— en determinada cultura histórica. Resulta igualmente simple intentar una descripción de un supuesto florecimiento femenino de la cultura tradicionalmente varonil; de un pretenso «ablandamiento... que hace al hombre más sentimental, más tierno y más débil, que hace al padre de familia más maternal y al marido-jefe un compañero, [que] en la mayoría de los pueblos [es demostración de que se ha evolucionado] de etapas más conquistadoras y masculinas a otras más opulentas, suaves y femeninas».[110]

Es un error, o por lo menos una pobrísima visión de la realidad contemporánea, el pretender asimismo que esa supuesta «feminización» se observe o sea pro-

------

109. Id.
110. Id.

pia de aquellas culturas «que han alcanzado cierto nivel de bienestar o de riqueza».[111] Lo que ese bienestar y riqueza ha producido no es tal «ablandamiento» sentimental de la rudeza masculina, sino un paulatino abandono por parte del hombre de sus deberes como esposo y/o padre.

De igual modo no hay tal «descubrimiento» de una positiva evolución de etapas supuestamente masculinas a etapas supuestamente femeninas en ninguna cultura, períodos histórico o nación alguna. Lo que sí se observa en todas partes es que las antiguas y bárbaras acciones han adoptado un porte «decente», refinado y muy elegante, en parte debido al precario equilibrio de poder existente en el mundo desde que en Hiroshima y Nagasaki se dejara oír el grave ronquido de la bomba atómica.

Es ingenuo, porque parece desconocer la profundidad y complejidad de la naturaleza humana, el suponer siquiera que la hidra heptacéfala del egoísmo haya sido desalojada definitivamente de la lúgubre conciencia individual y colectiva, y debido a ellos las naciones estén en vías de superar para siempre la brutalidad de l acultura «masculinizante» y transformarla en una predominantemente femenina —más «suave y opulenta», según la descripción idigoriana.

Nuestro autor mismo reconoce, sin embargo, que en equellas culturas donde la dimensión religiosa ha quedado opacada —y todas han sapado alguna vez por esa experiencia— «se ha podido llegar a un progreso material y técnico desmesurado, pero el hombre se despersonifica y convierte su monstruoso poder en arma de aniquilación que dirige contra los otros [y] termina por destruirlo a él mismo».[112] Esto es lo que se ve y lo que, lógicamente, nosotros también creemos.

---

111. Id.
112. Id.

El escritor, por otra parte, descalifica esas «modernas concepciones de una Iglesia como vanguardia de la humanidad, o abridora de brechas en la marcha hacia el futuro». Le parece, en efecto, que las mismas «no pasan de ser especulaciones teóricas que de hecho no se han dado en la realidad». Entiende además, que la adopción en la esfera religiosa de posturas revolucionarias «según los moldes de la política, [constituye] la tentación del masculinismo [a] competir en un terreno que no es el suyo».[113] Ello no empece para que, como hemos visto, deplore el que los cristianos no hayan «estado en la primera fila en la lucha por los derechos justos de la mujer»;[114] ni es óbice tampoco para que culpe la religión y en concreto a la iglesia por haber «desamparado» a la mujer en la hora crítica de su liberación.[115]

No vamos, empero, a detenernos en esos detalles tal vez de segundo orden. Queremos más bien dedicar la parte final de estos comentarios al capítulo en que Idígoras analiza el lugar y la función de la mujer en la era apostólica.

Ya de entrada niega el autor la validez de una práctica que ha sido común en todas o casi todas las iglesias y épocas del cristianismo: la que impone el silencio de la mujer en el culto divino. Dice que esta norma eclesiástica tradicional se funda meramente en «unos cuantos textos llamativos» de la Escritura, y que son éstos «los que han dado tónica en la interpretación posterior del papel femenino en la primera difusión de la Iglesia. Las frases paulinas —aduce— dirigidas a unas mujeres en un contexto muy peculiar se pretenden tomar como norma universal que guíe la pastoral

---

113. Id., p. 74.
114. Id., p. 95.
115. Id., p. 40.

de la Iglesia en todos los tiempos. Y se pasa por alto el progreso decisivo que para el acceso al ministerio femenino suponen las innovaciones de la primera generación cristiana».[116]

En la primera parte de su obra Idígoras, al referirse a un alegado «antifeminismo cristiano» o, como dice con más precisión, »católico», se quejaba de que haya habido «una fuerte tendencia a excluir a la mujer de todos los puestos dirigentes y reducirla al silencio que Pablo recomendaba». Y argüía que «de ese desconocimiento y rechazo de lo femenino, ha surgido, en gran parte, una mala interpretación de la misma religión que se ha concebido en forma masculina, como un saber de tendencia científica y un poder, émulo de la política, [que ha dado como resultado] una Iglesia jurídica, dominadora y falta de savia religiosa en sus estructuras, que necesita [por ello] el aliento vivificador de lo femenino para renovarse evangélicamente».[117]

No sospechábamos siquiera, sin embargo, que de la anterior (y en algún sentido cierta declaración, si se aplica, como lo hace el autor, al catolicismo), derivara, ya al final del libro, a conclusiones tan desafortunadas, en un loable pero excesivo afán de realzar la dignidad y el valor humano de lo femenino a un lugar debido, respetuoso, en el seno de la cristiandad. En este sentido creemos que Idígoras llega muy lejos. No sólo desconociendo el fundamento bíblico de la conducta eclesiástica en el punto que objeta; no únicamente violentando la Escritura para acomodar la sana doctrina a su particular criterio de las cosas; sino sobre todo incurriendo en juicios —a rato absurdos, a rato temerarios— acerca de ese gigante sin parangón de la fe evangélica: Pablo de Tarso.

Severo Catalina alude en su citada obra a «ciertos filósofos, que muchas veces hablan de lo que no en-

---

116. Id., p. 113.
117. Id., p. 137.

tienden, por el empeño de entenderlo todo».[118] Y Carrel, al plantear el problema de la creencia del hombre, dice que nuestras concepciones acerca de éste «están tan impregnadas de metafísica [y se basan] sobre tantos y tan imprecisos datos, que es grande la tentación de elegir entre ellos los que nos agradan. [Por lo cual] nuestra idea del hombre varía de acuerdo con nuestros sentimientos y nuestras creencias».[119]

Es que como se ha dicho repetidas veces, el hombre cree sólo aquello que quiere creer. Y a fe que si Idígoras hubiera escrito al principio del libro lo que al final dice de Pablo; y si no hubiese dado muestra de tanta equidad, mesura y sentido común a través de su obra, no hubiéramos vacilado un segundo en incluirlo en el círcul ode los filósofos de Catalina y entre los psicólogos de Carrel.

Así pues, al referirse al lugar que la mujer, como tal, ocupa en la teología paulina, y en particular al silencio que como creyente ha de guardar en el culto cristiano, nuestro autor hasta llega a admitir de buen grado que Pablo expuso «nítidamente la meta a la que había de tender» la iglesia en esa dirección. Cita el conocido pasaje apostólico en el que expresamente se dice: «Os habéis revestido de Cristo Jesús: ya no hay judío ni griego; ni esclavo ni libre; ni hombre ni mujer, ya que todos vosotros sois uno en Cristo Jesús.»[120] Luego aduce: «Tres divisiones trágicas que separaban a los hombres de aquella generación, como sigue dividiendo a la nuestra: la religiosa, la social y la sexual. El cristianismo plantea la superación de las tres por el dinamismo nuevo del amor.»[121] No obstante, dice Idígoras inmediatamente después de esa nota introductoria:

---

118. Id., p. 11.
119. S. Catalina, o.c. p. 53.
120. A. Carrel, o.c. pp. 28-29.
121. Gál. 3:27 y ss.

Pero Pablo era un hombre limitado y atado a las circunstancias culturales de su época.[122] *Era del todo incapaz de llevar esa grandiosa revolución a la práctica. En su acción se limitó casi exclusivamente a uno de los dilemas, al que separaba a judíos y gentiles. Ahí fue valiente, revolucionario y chocó con las resistencias violentas que se le opusieron. Fue perseguido, azotado y apedreado. En los otros dos campos, el social y el sexual, no pasó de exponer los principios. Le faltó la intuición y la capacidad de lucha para enfrentarlos directamente. Por eso aunque habla de la superación de la división entre esclavos y libres, toleró en la práctica la división y no llegó a ser un innovador genial en este campo, como lo fue en el religioso. Y lo mismo podemos decir del campo sexual. A pesar de la nitidez de su principio de igualdad de derechos en Cristo, mantuvo sus prejuicios tradicionales que sometían a la mujer al dominio del varón. Y él mismo en sus cartas se opone a ciertas intervenciones de la mujer que iban contra las costumbres de las iglesias judaicas. Por eso es inútil hacer una minuciosa exégesis de los textos paulinos antifeministas que llegan a detalles tan*

---

122. Es curioso, por demás, que el autor, cuando se refiere a la actitud de muchas mujeres del movimiento feminista para las que «la figura de María no puede abarcar todas las virtualidades de lo femenino, ya que se nos presenta —dice él— desligada de la actividad sexual y totalmente al margen de la acción cultural propia [y por ello] su significación se limita al simbolismo maternal femenino»; es curioso, decíamos, que en cierto modo justifique tal postura al pretender, como lo hace con Pablo, que «María... estaba sin duda condicionada por las circunstancias de su tiempo y por la grandeza misma de su Hijo, [y por esa razón] será absurdo querer sacar conclusiones prácticas del modo de actuar» de ella (véase p. 71 y ss.).

nimios como la prohibición del rizado de los cabellos o el uso de vestidos costosos y de joyas. Lo que sí puede resultar trágico es que teólogos de nuestro tiempo pretendan apoyarse en esas recomendaciones circunstanciales para conestruir sobre ellas una teología discriminatoria sobre la mujer y su misión en la iglesia.[123]

Bien. Aunque en forma apretada y sucinta trataremos de afrontar las objeciones del autor. Refirámonos, en primer lugar, a la parte en que tilda a Pablo de hombre incapaz de llevar a cabo la revolución total qu ealegadamente enuncia. En este aspecto de la discusión Idígoras incurre no sólo en una absoluta falta de objetividad, sino en obvia contradicción consigo mismo y, lo que es mil veces peor, en tremenda injusticia contra el sabio y arrojado apóstol.

Incurre en una total falta de objetividad, porque hay que ser miope —en verdad ciego de nacimiento— para abrevar en los escritos paulinos y concluir que su autor era incapaz de practicar algún aspecto de su doctrina. Los que con seriedad y respeto han estudiado el pensamiento del apóstol, su vida y afanes por el Evangelio, no pudieron jamás llegar a tan trágicas y temibles afirmaciones. Al contrario: todos han creído su deber reconocer en él .a figura más destacada de la epopeya cristiana; el hombre de mil combates —siempre hostigado pero no vencido. Pablo mismo, cuando defiiende su vocación y ministerio a la gentilidad, no vacila en relatar las angustias y vicisitudes que ha tenido que afrontar por causa de la Fe:

> *Miráis las cosas según la apariencia. Si alguno está persuadido en sí mismo que es de Cristo, esto también piense por sí mismo, que como él es de Cristo, así también nosotros somos de*

---

123. J.L. Idígoras, o.c. p. 139.

Cristo. Porque aunque me glorie algo más todavía de nuestra autoridad, la cual el Señor nos dio para edificación y no para vuestra destrucción, no me avergonzaré; para que no parezca como que os quiero amedrentar por cartas. Porque a la verdad, dicen, las cartas son duras y fuertes; mas la presencia corporal débil, y la palabra menospreciable. Esto tenga en cuenta tal persona, que así como somos en la palabra por cartas, estando ausentes, lo seremos también en hechos, estando presentes. Porque no son atrevemos a contarnos ni a compararnos con algunos que se alaban a sí mismos; pero ellos, midiéndose a sí mismos por sí mismos, y comparándose consigo mismos, no son juiciosos... Mas el que se gloría, gloríese en el Señor; porque no es aprobado el que se alaba a sí mismo, sino aquel a quien Dios alaba.[124]

Luego aduce el apóstol:

En lo que otro tenga osadía (hablo con locura), también yo tenga osadía. ¿Son hebreos? Yo también. ¿Son israelitas? Yo también. ¿Son descendientes de Abraham? También yo. ¿Son ministros de Cristo? (Como si estuviera loco hablo.) Yo más; en trabajos más abundante; en azotes sin número; en cárceles más; en peligros de muerte muchas veces. De los judíos cinco veces he recibido cuarenta azotes menos uno. Tres veces he sido azotado con varas; una vez apedreado; tres veces he padecido naufragio; una noche y un día he estado como náufrago en alta mar; en caminos muchas veces; en peligros de ríos, peligros de ladrones, peligros de los de mi nación, peligros de los gentiles, peligros en la

---

124. Gál. **3:21** y ss.

*ciudad, peligros en el desierto, peligros en el
mar, peligros entre falsos hermanos; en trabajo
y fatiga, en muchos desvelos, en hambre y sed,
en muchos ayunos, en frío y, en desnudez; y
además de otras cosas, lo que sobre mí se agolpa cada día, la preocupación por todas las iglesias... Si es necesario gloriarme, me gloriaré en
lo que es de mi debilidad. El Dios y Padre de
nuestro Señor Jesucristo, quien es bendito por
los siglos, sabe que no miento. En Damasco, el
gobernador de la provincia del rey Aretas guardaba la ciudad de los damascenos para prenderme; y fui descolgado del muro en un canasto
por una ventana, y escapé de sus manos.*[125]

¿Quién será aquel que al leer estos pasajes del Nuevo Testamento, si es que les concede algún crédito histórico, concluirá cándidamente que Pablo era un hombre «limitado y atado a las circunstancias de su época... del todo incapaz de llevar esa grandiosa revolución [que preconiza] a la práctica»? ¡Sólo Idígoras pudo serlo!

Pero no es eso todo. Decíamos, en efecto, que el autor, además de esta falta increíble de objetividad, incurre en contradicción con sus propios criterios. Así, por falta de captación de la enseñanza paulina que cita, se atreve —porque es un atrevimiento— a decir que el apóstol, no obstante plantear la superación de las «tres trágicas divisiones» de la sociedad antigua y moderna —la religiosa, la social y la étnica— limitó su acción «casi exclusivamente a uno de los dilemas», al espiritual, «que separaba a judíos y gentiles».

Olvida Idígoras, al parecer, su propia observación, de que si la «participación femenina en la actividad misionera de la primera Iglesia nos puede parecer hoy

____
125. J.L. Idígoras, o.c. p. 139.

tímida», no lo es en ningún modo, si se tiene en cuenta las circunstancias históricas, sociales y políticas en que esa actividad se desarrolla. Y que, al contrario, ésta «suponía un cambio audaz y valiente que empezaba a romper la muralla que había aislado a la mujer de toda tarea directiva en el culto».[126]

Sin embargo, donde falla verdaderamente el autor, es cuando, pretendiendo que Pablo fue «valiente y revolucionario» en lo que se refiere a la defensa de la unidad religiosa (en la que, reconoce, «chocó con las resistencias violentas que es le opusieron; fue perseguido, azotado y apedreado) dice que no observó, empero, idéntica conducta «en los otros dos campos, el social y el sexual, [en los qu] no pasó de exponer los principios [y en los que] le faltó la intuición y la capacidad de lucha para enfrentarlos directamente».

Este juicio idigoriano supone dos errores capitales: 1) que desconoce el estrecho vínculo existente en aquella época entre lo religioso, lo social y lo sexual, por lo que sería prácticamente imposible atacar uno sin ofender —directa o indirectamente— a los otros; y 2) que no hace justicia a Pablo, el más grandes apologista de la libertad que ha visto el mundo, como lo demuestra esa épica de la literatura universal que es su epístola a los Gálatas.

¿Puede acaso tildarse al apóstol de haber «tolerado» la práctica de la división en lo sexual y en lo social? ¿Puede argüirse, como ingenuamente hace Idígoras, que Pablo «a pesar de la nitidez de su principio de igualdad de derechos en Cristo, matnuvo sus prejuicios tradicionales que sometían a la mujer al dominio del varón»? ¿Es lógico, y sobre todo justo, alegar sin más que él se opusiera en sus cartas «a ciertas intervenciones de la mujer que iban contra las costumbres de las iglesias judaicas»?

---

126. Rom. 8:9; Efe. 2:12.

Ciertamente no. Lo que pasa con Idígoras es lo que de ordinario sucede con la generalidad de los autores católicos modernos: no entienden el pensamiento paulino o lo entienden muy mal. Y lo que es peor por sus consecuencias doctrinales: pretenden adaptarlo y utilizarlo para justificar sus propios criterios de las cosas, aunque con ello violenten y aun nieguen la esencia misma del cristianismo.

XII

Pablo no tolera ni contemporiza jamás con la división socio-sexual de su época. ¿Podría hacerlo un hombre que declara que si fuera siervo de los hombres no lo esría de Cristo; que se rehúsa someterse a la autoridad de nadie que no sea la de su Señor y Maestro; que estaba resuelto a sufrir lo indecible y aun la muerte misma por guardar incólume la fe gloriosa? El enseña que tales diferencias no existen —no deben existir— *en Cristo*; a saber: en la nueva relación del hombre creyente y su Dios. Pero no niega que tales divisiones existan y aun sean sancionadas por al sociedad secular, fuera del ámbito evangélico.

El apóstol enseña, además, que la condición étnico-religiosa, así como la socio-sexual, no constituye óbice alguno para la comunión, el respeto y el amor cristianos «en Cristo», entre los miembros de la comunidad evangélica. De ninguna manera supone, empero, que este principio básico tuviera que ser acogido y sancionado socialmente en la comunidad secular —no cristiana y frecuentemente hostil al cristianismo. Pero él sabía bien que no son las condiciones externas —sociales, políticas, económicas, etc.— las que determinan el cristianismo falso o verdadero de nadie, sino la fe vital en Jesucristo; la que a su vez determina y decide la posición «*en Cristo*» del hombre.[127]

---

127. 1.ª Tim. 2:14 y ss.

Idígoras, no obstante, haciendo por primera vez un alarde de penetración y autosuficiencia, pretende ridiculizar las recomendaciones del apóstol Pablo acerca del silencio que debía observar la mujer cristiana en el culto religioso; y aquellos qeu se referían a la modestia en el vestir y en los tocados femeninos.

. Acerca de lo primero, el autor intenta desvirtuarlo al decir que tal práctica en la iglesia, defendida por la teología, se funda meramente en «unos cuantos textos llamativos» y aislados de la doctrina apostólica; y de lo segundo, que se trata simplemente de «detalles nimios» extraídos de «frases paulinas dirigidas a unas mujeres en un contexto muy peculiar», justificadas sólo para no ofender «costumbres de las iglesias judaicas».

Nada, empero, más lejos de la verdad. El silencio que debía y aún debe guardar la mujer en las congregaciones cristianas —como todo aquello que atañe a la sujeción de aquélla al varón, está fundado en la ordenación divina, bíblica, de las cosas. Por eso Pablo, cuando escribe a su colaborador Timoteo, le dice: «La mujer aprenda en silencio, con toda sujeción. Porque no permito a la mujer enseñar, ni ejercer dominio sobre el hombre, sino estar en silencio. Porque Adán fue formado primero, después Eva; y Adán no fue engañado, sino que la mujer, siendo engañada, incurrió en transgresión.»[128]

Como se ve, entonces, el apóstol cimenta sus recomendaciones —no en la práctica de ciertas iglesias judías— sino en la ordenación natural de las cosas y, en su aspecto punitivo, en el pecado de la mujer, de Eva.

Respecto a la exhortación apostólica —tanto de Pablo como de Pedro— acerca de la moda y el lugar que ésta debía tener en la vida de la mujer cristiana —y sólo en ésta—, es una candidez pretender que fuera inspirada o motivada por el temor de ambos de ofen-

---

128. 1.ª Cor. 14:34 y ss.

der a las iglesias judaicas. Esto, en lo que toca particularmente a Pablo, sería una infamia; pues es él, como apóstol de la gentilidad, el que más firme y resueltamente combate las corrientes judaizantes y legalistas procedentes de Jerusalén.

Pero también sería un error creer que las recomendaciones que imparte en ese sentido a las iglesias gentílicas fueran meras nimiedades o cursilerías de un «viejo solterón». Porque cuando se dirige a los corintios, les dice: «Si alguno se cree profeta, o espiritual, reconozca que lo que os escribo son mandamientos del Señor. Mas el que ignora, ignore.»[129] Y que ésta no fuera práctica exclusiva de las iglesias de Judea, queda claramente manifiesto cuando Pablo apela, para su cumplimiento u observancia en Corinto, a la costumbre de *todas las iglesias de los santos* (p. c. v. 34).

En aquello que se refiere a la moda, es lamentable que el autor interprete las palabras de Pablo como significando una «prohibición» o un veto; y que al hacerlo insinúe (si no es que expresamente lo dice) una oposición o animadversión del apóstol a la mujer.

Pero Idígoras no es el único que ha cerído ver en la exhortación paulina o petrina un *veto* al uso de tocados y prendas costosas. Hasta autores protestantes muy respetables y calificados, como Bonnet y Schoroeder, por ejemplo, han perdido en cierto modo el sentido de las palabras bíblicas en este punto. Estos dicen, en efecto, que «sería poco conforme al evangelio, que es la ley de la libertad, querer constreñir a las mujeres cristianas a observar al pie de la letra estos preceptos que pueden variar según los tiempos, las costumbres y las posiciones».[129]

---

129. L. Bonnet y A. Schroeder, *Comentario al Nuevo Testamento*, p. 686. Cierto es que estos comentaristas expresan que «el espíritu de estas recomendaciones es universalmente violado en nuestros tiempos [y que] es sencillamente escandaloso ver a una mujer que hace profesión de piedad, que pro-

Lo cierto es, sin embargo, que Pablo no prohíbe nada. No es su intención expresa ni implícita que la mujer cristiana abandone el uso de prendas caras o peinados ostentosos El simplemente quiere llamar la atención hacia la verdadera belleza —la interior, del corazón, del alma— de ordinario confundida o identificada, merced a la propensión vanidosa de la mujer, con la compostura exterior, que es sin duda necesaria pero no debiera jamás reemplazar el ornamento espiritual. Pablo sabía que la vanidad femenina —como en general toda vanidad— era en su época, como en todas y principalmente en la nuestra, la sustentadora de la industria del cosmético.[130] Si bien sería absurdo pensor que su preocupación al impartir estas recomendaciones fuera meramente económica.[131]

La verdadera intención del apóstol halla su correcta interpretación en la Biblia misma: «...Considerar vuestra conducta casta y respetuosa —dice Pedro a las mujeres cristianas. Vuestro atavío no sea el externo de peinados ostentosos, de adornos de oro o de vestidos lujosos, sino el interno, el del corazón, que es de grande estima delante de Dios. Porque así también se ata-

____

cura atraer hacia sí las miradas por su lujo y que se muestra esclava de la moda» (id.). Pero esa observación no desvirtúa en lo más mínimo la nuestra de que ambos autores, como Idígoras también, piensan que Pablo «prohíbe» el uso de vestidos lujosos y peinados encrespados. Y en esa creencia o uposición radica el error.

130. «Las mujeres se atavíen de ropa decorosa, con pudor y modestia; no con peinado ostentoso, ni oro, ni perlas, ni vestidos costosos, sino con buenas obras, como corresponde a mujeres que profesan piedad» (1.ª Tim. 2:9-10).

131. Según datos estadísticos, sólo en los Estados Unidos las mujeres gastan anualmente sumas fabulosas en productos cosméticos, lo que bastaría para confirmar el espíritu vanidoso contra el cual, la mujer cristiana al menos, debiera estar prevenida en todo momento.

viaban en otro tiempo aquellas santas mujeres que esperaban en Dios, estando sujetas a sus maridos.»[132]

Sin embargo, ni de este pasaje petrino ni de las palabras paulinas puede hacerse derivar —sin forzar o violentar el texto mismo, desde luego— un «veto» a la moda y al buen gusto femeninos. Como dicen Bonnet y Schroeder, «según las costumbres orientales, era ya una gran libertad para las mujeres el parecer en asambleas públicas. Los apóstoles tenían pues razón al desear que evitasen en su atavío todo lo que hubiera podido prestar a la calumnia de parte de los adversarios de la fe..., y que en general su vida fuera, adornada, no de objetos de lujo, alicientes de la vanidad, sino de *buenas obras*, que sirvieran a la edificación».[133]

No queremos negar u olvidar las arbitrariedades e imposiciones en que, merced a una indebida exégesis de estos pasajes neotestamentarios, han incurrido no pocas veces los dirigentes de iglesias. De este pecado puede acusarse mayormente a la Iglesia Católica Romana; pero las protestantes no son una rara excepción. Sin embargo, ello no podría dar pie para desvirtuar enseñanzas expresas de la Escritura, en un prurito afán de introducir innovaciones que serán todo lo noble o práctica que se desee, pero que no están debidamente autorizadas por el Señor de la Iglesia.

Idígoras, por otra parte, acoge el criterio de P. Rahner, de que «los argumentos teológicos por los cuales se justifica esta práctica (la exclusión femenina del ministerio público) se inspiran frecuentemente de una manera irreflexiva e inconsciente, en ideas que estaban en curso en tiempos que no son los nuestros [y, por tanto] resulta ya anacrónico aducir interpretaciones rigoristas de algunos textos neotestamentarios para seguir excluyendo a la mujer». Tales interpretaciones —dice

---

132. 1.ª Ped. 3:2-5 y ss.
133. Bonnet-Schroeder, o.c. p. 686.

él— son meros «condicionamientos literalistas y casuistas».[134]

Parece razonable —pero sólo parece— que los nuevos tiempos obliguen, expliquen o justifiquen una «innovación» del ministerio eclesiástico por el que se modifique o anule el mandamiento apostólico sobre la mujer. Porque hay quien juzga que la sola novedad de las épocas es ya razón suficiente para desconocer la autoridad de las recomendaciones, ordenanzas y preceptos de la iglesia prístina.

Pero lo nuevo, o lo novedoso, no puede bastar, por el solo hecho de serlo, para creernos autorizados a introducir «enmiendas» o «correcciones», «re-interpretaciones» y «adaptaciones» al texto sagrado. Sucede que desde que en política se objetó el llamado «derecho divino de los reyes». no ha faltado espíritu liberal que haya querido seguir idéntica actitud con toda la Biblia. Esto, empero, más que un error teológico, es una audacia ideológica que ningún cristiano auténtico podrá sufrir impasiblemente.

---

134. J.L. Idígoras, o.c. p. 152.

Otros libros de Editorial CLIE

ENCICLOPEDIA DE POESIA
EVANGELICA
por **Daniel Nuño**

Una obra exhaustiva y sensacional, producto de la pluma de un nuevo valor en la escena de la poesía evangélica en habla hispana. Contiene monólogos y diálogos para toda clase de actividades en la Iglesia, como puedan ser bodas, bautizos y presentación de niños; Día de la Biblia, Semana Santa y Pascua de Resurrección, Día del Padre, Día de la Madre, Fiesta de la Ancianidad; sin olvidar la Fiesta de Navidad. Contiene un apéndice de poesías humorísticas con aplicación moral, especialmente indicadas para veladas sociales.

EL EVANGELIO POETICO
por **Gloria Santamaría**

Una serie de ciento once sonetos, presentando con una poesía magistral escenas de los evangelios, haciendo alarde la autora tanto de un buen arte poético como una gran profundidad espiritual.

EL VASO DE ALABASTRO
por **Antonio Almudévar**

La más extensa obra del conocido poeta español que tanto ha deleitado a grandes y chicos con sus geniales poesías, dramas bíblicos, y de la vida real. Es autor de otros libros de poesía como *Oro, Incienso y Mirra* y *más Arriba,* agotados en la actualidad. Esta, su última obra, contiene gran variedad de poesías y dramas para Navidad, Fiesta de Acción de gracias y Fiesta de la Madre. Un auxiliar indispensable para maestros de Escuela Dominical y dirigentes de jóvenes.

REFUGIO EN EL LUGAR SECRETO por **Edward Deratany**

"Una excelente exposición del Salmo 91. El autor tiene una base sólida tanto espiritual como doctrinalmente, y estoy seguro de que este libro hará mucho bien", dice el general Erik Wickberl, del Ejército de Salvación. Los poemas de este libro son salmos de sublime belleza que el autor ha desarrollado en su experiencia personal, por medio de un mayor acercamiento a Dios en el Lugar Secreto, con el estudio de este Salmo.

TU FUTURO ES TU AMIGO   por **Robert H. Schuller**

¿Cuántos de nosotros podemos apropiarnos con seguridad y sin reservas mentales las palabras del Salmista: "Ciertamente, el bien y la misericordia me seguirán todos los días de mi vida"? En nuestro mundo alocado, la incertidumbre del mañana parece ser la más grande de las realidades del hoy. En este comentario del Salmo 23, el autor, con la Palabra de Dios en la mano, nos muestra cómo la confianza en el Padre celestial es capaz de transformar el temor a la incertidumbre del futuro en el gozo de la certeza de que nuestro destino está en las manos de Dios.

YO CREO EN LOS MILAGROS   por **Kathryn Kuhlman**

Veintidós casos de curaciones de enfermos desahuciados por la ciencia médica, obtenidos como respuesta a la oración. Un libro bien documentado y ponderado acerca del tema. No induce a forzar a Dios a cumplir nuestra voluntad, pero sí reconoce que en muchas ocasiones el poder de Dios ha obrado milagros en respuesta a las súplicas de sus hijos.